# LA PAROLE
# AU CŒUR DU CORPS

*« Espaces libres »*

ANNICK DE SOUZENELLE
JEAN MOUTTAPA

# LA PAROLE AU CŒUR DU CORPS

Albin Michel

Albin Michel
■ *Spiritualités* ■

*Collections dirigées par Jean Mouttapa*
*et Marc de Smedt*

*Première édition :*


22, rue Huyghens, 75014 Paris

ISBN 2-226-09372-9
ISSN 1147-3762

Dans le tumulte iconoclaste de Mai 68, sur l'un des murs de l'honorable Sorbonne, un étudiant rageur avait un jour peinturluré :

DIEU EST MORT — signé : Nietzsche.

Mais derrière lui était passé l'un de ses congénères, plein de bon sens et de malice qui, lui, avait inscrit :

NIETZSCHE EST MORT — signé : Dieu.

Jeu de mots facile contre slogan éculé ? Voire. Tout l'avenir spirituel de l'Occident se joue peut-être là, dans ce face-à-face paradoxal de deux constatations.

Car telle est bien la double et cruciale évidence qui mine nos esprits en cette fin de siècle : d'une part, le Dieu d'antan est mort et l'on ne peut plus honnêtement y croire, du moins comme nos pères « croyaient » ; et d'autre part, êtres de chair, de sang et de conscience, mais aussi de désir et de désir de sens, nous ne nous résoudrons jamais au néant, à l'élimination de toute transcendance. Que nous le voulions ou non, l'*homo sapiens* est par essence *homo religiosus.*

Consciente de cet écartèlement de l'âme contemporaine, Annick de Souzenelle s'implique pleinement depuis plus de trente ans pour y répondre à sa manière, pour exprimer — mais surtout et avant tout pour vivre — un élargissement de conscience qui comprenne et intègre ce désir de Dieu qui se rebelle en l'homme.

Cette femme hors du commun a décidé un jour d'oublier toutes les interprétations réductrices, banalisantes et moralisatrices de la Bible, et de relire le Livre sacré sans sacrifier l'intelligence sur l'autel de la foi, sans tabou ni œillères ; elle le redécouvrit alors à la lumière des mille richesses sémantiques de la langue hébraïque et des principes fondamentaux de la psychologie des profondeurs, et elle tenta de le pénétrer comme elle aurait écouté la voix de son propre maître intérieur. Dans le même temps, renouant avec la voie royale du mythe, elle se mit à relire le monde extérieur, le corps de l'Homme et ses symboles comme un Livre divin. Partant de là, elle commença à travailler.

Aujourd'hui, après trois décennies de recherches, de prière et de méditation, de pratique thérapeutique et d'enseignement, elle... travaille encore, se considérant toujours « sur le chemin ». Et elle continue d'enseigner. Ou plutôt, de partager son expérience, sans souci de provoquer, sans se prêter aux modes, sans esprit missionnaire. Car elle n'a cure des systèmes qui veulent tout expliquer et n'a que faire des polémiques théologiques, philologiques ou autres. Seule lui importe la Vérité que l'on approche du dedans, l'ultime Réalité dont les mystiques de tous temps et de tous lieux ont parlé comme d'une rencontre *concrète.* Inutile, à ses yeux, de croire en l'Au-delà, en l'Éternel, si ce n'est pour changer la vie, *sa* vie, ici et maintenant. Inutile de parler du divin s'il n'est pas cherché au plus intime de l'être ; d'universel, s'il n'est pas découvert au cœur de l'unique ; de Réalité supérieure, si elle n'est pas vérifiée dans les réalités intérieures.

A priori, pourtant, un regard superficiel pourrait classer l'œuvre d'Annick de Souzenelle dans le domaine nébuleux des spéculations métaphysiques, voire « ésotériques ». « Qu'a donc à nous apprendre sur le réel la symbolique des lettres hébraïques ? » pourrait-on se dire de prime abord. « Qu'a donc à voir avec nos soucis quotidiens le Livre de la Genèse ? Quel intérêt peut-on trouver à recenser tous les mythes qui nous parlent du pied, de la main ou de l'oreille ? Que de considérations inactuelles ! Et de plus, difficiles à lire !... » Celui qui buterait ainsi sur les aspects inhabituels, parfois même insolites d'une œuvre effectivement exigeante, passerait à côté de l'essentiel. Car si les livres d'Annick de Souzenelle connaissent un tel succès — et notamment *Le Symbolisme du corps humain*, véritable best-seller —, c'est bien qu'ils témoignent d'une expérience, qu'ils touchent aux réalités humaines les plus profondes, et qu'ils éclairent d'un sens nouveau les questions existentielles les plus partagées par nos contemporains.

Là se situe, précisément, le grand mérite de cette septuagénaire, qu'il suffit de rencontrer une fois pour comprendre que sa vie ne fait qu'une avec son œuvre : elle a su, par un extraordinaire travail de réunification, de réconciliation — un peu comme l'on reconstitue l'image éclatée d'un puzzle — rassembler récits bibliques, mythes les plus divers, paroles de la Tradition, et les relier pour les réintroduire dans la vie, pour retrouver leur juste relation avec les expériences d'une existence humaine. Bref, elle nous parle un langage difficile, peut-être, mais concret et vivant... ce qui est rarement le cas, il faut le regretter, dans le domaine religieux.

Trop longtemps, en effet, on a confondu en Europe le spirituel et le mental, le subtil et l'abstrait, la prière et la récitation scolaire, la foi et les grands sentiments... la mystique, elle, demeurant toujours marginale, quand elle n'était pas reléguée purement et simplement, y compris par les clercs, dans le domaine du fantasme. Le résultat aujourd'hui est patent : nous avons perdu nos mythes, nos symboles, notre relation au sacré, au vivant, au cosmos...

Or voici que cette femme fervente, qui n'est ni exégète, ni anthropologue diplômée, ni même vénérable universitaire, ose s'introduire dans le domaine des spécialistes, et nous lancer : « Rien de tout cela n'est perdu ! Car tout est là, dans notre propre tradition gréco-latine et judéo-chrétienne. Tout est là, mais nous ne savons plus lire la Bible, nous ne savons plus écouter les mythes et les contes, nous ne savons plus décrypter le langage symbolique du corps et de la nature... Réapprenons donc à lire ! »

Une femme *fervente*, ai-je dit, non pas dévote. La foi qui l'anime est étrangère à ces systèmes de certitudes toutes faites, construits en prêt-à-penser, qui voudraient rendre compte de tout et de son contraire, y compris de l'absurde.

L'absurde, elle connaît. Celui d'hier, qui consistait en une existence soumise aux fausses transcendances et aux carcans moralistes, elle l'a vécu, elle l'a souffert. L'absurde d'aujourd'hui lui est aussi familier, au moins par sympathie, puisqu'elle passe son temps à dialoguer avec des hommes et des femmes beaucoup plus jeunes qu'elle, qui souvent ne savent plus ce que la vie veut dire. Sa grande tâche, alors, est d'amener ses interlocuteurs à prendre au sérieux cette situation de « vide », sans la fuir, sans la contourner, sans la nier. « C'est là seulement, dit-elle, que commence le travail intérieur, car il faut descendre dans ses propres Enfers, toucher du doigt ses démons intimes — cette Ombre dont parlait Jung — pour renaître dans une conscience plus pleine de soi, de son corps, de son âme, et de l'Esprit divin qui habite et ce corps et cette âme. »

Voilà bien un langage qui se situe à l'exact opposé de l'attitude infantile que l'on confond trop souvent avec la foi : remettre sa conscience entre les mains de la Religion, comme l'on remet généralement son corps entre les mains de la Médecine, c'est-à-dire en se dépossédant de soi-même, en refusant de vivre consciemment la souffrance et la mort, en fuyant ses responsabilités d'humain mortel impliqué dans la vie.

La médecine, justement, Annick de Souzenelle l'a côtoyée longtemps, et lorsqu'elle se permet de critiquer une certaine propension au réductionnisme du monde médical occidental, on ne peut lui reprocher de ne pas savoir de quoi elle parle : infirmière anesthésiste quinze ans durant, elle a constaté que c'est souvent l'homme qu'il faut soigner, au moins autant que l'organe.

Aujourd'hui, dit-elle, son propos n'est plus d'endormir, ni par les médicaments ni par les mots qui font fuir le réel. Sa seule visée, au contraire, est de provoquer un mouvement de réveil, afin que chacun puisse « réapprendre à lire » les événements de sa vie, et choisir de lui-même, à sa manière, de se lever et de marcher.

Il y a quelques années, Annick de Souzenelle a élu domicile à Rochefort-sur-Loire, non loin des rives encore sauvages du dernier fleuve d'Europe non domestiqué par l'Homme. C'est là, au cœur de la campagne angevine, que je suis allé l'interroger. Moments privilégiés d'une grande sérénité, malgré un travail important condensé sur quelques jours. De temps à autre, nous interrompions le rythme soutenu des questions-réponses pour faire quelques pas dans la douceur printanière du paysage environnant ; ou bien pour prendre un repas préparé avec amour par Marie-Joseph, l'amie qui aide aux tâches matérielles, discrète et attentionnée, dont j'ai tout de suite compris qu'elle « fait partie de la famille ». Autre présence sensible et vivante dans cette vaste maison aménagée pour accueillir de nombreux invités : Geoffroy, l'époux d'Annick, personnage de feu et d'enthousiasme, de ces hommes qui brûlent tellement intérieurement qu'ils en attirent, mieux que le respect, l'amitié et la tendresse spontanées.

C'est là, à Rochefort, dans cette maison du lieu-dit « La Chapelle » — ça ne s'invente pas ! — que j'ai fait la connaissance des « élèves » d'Annick de Souzenelle. Qui sont-ils, ces hommes et ces femmes qui viennent, un mercredi sur deux, d'Angers, de Nantes ou de plus loin encore, pour suivre son enseignement ? Sociologiquement, le moins que l'on puisse dire est que la palette est large : cadres aux lourdes responsabilités, comptables, enseignants, mais aussi modestes employées de la Sécurité sociale, secrétaires, ruraux des environs ; beaucoup de professionnels de la santé, mais aussi de simples patients potentiels comme nous le sommes tous, qui s'interrogent sur le sens profond de telle maladie ou de tel événement, intervenus « par hasard » à tel moment donné ; agnostiques, ex-catholiques en rupture d'institution, membres de la petite communauté orthodoxe dont fait partie Annick de Souzenelle, mais aussi prêtres et religieuses...

L'enseignement qui leur est prodigué n'est certes pas une invitation à la facilité. Aussi, ces étudiants assidus, de même que les centaines de personnes qui participent aux stages qu'elle anime, ou qui assistent régulièrement aux conférences qu'elle donne aux quatre coins de France, en Suisse, en Belgique et au Canada, ont bien du pain sur la planche. Mais il s'agit, à les voir et à les entendre, d'un pain nourrissant qui alimente leur quotidien, en projetant sur chaque élément de la vie la lumière d'un Sens, que par ce travail continu ils auront su deviner et entrevoir.

Précisons d'emblée que je ne compte pas personnellement parmi ces auditeurs fidèles. Aussi, nos entretiens n'eurent point pour but de synthétiser un enseignement — par ailleurs suffisamment condensé dans les ouvrages d'Annick de Souzenelle — et encore moins de le « vulgariser ». Ce qui m'importait plutôt dans ce dialogue, et m'a rapidement passionné, c'était la confrontation d'une foi aussi enracinée, d'une pensée aussi structurée, au feu de questions incrédules venues d'une autre sphère.

Non qu'il y eût de ma part la moindre défiance à l'endroit de la personne elle-même, ou une quelconque réserve quant à l'adéquation profonde entre sa vie et ses paroles. Eût-ce été le cas, la discussion alors m'eût semblé vaine, car seuls m'intéressent les écrits et les paroles qui répercutent clairement, sans feinte et sans détour, une expérience intérieure et intense. Mais, par principe, et malgré une sympathie naturelle pour mon étonnante interlocutrice, je tenais à garder un point de vue extérieur. Et surtout à me situer, en tant que questionneur, hors du champ religieux, ou plus précisément à sa lisière.

Mon *credo*, en effet, n'est pas le sien. C'est pourquoi il m'a semblé que je devais, avant même d'aborder ces entretiens, l'annoncer au lecteur. Que l'on veuille bien ne pas soupçonner là le désir de mettre en avant ma démarche personnelle :

j'en ai déjà témoigné par ailleurs, comme de la rencontre qui bouleversa ma vie[1]. Nulle prétention non plus à poser insidieusement en parallèle mon itinéraire et celui de cette femme de trente ans mon aînée. Il y aurait en cela du ridicule, qui plus est face à un être « mûr » au sens plein et profond du terme : fort d'une expérience dense qui n'a pas tué, mais au contraire alimenté l'esprit neuf de sa jeunesse.

Non, ce qui va suivre n'advient ici que par souci d'honnêteté, simplement pour qu'en lisant les questions de nos entretiens, on sache d'où elles viennent.

Dès que se fut évanouie la crédulité de mes premières années, j'ai eu le sentiment, en matière de religion, d'avoir été trompé. On m'avait parlé d'un Dieu d'Amour, et je ne pouvais que constater l'incommensurable distance qui séparait ce que j'avais perçu de l'Évangile, et la pratique des adultes qui avaient tenté de m'évangéliser ! On m'avait parlé de Joie, de Rédemption et de Salut, mais sur un ton à faire fuir les enfants — quelle déperdition, pour ceux qui se réclamaient d'un Maître qui avait dit : « Laissez venir à moi les petits enfants ! » Dans des messes mornes et languissantes, on parlait du Royaume, mais je voyais bien que beaucoup l'évoquaient comme on le fait d'un fantôme : on se donne de temps en temps un petit frisson en réveillant son imagination, mais dans la journée, soyons sérieux, on n'y pense plus... « De tout, un peu » est, dit-on, la recette d'une bonne santé. Eh bien, cette recette, les gens honnêtes semblaient admettre qu'elle devait même s'appliquer à notre relation à Dieu !

Aussi, s'il est vrai que nous sommes tous un peu comme Job qui ne connaissait Dieu que « par ouï-dire », en ce qui me concerne, le ouï-dire qui m'est parvenu aux oreilles ne m'a pas dit grand-chose qui vaille. J'avais plutôt l'impression de me trouver en bout de chaîne d'un jeu du téléphone :

1. *Daniel Pons, le chant d'un homme présent*, Éd. de la Table Ronde, 1990.

chaque génération avait bien tenté de transmettre à la suivante le message initial, mais en y ajoutant son grain de sel, sa petite compromission ou sa grande trahison, tant et si bien qu'en bout de chaîne, après deux mille ans d'histoire humaine, trop humaine, l'énoncé originel avait été perdu, noyé, enseveli. Ne restait plus, en fin de parcours, qu'un message grotesque qui ne pouvait qu'alimenter ma rébellion d'adolescent.

Ma révolte, au cours de ces assemblées liturgiques, que l'on osait appeler « célébrations » bien qu'elles fussent vides de toute allégresse, prenait parfois la forme d'une terrible vision — aujourd'hui, je suis certain de ne pas avoir été le seul à nourrir ainsi une rage muette, et plus d'un lecteur se retrouvera sans doute dans ce rêve éveillé.

Voici donc qu'en plein cérémonial, il me prenait de l'imaginer, Lui, Celui du « Aimez-vous les uns les autres », Celui du Baptême d'eau et de feu, Celui de l'éblouissant « Lève-toi et marche ! », Celui du cuisant « Que ceux qui n'ont jamais péché lui jettent la première pierre » (... « et ils s'en allèrent tous, à commencer par les plus vieux » : quel humour, quel amour !), je L'imaginais donc entrant à l'improviste au beau milieu de l'assemblée.

Et je Le voyais, doux et furieux, tresser en silence son fouet. Et je Le sentais, plein de révolte et de tristesse, prêt à briser toutes ces idoles qui étaient censées le représenter. Et je L'entendais, sur le ton d'une non-violence follement subversive, clamer à tous : « Vous aviez les clés de la Connaissance, qu'en avez-vous fait ? Qu'avez-vous fait de la maison de mon Père ? Un lieu où l'on s'ennuie ! Le comble ! Vous n'aviez pas le droit ! Je vous avais pourtant bien dit que c'est le shabbat qui est fait pour l'Homme, et non l'Homme pour le shabbat ! Si l'Esprit-Saint dont vous parlez n'est pas capable de déplacer en vous des montagnes, de faire exploser les normes de vos consciences, de soulever vos corps et d'alléger vos cœurs, à quoi bon ? *Ephata !* Ouvrez-vous ! »

Existe-t-il un seul *fidèle* dans l'Église ? Telle était pour moi la question, et je commençais dès lors à m'éloigner de cette machine qui, à mon sens, avait produit plus de criminels que de saints. Oui, à mes yeux de rebelle cela ne faisait plus de doute : croisés, conquistadores aux exactions couvertes par les papes, inquisiteurs de toutes espèces, missionnaires colonialistes et autres antisémites avaient toujours été plus nombreux, infiniment plus nombreux que les François d'Assise et les Vincent de Paul. « Que ce soit avec leur tacite consentement, m'écriais-je, ou bien à leur cœur et à leur corps défendant, les saints n'ont jamais été invoqués qu'à titre de faire-valoir ! Le bilan des institutions ecclésiales n'en demeure pas moins celui de toutes les structures totalitaires : globalement négatif. »

Critique acerbe au feu de laquelle se consumait ma ferveur juvénile. Comme tous ceux qui, de l'intérieur ou de l'extérieur des institutions, dépensent leur énergie à intenter des procès, en évitant ainsi de se confronter aux vraies questions, je n'avais pas compris que l'Amour n'a que faire des *non.* Qu'il les intègre et les dépasse mille fois. Et qu'il nous demande au fond ce qui est le plus simple et le plus difficile : de dire *oui* à la Vie. Les révoltés ne valent pas mieux que les résignés tant qu'ils demeurent incapables de retrouver en eux ce grand Amen, et de vivre le présent au rythme de la Présence qui nous habite tous.

C'est une rencontre — de celles qui réduisent à néant la notion de hasard, de celles qui changent la vie — qui un jour m'a décillé les yeux.

À moi qui ne savais plus que croire et que dire de Dieu, à moi qui le prenais pour une idole, Daniel Pons m'a appris le symbole. Il m'a appris, en fait, que l'essentiel est de *savoir voir* : voir que la vraie vie est à tout instant à portée de regard, et qu'au-delà des mots, des rites et des croyances, au-delà des pensées et des théories sur le monde et sur l'Homme, existe l'*enthousiasme.* Ce Souffle du dedans, dont nul ne sait jamais ni d'où il vient ni où il va, et qui souffle où il veut au fond de nos ténèbres, *est* Dieu. Tout le reste n'est que littérature, mots dont on affuble l'Ineffable, couleurs dont on peinturlure l'Invisible, images que l'on plaque sur le Vent vivant, mouvant et sans forme par lequel l'Homme respire.

L'enthousiasme, ce dieu intérieur capable en chacun de nous de « *changer une angoisse en rire* », comme disait le poète, ce dieu qui nous fait vivre et aimer — qui fait *tout* vivre et *tout* aimer, car tout parle et tout vibre —, il me fallait cet homme d'éveil pour me le faire toucher de l'âme. Auparavant, je croyais le monde muet... et je n'étais que sourd ; je croyais la transcendance suspendue là-haut dans l'inaccessible, et je n'avais pas décelé en moi cette « *Présence divine au centre-cœur* » dont le poète témoignait. Je déclarais le christianisme moribond, tué par ses propres clercs, et je n'avais pas perçu le « *Christ-Amour sans isme* ».

« *Saviez-vous qu'être naturel, profondément naturel, c'est être aussi surnaturel !* »... « *L'Absolu n'est pas à la portée de l'homme, mais dans le cœur de l'homme* »... « *Tu n'es que par ce que tu transmets, et non par ce que tu crois être* » [1]... De telles paroles à vivre m'ont rapproché d'un Dieu danseur, d'un Dieu qui ne serait pas Maître Tout-Puissant, mais maître de ballet, d'un Dieu dont les poètes, les funambules et les enfants qui jouent à la marelle sont plus proches que ceux qui se disent sages : « *Dieu est Celui qui enseigne l'ivresse contrôlée. Il est un maître, et il ne tient qu'à toi de faire de ton paraître une esquisse de maîtrise, qui en toi fera danser l'être.* »

Aujourd'hui, vingt ans après cette rencontre, telle est donc ma foi : « La Beauté sauvera le monde », comme l'a si admirablement proclamé Dostoïevski, qui ne parlait certainement pas d'une simple esthétique, mais de cette beauté essentielle qui habite l'Univers... ou le moindre geste d'amour. Et cette beauté-là, qui rayonne de chaque phrase de l'Évangile, cette beauté-là peut tout : elle nous guérit de toutes les blessures et nous relie au Ciel. C'est de *cela* dont nous avons besoin, et non de discours sur l'Au-delà. Tant il est vrai que les seules vérités qui vaillent sont celles qui aident à vivre mieux, c'est-à-dire plus pleinement, ici et

1. Cf. *Le Fou et le Créateur* et *Aux sources de la Présence*, Albin Michel ; *Offrande*, Albin Michel/Sève.

maintenant. Les Grecs le savaient bien, qui n'avaient qu'un seul mot, *soteria*, pour désigner le Salut et la santé.

Profession de foi, peut-être, mais d'une autre ferveur que celle d'Annick de Souzenelle. Et en tout cas plus vulnérable. Car les Ténèbres existent aussi, et lorsque j'y regarde de près, ce sont elles qui parfois me paraissent toutes-puissantes. Mon credo redevient alors celui d'un mécréant, et dans ces moments-là, comme beaucoup de mes contemporains « éloignés de Dieu » mais qui en gardent la nostalgie secrète, j'en arrive à ne voir que le chaos régnant sur la planète. Et je me dis que si nous en étions vraiment conscients, nous en aurions le souffle coupé. Coupé devant cette souffrance, devant cette violence, devant ces millions de Job qui croupissent dans la misère, chez nous et ailleurs — mais *il n'y a pas d'ailleurs*, c'est toute l'humanité qui est notre « chez nous » —, devant ce crime organisé auquel, quoi que j'en dise, je participe. Pas besoin d'être d'un naturel sombre pour voir la déchirure béante, pas besoin d'être particulièrement sensible ou sujet à la culpabilisation pour constater l'absurde, et en être ébranlé. Aucun prétendu « dessein divin », aucun soi-disant *karma* ne peut expliquer cela. Non, les faits sont là, tout sanglants et tout crus, propres à remettre en question toutes les visions cohérentes du monde, toutes les métaphysiques, les orientales comme les nôtres. Si ces réalités devaient prouver l'existence de « quelque chose » ou de Quelqu'un, ce serait plutôt celle du diable : Satan, « l'accusateur », *diabolos*, « le dissociateur » n'a-t-il pas un degré de réalité plus immédiat et plus palpable que le Dieu des prières du monde entier ? Et si je regarde en moi, n'est-ce pas d'abord lui que je rencontre ? Il suffit de gratter un peu — si peu ! — pour tomber sur l'ignoble tapi derrière le noble, pour dévoiler cette face cachée de l'être, cette âme honteuse qui côtoie l'âme honnête. Oui, je crois, je sais que le Royaume des Cieux existe en nous... mais comme il est bien caché par nos monstres intimes !

Qu on me pardonne d'avoir voulu ici partager mes certitudes et mes doutes, mais j'imagine qu'ils sont le simple écho en moi des interrogations sur lesquelles bute notre siècle. On pourra inventer toutes les théories possibles sur le Bien et le Mal, comme ont tenté de le faire les religions instituées, ces questions-là demeurent. Elles demeurent et deviennent de plus en plus cruciales au fur et à mesure que l'humanité prend conscience de sa vertigineuse puissance d'autodestruction. Or, précisément, c'est à ce domaine brûlant d'interrogations, pour lesquelles il n'existe pas de réponse crédible dans l'ordre conceptuel, mais seulement dans l'ordre *existentiel*, que s'est confrontée Annick de Souzenelle. La souffrance, le crime, la maladie, la mort, l'inégale répartition des chances, l'iniquité du destin, autant de fissures dans tous les systèmes théologiques qui prétendent élucider ces scandales. En entendant mon interlocutrice aborder ces sujets sans détour, sans jargon, sans casuistique ; en l'entendant me raconter la Bible comme jamais auparavant on ne m'en avait parlé ; en l'entendant, elle, chrétienne orthodoxe, évoquer avec tant d'enthousiasme mon ami le poète Daniel Pons, chrétien « adogmatique », me signifiant ainsi que son « orthodoxie » est synonyme de liberté, et que la Tradition pour elle nous parle du présent ; en l'entendant se faire l'écho de la Parole qui vit en nous « au cœur du corps », au plus secret de notre existence, et témoigner de l'avènement d'une ère de l'Esprit, j'ai vraiment pris conscience de la nouveauté de son propos, de l'attitude inédite dans laquelle elle vit le « religieux ».

« Je n'invente pourtant rien ! Je me contente de transmettre les données du grand phylum judéo-chrétien ! » proteste Annick de Souzenelle lorsqu'on lui dit qu'elle innove. Et effectivement, même si son ouverture aux richesses des autres traditions dépasse largement ce qu'il est convenu d'appeler « œcuménisme », force est de constater que la Bible, cette Bible si mal connue, si mal comprise, et si souvent « récupérée », devient chez elle une source intarissable d'inspiration, une source qui nourrit la vie.

Avouons que cette précision en met plus d'un dans l'embarras. Tant qu'elle s'appuie sur les enseignements de la mythologie comparée, de la psychologie des profondeurs, voire de la symbolique universelle, nul n'y trouve à redire. Après tout, on reste alors dans la sphère des sciences dites humaines, domaine aux contours flous, peut-être, mais respectable et rassurant. Et si l'on n'est pas trop étroit d'esprit, si l'on est tenu informé des recherches actuelles, on peut aisément concevoir que des applications concrètes, en matière thérapeutique par exemple, puissent découler de ses études. La difficulté peut naître, pour certains, lorsqu'elle enchaîne — et le plus naturellement du monde ! — sur des considérations proprement judéo-chrétiennes. On se retrouve alors quelque peu troublé de s'être laissé entraîner à travailler sur la valeur numérique des lettres hébraïques, sur les *sephirot* de la Qabbale, sur le sens symbolique de telle mésaventure du Jacob de la Bible, ou encore sur tel apophtègme d'un des Pères de l'Église ! Et pourtant, on est bien obligé de le reconnaître en s'étonnant soi-même : tout cela est devenu clair, dévoilé dans son actualité, et tout cela *nous concerne.*

Lorsque j'observe en moi ce processus d'irrésistible attrait et de redécouverte, je repense, du fond de ma mécréance, aux paroles étonnantes de Jung, pourtant si fasciné par le sens oriental de la non-dualité. « En fait, disait-il, combien existe-t-il d'êtres humains qui pourraient affirmer avec quelque sincérité qu'ils en ont fini avec le diable, et qui pourraient donc se permettre de jeter par-dessus bord le symbole chrétien ? »

Et me reviennent alors certains passages des Évangiles (lus à la façon préconisée par le prêtre-écrivain Jean Sulivan : « comme si vous veniez de les découvrir chez un bouquiniste »), ces passages où le Christ, sans jamais construire de théorie sur le Bien et le Mal, guérit, guérit encore, combat contre la mort et parle pour la vie.

Annick de Souzenelle est capable — elle l'a déjà montré cent fois — de réconcilier un nombre impressionnant d' « incroyants » avec les traditions juive ou chrétienne, et les chrétiens eux-mêmes avec leurs racines judaïques. Elle est capable de toucher ceux qui ont rompu depuis longtemps avec des institutions religieuses qu'ils considèrent comme désuètes... et d'ailleurs aussi ceux qui n'ont pas rompu, mais n'en pensent pas moins ! Non suspecte d'arrière-pensées moralistes, elle est une des rares femmes de foi à pouvoir parler à tous ceux qu'inquiète le prétendu « retour en force du religieux » dont on nous rebat les oreilles, et qui souvent ressemble plutôt à un baroud d'honneur des bien-pensants. Étrangère à un certain exotisme spiritualiste qui fait florès de nos jours, elle s'adresse aussi à ceux qui pressentent bien l'urgence d'un renouveau spirituel — ou plus simplement, plus humblement, d'un renouveau humain — mais qui sont rebutés par les modes douteuses fleurant bon l'irrationnel et le mystérieux.

Tous ceux-là — et ils sont foule — peuvent aborder sans crainte la pensée d'Annick de Souzenelle : ils ne se heurteront jamais à l'indigence d'un raisonnement dogmatique, ni à un système clos.

Par contre, qu'ils en soient avertis : au bout de ce cheminement, ils courent le risque de découvrir un horizon ouvert sur une Réalité ineffable, qu'Annick de Souzenelle appelle Christ.

Libre à eux de nommer cet Indicible comme ils l'entendent, mais si cette rencontre est bien réelle, si elle n'est pas l'effet d'une de ces multiples illusions d'optique qui nous guettent sur le chemin intérieur, alors ils n'en sortiront pas indemnes...

... car elle est une seconde naissance.

# I.

# Une vie dans le désir de Dieu

JEAN MOUTTAPA. — *Annick de Souzenelle, jusqu'où faudrait-il remonter pour trouver l'origine de votre vocation ? J'entends par là, non pas le moment où vous vous êtes consciemment sentie appelée par ce — ou Celui — qui guide votre vie aujourd'hui, mais plutôt le point de rupture à partir duquel votre itinéraire devait, que vous le vouliez ou non, s'écarter des sentiers battus ? Souvent, ce point de départ se situe dans l'enfance...*

ANNICK DE SOUZENELLE. — Très vite j'ai été marquée par l'absurdité de la vie, ou plutôt de l'existence des « grandes personnes » qui m'entouraient, existence qui normalement m'était aussi destinée. Mon père revenait de la Grande Guerre de 14-18, profondément blessé dans son corps et dans son âme. Avocat à Rennes, il recevait souvent des amis qui, eux aussi, avaient vécu cet enfer. Toute petite, j'étais littéralement atterrée de voir qu'au cours de ces dîners, mes aînés ne commençaient à « vivre » que lorsqu'ils reconstituaient l'atmosphère de ces années terrifiantes. Avec tout le respect que j'éprouve pour le dépassement dont s'est montrée capable cette génération sacrifiée, je ne peux m'empêcher d'appliquer à ces hommes la phrase terrible que j'ai lue plus tard dans un livre de Jean Schlumberger : « Ce sont des personnes qui sont comme des feuilles mortes : il faut qu'un grand vent passe pour qu'elles aient l'illusion de vivre. »

*Les femmes, elles, étaient absentes de toute cette vie sociale...*

On ne peut s'imaginer à quel point leur vie était, dans cette bourgeoisie de province, d'une banalité effarante ! Là où je trouvais la vie, c'était chez ma nourrice. Elle était le seul élément « sans culture » dans mon entourage et possédait donc seulement, mais pleinement, toute la culture de son cœur. Alors que je ne pouvais pas toucher ma mère — cela « ne se faisait pas » —, elle m'a donné la relation tactile, la proximité humaine, la chaleur animale, la tendresse qui a fait tout l'équilibre de mon enfance.

Mais cet équilibre s'est trouvé rompu à l'âge de cinq ans lorsque après l'éclatement de la famille, je me suis retrouvée seule, pensionnaire dans un couvent de religieuses à Paris, sans aucune référence ni géographique ni affective. Là, voyez-vous, je suis réellement descendue aux Enfers. Les religieuses n'y comprenaient rien, elles me grondaient parce qu'elles me trouvaient taciturne. Ce fut une période terrible. Je crois qu'aujourd'hui, lorsque je parle d'une nécessaire « descente aux Enfers », je sais ce que je dis : j'ai vu ses monstres !

*Qu'est-ce qui vous en a fait remonter ?*

Ce qui m'a sauvée, c'est ce goût du divin qui m'a été donné dès le départ. Je me souviens précisément avoir dit, à l'âge de cinq ans : « On ne peut compter que sur le Père divin. » Depuis, toute ma vie a été fondée sur cette certitude. Avec tout l'aspect lumineux de cette force qui m'a guidée... mais aussi avec toutes les difficultés que cette phrase implique : le manque d'abandon à l'autre, l'absence de confiance qui est une souffrance profondément inscrite dans ma chair, et dont il a bien fallu que j'apprenne à me libérer.

*Le « Père divin », pour vous, à cette époque, était compris au sens du catéchisme ?*

Vous savez, un enfant prend ces choses-là au premier degré, mais c'est justement celui-là qui est essentiel ! La foi a toujours été pour moi une réalité plus tangible que cette table qui se trouve entre vous et moi. Et elle ne m'a jamais quittée. L'absurde dont je vous parle, je l'ai toujours imputé aux hommes, parce que je refusais le Dieu qu'ils se fabriquaient, celui qui fait la pluie et le beau temps dans nos vies. Les hommes jouaient à se faire mal, jouaient avec le Mal, mais la miséricorde divine n'était pas impliquée dans cette tragédie de l'humanité. Les adultes, autour de moi, tenaient chacun un « rôle » au lieu de prendre en main leur destinée. Et, de cela, pour moi ils étaient seuls responsables.

Cela dit, si la foi m'a toujours accompagnée, j'ai vite pris conscience que l'Église romaine nous enseignait un système qui ne « faisait pas le poids », face à l'élan mystique que je vivais.

Vers seize-dix-huit ans, je me suis révoltée contre le moralisme insupportable de cette époque, qui nous maintenait dans un état de dépendance, comme si nous devions toujours rester mineurs. Je me révoltais aussi contre l'ignorance : lorsque je demandais, par exemple, pourquoi le serpent avait mordu notre mère Ève au talon, pourquoi Jacob fut blessé par l'ange à la hanche, pourquoi le Christ avait lavé précisément les pieds des disciples pour signifier la purification de l'Homme, on me répondait soit par des inepties, soit en me traitant de petite orgueilleuse qui devait croire sans comprendre. Et moi, je *voulais* comprendre ! Aujourd'hui, je connais la nécessité d'accepter, à des moments précis de la vie, de ne pas comprendre. Mais cette situation alors m'était purement odieuse, car on me demandait de faire taire mon désir d'entrer dans l'intelligence des textes, des choses, de la vie !

*Face à cette mentalité qui, comme disait Simone Weil, « bâillonne l'intelligence », je suppose que vos études de mathématiques vous ont aidée à répondre à votre désir quasi mystique de connaître ? Ces énigmes qui se résolvent en équations dans la découverte d'une structure absolue, cela devait beaucoup vous attirer?*

À vrai dire, j'ai surtout abordé ces études par mimétisme envers ma mère, qui elle-même avait été une des premières femmes bachelières, avant la Première Guerre. Mais j'ai été tout de suite passionnée par les problèmes de géométrie, de trigonométrie, d'algèbre. Je trouvais là une cohérence admirable. Un sens se dessinait quelque part dans cet absurde de la vie, et ces recherches rationnelles ont effectivement contribué à me structurer intérieurement. Seulement, au niveau des mathématiques supérieures, on risque vite de s'enfermer dans un monde abstrait et terriblement stérilisant. C'est pourquoi, au bout de quelques années, j'ai tout lâché d'un coup ! Ce fut un renversement total qui me fit passer du plus abstrait au plus concret, c'est-à-dire aux études d'infirmière. Après avoir évolué dans un monde uniquement mental, j'avais besoin, voyez-vous, de toucher de l'humain, de toucher les malades, de les aimer.

*C'est ainsi que vous êtes devenue infirmière-anesthésiste, « pour endormir », dites-vous, bien avant d'être psychothérapeute « pour réveiller »...*

Mon instinct m'avait guidée vers cette situation où l'on est sans cesse confrontée à la question du sens, à travers la maladie. Ces quinze années furent une expérience à la fois merveilleuse et douloureuse. Car il est douloureux de ne pas savoir répondre aux questions angoissées des malades, que la souffrance taraude dans leur corps et dans leur esprit. « Pourquoi est-ce que ça m'arrive, Madame ? Pourquoi cet ulcère à l'estomac ? Pourquoi, pourquoi... ? » Je jouais à mon tour le rôle d' « aîné », ou tout au moins de celui qui est censé savoir. Et je ne savais pas !

*Ayant rompu avec l'Église catholique, vous aviez envoyé promener toute religion?*

Complètement. Ma foi ne pouvait s'exprimer dans aucune pratique, et j'avais même désappris la prière. Je sentais que j'avais été trompée sur ce plan-là, et les formes ne m'intéressaient plus. Seul le concret importait : « Je vais vivre pleinement ! se dit-on à cet âge. Ça, au moins, c'est concret ! » Il m'aurait fallu une secousse énorme pour faire à nouveau l'expérience de la prière. Eh bien... cette secousse a eu lieu ! Et elle a eu lieu au Maroc, où j'ai exercé durant cinq ans. Un dimanche après-midi je me trouvais seule de garde à la clinique. Je fus alors appelée en urgence auprès d'une jeune femme marocaine qui venait de subir une opération pourtant bénigne ; mais elle donnait tous les signes d'une embolie qui allait très vite lui être fatale. Aucun médecin n'était présent, et, n'ayant pas les compétences pour faire un geste médical, je ne pouvais qu'assister impuissante à la mort de cette femme. C'est alors que je vis de l'autre côté du lit, tenant la main droite de la malade, sa mère ; elle était d'un calme absolu et priait. Je pris instinctivement la main gauche de la jeune femme et retrouvai la prière. Un courant d'amour passa entre sa mère et moi, elle musulmane, moi chrétienne, un même Dieu qui redonna vie à la malade, mais aussi à la malade spirituelle que j'étais et qui ce jour-là se réveilla.

Depuis, je n'ai plus quitté ce qui ne m'avait jamais réellement quittée : la vie spirituelle et la prière.

*Mais comment pouvaient-elles s'exprimer, éloignée que vous étiez de toute institution ?*

Justement, je n'avais de source qu'intérieure ; et elle était bien maigre. Et je commençais à rechercher un pôle, quelque chose qui me nourrisse. J'ai alors quitté le Maroc, où je ne pouvais rester indéfiniment prisonnière entre d'une part un monde du colonialisme à la mentalité insupportable, sauf exceptions, et d'autre part un monde arabe où il n'y avait pas place pour une femme seule, et dont malheureusement j'avais fait l'erreur de ne pas apprendre la langue. Mais même revenue en France, j'étais en perpétuelle révolte contre la normalisation de l'absurdité, je veux dire contre le fait de régulariser, de légitimer la médiocrité, de faire comme si c'était la norme. Je ne pouvais supporter l'anecdote et la futilité des ambiances de groupe, la démission devant la banalité. Autour de moi, la plupart des gens baissaient les bras devant ce non-sens, ou pire, ne se posaient même pas la question ! Je m'investissais alors tout entière dans mon travail, dans la relation aux malades. Ce sont eux qui m'ont tout appris, je le sais maintenant. Et puis, un jour, j'ai décidé d'aller rejoindre en Inde un cousin germain de ma mère, qui, après avoir fait Polytechnique, était allé rejoindre Sri Aurobindo. Son nom hindou était Pa Vitra, il avait fondé là-bas l'université de l'ashram de Pondichéry. Il était, bien sûr, la honte de la famille, le renégat, mais lorsque j'ai lu certaines des plaquettes et des lettres qu'il nous envoyait, je me suis écriée : « C'est le seul homme intelligent de la famille ! »

*Vous vous apprêtiez donc, sans formation aucune, à rejoindre cet homme que vous ne connaissiez pas, et à rompre avec vos origines ! Le christianisme était-il donc sans avenir pour vous ?*

Sans avenir, malgré la merveille qu'il avait pu représenter dans le passé. Certes, la rupture avec le Christ historique aurait été douloureuse. Mais là-bas, au moins, il y avait une mystique ! N'était-ce pas renouer avec le Christ intérieur que j'avais plus d'une fois rencontré dans mon enfance ?

J'étais sûre que cette mystique m'attendait. Je n'étais retenue que parce que, entre-temps, j'avais pris à ma charge ma vieille nounou, et je ne pouvais en aucun cas l'abandonner. Mais ma décision était prise : dès qu'elle ne serait plus de ce monde, je partirais. En attendant, je me répétais en moi-même, continuellement, comme un mantra : « Annick, patience absolue, patience absolue... » C'était une façon pour moi d'appeler la vie, car j'étais certaine que si la vie avait un sens, ce sens impliquait qu'un jour elle me le révèle. J'étais trop amoureuse de ce sens pour qu'il ne me réponde pas. Alors, « patience absolue... », ça allait venir.

*Et c'est venu, mais pas du tout de la manière dont vous l'imaginiez, puisque votre voie n'a pas été celle de l'exil, et qu'en guise de « pèlerinage aux sources », vous êtes retournée directement aux sources chrétiennes, sans passer par le détour de l'Orient. Qu'est-ce qui vous a fait abandonner ce projet de grand départ ? Une lente prise de conscience de vos racines spirituelles, ou une de ces ruptures impulsives qui ont marqué votre jeunesse ?*

Un choc, une expérience extrêmement troublante, qui m'a amenée à rencontrer celui qui devait devenir par la suite mon maître spirituel, le père Eugraph Kovalevsky. Si je vous raconte maintenant le détail de cet événement, ce n'est pas par goût du spectaculaire, mais pour vous faire comprendre à quel point il fut pour moi l'étincelle qui provoqua un bouleversement majeur.

Cela eut lieu en 1958, quatre ans, donc, avant que cette merveilleuse femme que fut ma nourrice ne quitte ce monde. J'étais partie me reposer quelques jours dans le Midi. Un après-midi, je visitais Èze, petit village dont on m'a dit plus tard, et cela me remplit de joie, que l'origine du nom était probablement la Vie : *zoé*. Il y avait là de nombreuses galeries de peinture que je prenais grand plaisir à visiter, car j'apprécie beaucoup l'art pictural. À la fin de la journée, je passe devant l'une de ces galeries sans m'arrêter, guidée par le désir d'entrer dans la petite église du village...

*Et c'est là, allez-vous me dire, que vous rencontrez non pas quelque chose, mais Quelqu'un...*

Pas du tout ! Le signe qui me fut donné ce jour-là est autrement plus inattendu. Sur le chemin de l'église, j'entends non pas « des voix », mais une Voix intérieure, une certitude absolue qui me dit qu'en n'entrant pas dans cette galerie, je passe à côté de ma vie. Revenue en arrière, j'entre et trouve là deux femmes en train de parler. Mais comme elles n'en finissent pas, je ne peux engager la conversation ; je crois avoir été leurrée par une fausse intuition, et sors après avoir jeté un coup d'œil aux tableaux. C'est alors, exactement au point précis où je m'étais arrêtée la première fois sur la route, que l'une de ces femmes, celle qui semble être la responsable de la galerie, m'interpelle de loin. Je me retourne et l'entends me crier : « Madame ! Vous n'avez pas tout visité ! Vous avez sûrement oublié de voir l'essentiel de l'exposition ! » Je rebrousse donc chemin une seconde fois et là, certaine d'une coïncidence trop évidente pour ne pas avoir un sens, j'attends le départ de la visiteuse et j'ai un dialogue avec cette femme qui me dit deux choses proprement sidérantes : « Vous, vous connaissez Fred Bérence », me dit-elle de prime abord. Fred Bérence était effectivement un grand ami, écrivain aujourd'hui oublié, qui a beaucoup écrit sur le Quattrocento et qui était alors pour moi une sorte de guide spirituel. « *On me dit* que vous le connaissez », m'affirme-t-elle avec certitude. Et d'ajouter : « Vous, vous devez vous rendre au 96, boulevard Auguste-Blanqui. Vous y êtes attendue. »

*Je reconnais là l'adresse du siège de l'Église orthodoxe de France. Cette femme était sûrement orthodoxe ?*

Justement pas, et c'était bien là le paradoxe, car elle ne parlait donc ni par prosélytisme ni par intuition psychologique, puisqu'elle ne connaissait *strictement rien* de moi ! Mais, me dit-elle longtemps plus tard, elle était « clair-audiante », et percevait parfois des choses comme celle-là, qu'« on » lui disait de l'intérieur. Une femme admirable, d'ailleurs, qui est partie ensuite en Inde soigner les lépreux.

*Jamais vacances n'ont dû vous paraître aussi longues !*

Jamais ! Revenue à Paris, mon premier geste fut bien sûr de me rendre à ladite adresse.

L'église orthodoxe qui s'y trouvait n'avait, à cette époque du moins, vraiment rien de séduisant ! Toute noire, quasiment déserte ce jour-là, elle ne prêtait pas à émerveillement, et je ne peux pas dire que j'aie été conquise par une beauté enchanteresse, ni par l'atmosphère d'une liturgie ou la pureté célèbre des chants orthodoxes... Mais il s'est passé quelque chose en moi ; tout a basculé en quelques heures de silence, et lorsqu'à la fin un prêtre est venu me voir pour me demander : « Madame, vous cherchez quelque chose ? », je m'entends encore lui répondre : « Moi ? Non, plus rien. Je sais que c'est ici. »

*Voilà ce qu'on appelle une conversion exemplaire...*

Pas exactement. D'abord parce que, comme je vous l'ai dit, la foi ne m'avait jamais quittée. Catholicisme romain et orthodoxe ont la même source, ne l'oublions pas. Et puis, malgré ma réponse, il est évident que je ne me sentais pas « arrivée », au sens complaisant et satisfait du terme, mais une certitude venue de très loin en moi me dit que là était « la source », et que j'allais commencer de vivre. Il est vrai qu'à partir de ce moment tout a changé ; tout s'est éclairé pour moi dans cette église, où j'ai rencontré le père Eugraph Kovalevsky qui devint plus tard l'évêque Jean de Saint-Denis.

*N'aviez-vous pas peur, en suivant ces prêtres d'origine russe, exilés pour beaucoup après la Révolution, de vous couper de vos racines occidentales, de sacrifier à l'exotisme, et de vous russifier en quelque sorte ?*

. Le père Eugraph n'avait plus de russe que ses origines et son inimitable accent ! Il était l'un des rares exilés de sa terre natale qui n'avait pas voulu la reconstituer en exil comme l'ont fait tant de ses compatriotes ; il avait compris l'impérieuse nécessité d' « épouser » la France, son pays d'accueil. Il avait donc entrepris l'énorme tâche de faire revivre dans ce pays la vie spirituelle « orthodoxe » qui y avait été pratiquée, même si elle ne portait pas alors ce nom, pendant tout le premier millénaire : c'est ainsi qu'il ressuscita l'ancienne liturgie des Gaules, celle que nos pères ont élaborée et vécue jusqu'à ce que Charlemagne l'interdise. Il faut savoir que toutes les liturgies locales furent supprimées par l'Empire carolingien pour imposer celle de Rome afin d'uniformiser ainsi le monde chrétien occidental... et, bien sûr, de mieux le dominer !

Pour retrouver donc ces sources liturgiques très anciennes, le père Eugraph, son frère Maxime et quelques amis sont allés chercher dans les monastères bénédictins, surtout à Autun, et à l'évêché de Fréjus aussi où ces trésors sont gardés dans de vieux antiphonaires précieux. Cette admirable liturgie s'est donc peu à peu reconstituée.

Pour répondre à votre question, c'était donc bien nos racines occidentales que nous retrouvions avec père Eugraph. Et il ne s'agissait en rien d'exotisme, et encore moins de russification !

*Mais tout de même, ces gens que vous côtoyiez étaient russes, avaient leur propre liturgie, leurs rites, leur langue, leur nostalgie de la mère-patrie...*

Pas du tout : chez nous, ceux que nous côtoyions n'étaient que des Français désenchantés comme moi par les Églises romaine ou protestantes ; plus tard des juifs vinrent aussi. Les Russes, pour la plupart, continuaient à célébrer leur liturgie dans des églises qui se sont vite dressées en France à leur arrivée, et qui sont restées russes, telles celles de la rue Daru, de la rue de Crimée, etc.

Dans l'orthodoxie, le fidèle est nourri de la tradition des Pères de l'Église, ces grands maîtres qui furent fondateurs aussi bien pour l'Occident que pour l'Orient. De plus, il n'y a pas d'autorité extérieure et centralisée qui porterait à elle seule le poids de la vérité. La différence entre laïcs, patriarches et évêques ne correspond qu'à une échelle de fonctions, non à une hiérarchie en soi. On peut bien sûr se choisir un maître spirituel, mais aucun moralisme, aucune aliénation de votre nature propre ne vous sont imposés. À chacun de jouer, nourri par la Parole, responsable de lui-même, pour devenir la totalité de lui-même. L'accent est toujours mis sur l'essentiel, à savoir la rencontre amoureuse avec Dieu, les Noces divines. Quelle différence avec ce que j'avais vécu auparavant !

*Mais qui donc était ce prêtre russe capable de comprendre que, puisque le culte orthodoxe est toujours adapté à chaque nation, il fallait restituer aux gens d'ici leurs racines ?*

Une flamme ! Cet homme était une flamme ! Il dansait littéralement la liturgie. Avec lui, on n'en restait jamais au niveau de la sentimentalité, à quoi les croyants réduisent le plus souvent leur religion. On entrait directement dans l'ontologie, c'est-à-dire dans le mystère de la nature de l'Homme, et de sa capacité à épouser le divin qui l'habite. Il a été mon maître, mais il y eut entre nous, non pas un transfert psychologique, plutôt ce que j'appellerais un transfert spirituel. D'ailleurs, s'il n'avait pas fait passer son œuvre de « retour aux sources » avant sa personne, l'Église qu'il a fondée — ou plus précisément, restaurée — se serait vite écroulée après son décès en 1970, ce qui n'a pas été le cas.

Aux côtés du père Eugraph, j'ai redécouvert toute la valeur de la liturgie, qui est l' « œuvre en commun ». « Vous ne venez pas à l'église pour prier ! » nous disait-il toujours. « Prier, vous pouvez le faire dans votre chambre. La liturgie, elle, a pour but de rassembler les fidèles pour mobiliser les symboles, afin que le Ciel descende sur la Terre, et que la Terre monte au Ciel. »

C'est pourquoi chacun des éléments de la structure symbolique d'une liturgie doit être juste. Pour éveiller ce que les Anciens appelaient le *sensorium Dei*, il faut une justesse dans les couleurs, une justesse dans les odeurs, une justesse dans les moindres détails de la gestuelle, et surtout, une justesse dans les sons. Ce qui est désolant, c'est de voir tant d'églises aujourd'hui où l'on pratique des chants absolument sans intérêt, des musiques qui sont tout juste bonnes à exalter les bons sentiments. Or, avec les meilleurs sentiments du monde, on n'entre pas dans le spirituel ! L'ancienne tradition musicale chrétienne, au contraire, avait développé des structures aptes à nous ouvrir littéralement au divin.

C'est ainsi que j'ai pénétré grâce au père Eugraph dans l'univers du chant liturgique : le chœur, c'est la vibration essentielle de l'Homme, dans laquelle il peut pressentir qu'il est appelé à parler la langue divine. J'ai découvert aussi le monde des icônes. Quelle joie pour moi qui avais toujours tant aimé la peinture ! Mais l'icône, c'est encore autre chose que l'esthétique picturale : ce n'est plus l'Homme qui se projette dans l'image, c'est le monde divin qui, à travers et à partir de l'image, vient vers nous.

Enfin — et ce n'est pas la moindre des grâces qui m'est advenue en fréquentant les cours du père Eugraph ! — c'est dans son entourage que j'ai rencontré Geoffroy, celui qui allait devenir mon époux.

*Lui l'avait d'ailleurs connu bien avant vous, je crois ?*

Il l'avait rencontré pendant la guerre, alors qu'ils se trouvaient ensemble en captivité. Geoffroy, traumatisé par son passage dans les écoles des Jésuites et déjà hostile à l'atmosphère religieuse familiale, avait depuis toujours rejeté le christianisme. Lorsqu'il rencontra au stalag celui qu'on appelait le « petit père », ce ne fut pas le prêtre qu'il vit ; il refusa même de le voir. Mais il fut touché par l'homme : un être étonnant ! Étonnant par sa force intériorisée à l'extrême — car il était fragile d'aspect —, par sa bonté, la vastitude de sa culture et de son ouverture d'esprit, qu'aucun jugement n'effleurait.

Le « petit père » quitta vite le stalag pour aller soigner des prisonniers russes atteints de typhus, qui venaient d'arriver ; il contracta le typhus et s'en ressentit toute sa vie. Mais, à son retour en France, Geoffroy le retrouva, et n'eut même que lui sur son chemin, pour l'aider à traverser les dures épreuves qu'il eut à assumer. Peu à peu, il ouvrit les yeux non seulement sur les qualités humaines du « petit père », mais sur cela même qui inspirait la vie de cet homme : la présence intérieure de la foi, ardente, libérante... Geoffroy prit alors le chemin du christianisme et de l'Église, dix ans avant moi. Il fut un des premiers Français à suivre le père Eugraph.

*Et c'est toujours avec votre époux que vous avez suivi l'enseignement de ce curieux personnage juif que fut Emmanuel Levyne ?*

Oui. Un jour Geoffroy retrouva « par hasard » au fond d'un tiroir un numéro du journal *Tsedek* que cet homme faisait paraître. De lui personnellement nous ne savions rien, mais nous pouvions lire qu'il proposait des cours d'hébreu. Or, depuis longtemps je me disais que le judaïsme et la langue hébraïque ne pouvaient qu'être extrêmement importants pour le christianisme. L'Histoire sainte que l'on m'avait apprise était coupée de toute connaissance sérieuse, et même de tout contact avec le monde juif. Comme chrétienne, je me sentais privée de ces sources essentielles. Nous sommes donc allés rendre visite à cet homme, dans l'appartement très pauvre qu'il habitait en banlieue sud. Après quelques heures de dialogue, il en est arrivé à nous dire : « Voyez, je suis là avec des frères juifs qui croient connaître leur langue, mais qui en fait ne parlent pas hébreu. Avec vous, qui ne connaissez pas notre langue, je viens de parler hébreu. » Dès lors, nous avons suivi l'enseignement qu'il dispensait à quelques personnes, au fond d'un bistrot crasseux du quartier République. Et chaque semaine, j'avais vraiment l'impression que lui et le père Eugraph s'étaient donné le mot : ils parlaient le même langage, chacun dans son engagement propre.

*Pourtant, il vous a fallu un jour prendre vos distances vis-à-vis d'Emmanuel Levyne. En quelles circonstances ?*

Vous savez, cet homme découvrait des merveilles et était authentiquement porteur d'un enseignement traditionnel, mais comme il arrive souvent, il était loin de vivre au quotidien ce qu'il nous enseignait. Un ensemble de choses nous a donc déplu, et surtout, à partir d'un certain moment, sa dérive antisioniste. Il faisait partie de ces juifs — minoritaires mais il en existe — pour qui Israël n'est pas un lieu géographique extérieur, mais un espace qui est et doit impérativement rester intérieur. Nous étions de cet avis dans le principe de cette pensée. Mais ce devenir intérieur ne devait-il pas historiquement passer par l'expérience d'un Israël politique ? Qui peut prétendre connaître la Sagesse divine concernant les nations ? Il nous paraissait tout à fait faux de nous élever contre l'État d'Israël, encore moins de militer dans ce sens. Ce que lui fit. À la suite de la guerre des Six-Jours, il s'est donc fortement engagé politiquement, ce qui était parfaitement son droit, mais a eu de graves incidences sur son comportement qui est devenu très agressif. Son journal, remarquable à ses débuts et qui nous avait amenés à le rencontrer, est vite devenu un brûlot antisioniste. Nous nous sommes donc retirés de son entourage. Cela dit, même si je ne l'ai donc côtoyé que quelques courtes années, cet homme paradoxal m'a ouvert des portes et m'a donné des clés.

Jamais je ne me dirai Qabbaliste, je n'en ai pas la prétention, mais j'ai acquis avec lui les structures fondamentales de la Qabbale dans l'approche du symbolisme des lettres. Il m'a aussi donné le goût de certaines lectures qui m'ont beaucoup enrichie, par exemple celles, essentielles, de Martin Buber ou de Nicolas Berdiaev. Depuis ce temps, hébreu et théologie n'ont plus fait qu'un pour moi, car j'ai le sentiment d'avoir été nourrie aux deux mamelles de la même mère : le judéo-christianisme.

*Aujourd'hui, ce n'est pas seulement sur ce couple que vous fondez votre enseignement, mais sur la trilogie : anthropologie, hébreu et théologie. Comment en êtes-vous arrivée aux sciences humaines ?*

Lorsque je n'ai plus pu continuer à collaborer avec le monde médical ; j'ai exercé encore en hôpital jusqu'au milieu des années 60, mais, petit à petit, j'ai pu nommer ce qui n'était auparavant en moi qu'une sensation de malaise. Et à partir de ce moment, l'incompatibilité avec ce monde hospitalier, dans lequel l'homme et la maladie sont tellement

« chosifiés », m'est apparue comme radicale. Je me suis alors penchée sur tout ce que les sciences humaines pouvaient nous apprendre sur l'Homme, son histoire, son corps, sa psyché... J'avais été très sensible au cri d'alarme de C. G. Jung, disant : « L'Occident a perdu ses mythes, et l'Occident est en train de mourir ! » Mais pour moi les mythes étaient là, bien vivants, seulement on ne savait plus les lire. Je devais donc réapprendre, pour moi-même et pour le transmettre, à lire les mythes.

Le jour où m'est venue l'intuition fondamentale de ma recherche, à savoir l'analogie profonde, la correspondance essentielle, corroborée par tous les mythes de notre tradition, entre le schéma du corps humain et l'Arbre de Vie des Qabbalistes, ce jour-là le travail pouvait commencer.

Il a d'abord donné naissance au *Symbolisme du corps humain...* mais vous savez, il dure toujours !

# II.

## Le corps et sa parole

*Vous le savez, Annick, je ne suis qu'un mécréant, tout au moins en comparaison avec vous ! Aussi, avant même que vous ne me parliez des mystères de la Qabbale et de la Révélation chrétienne, j'aimerais que nous évoquions votre œuvre et vos recherches en commençant par leur aspect le plus « expérientiel », par les interrogations existentielles qui touchent chacun de nous au plus intime et qui concernent le corps et ses organes, l'amour, la souffrance, la mort...*

Je vous arrête tout de suite ! Pour moi, la transcendance *est* une question d'expérience. Ou alors je n'en ai que faire ! Au cœur de mes expériences personnelles les plus difficiles à vivre, j'ai toujours gardé l'intuition que seule la mystique peut apporter un sens à la vie. Et quand je dis mystique, je parle bien sûr du mystère de l'Homme au plus intime de son existence, et d'une dimension du Tout-Autre expérimentable dans le quotidien. Les élucubrations fantasmatiques ou une curiosité ambiguë envers « l'inconnu pour l'inconnu » n'ont jamais présenté pour moi aucun intérêt.

*Avouez que, même lorsqu'on en ressent la pertinence dans les questions primordiales de la vie, il n'est pas aisé de parler de la transcendance aux hommes et aux femmes de ce monde. Le risque est grand de s'éloigner de leurs préoccupations courantes en employant un vocabulaire qui leur est étranger.*

C'est que l'on oublie trop souvent que la transcendance *nous habite*, qu'elle nous est, paradoxalement... immanente ! Elle nous habite, mais non pas comme un élément étranger qui viendrait s'ajouter à ce qu'est l'Homme : elle est intimement liée à la nature même de l'Homme. Voilà une chose qui est peu dite et peu comprise. Par exemple, lorsque l'on répète les mots de Paul : « le corps, temple de l'Esprit », on a souvent l'image de deux pôles : le corps-matière qui se fait réceptacle, d'une part, et l'Esprit, objet reçu, qui « descend » en lui, de l'autre. Conception trop théorique, car c'est l'Image divine qui est première, fondatrice de tout être, lequel, à partir d'elle, construit ses textures les plus subtiles, jusqu'à celles de son corps ; chacune des cellules du corps est signifiante de l'Esprit qui la fait vivre. Celui qui comprend le corps à travers chacun de ses organes et de ses cellules, qui le « voit » tel qu'il est, entre par là même dans l'intelligence de l'Esprit. Ce faisant, il transforme son corps en se transformant lui-même.

Beaucoup de ceux qui parlent de la Révélation biblique s'enferment effectivement dans un vocabulaire obsolète, qui ne dit plus rien, car nos contemporains veulent qu'on leur parle d'expérience, et ils ont bien raison ! On a trop oublié qu'il n'est aucun élément du monde, du moindre brin d'herbe au moindre de nos organes, qui ne soit la manifestation de l'Esprit, le champ d'une respiration avec le monde divin. Si cela était plus souvent dit, nos contemporains comprendraient mieux que la transcendance s'expérimente à chaque instant, pour peu que l'on apprenne à voir, à sentir, à aimer aussi !

*Au lieu de cela, on nous présente un Dieu étranger au monde, et comme surajouté à lui. Ce surajout, beaucoup, de nos jours, le trouvent superflu, dépassé, et par certains côtés humiliant pour l'Homme. Ils n'ont, disent-ils, que faire de cette « hypothèse »...*

Et ils ont bien raison, si on ne leur a présenté qu'une entité divine qui pèse *de l'extérieur* sur le monde ! En fait, ce « surajout » que vous évoquez procède de ce que nous décrit symboliquement le récit de la Chute dans le Livre de la Genèse : à partir du moment où l'Homme se coupe de la respiration divine qui lui est naturelle dans le Jardin d'Éden, il se coupe aussi de lui-même et se plonge dans un aveuglement, comme si un écran plaqué sur son regard l'empêchait de voir la vraie nature du monde, sa vraie nature. S'il continue alors à parler de la transcendance, lui étant devenu étranger, il ne parle que d'un objet intellectuel et le mot est vide. Seule la tradition vivante est capable de lui en redonner le goût... mais il est rare de la rencontrer en Occident !

*Cette vanité des mots qui sont censés nommer le divin impliquait inéluctablement, je crois, ce que l'on a appelé « la mort de Dieu », qui n'est en fin de compte que la mort du* mot *« Dieu ». C'est bien pourquoi je me sens plus à l'aise pour aborder votre œuvre en commençant par ce qui, d'une façon immédiate, concerne de près notre existence...*

Comme vous voulez, mais si nous sommes dans le juste, nous ne pourrons parler de l'existence de l'Homme sans parler de sa nature, puisque toute la question réside bien dans le décalage entre sa vie extérieure et sa nature profonde. Et nous ne pourrons aborder sa nature sans évoquer le divin, puisque la nature de l'Homme... est divine ! Mais il faut bien commencer...

*Le titre même de votre ouvrage* Le Symbolisme du corps humain *implique que le corps « parle ». Lorsqu'on se coupe un doigt en maniant un couteau, lorsqu'on se casse le pied en descendant un escalier, lorsqu'une maladie atteint une partie de notre corps, deux sortes de réactions nous viennent immédiatement à l'esprit : ou bien « c'est ma faute ! », ou bien « pas de chance ! » En réalité, il y aurait là un « cri du corps » ?*

Il s'agit toujours de l'être profond qui nous habite et crie dans nos profondeurs pour nous appeler à un changement.

Quant à dire quel doit être ce changement, c'est à chacun de le découvrir, de le lire dans le livre de son corps, et cela demande une finesse d'analyse considérable, car l'organe ou le membre atteint renvoie à la fonction essentielle qu'il manifeste et qui, elle seule, détient le secret de la souffrance. Je ne prétends aucunement donner un code, car *il n'y a pas* de code ! Mais une meilleure connaissance de la fonction symbolique de chaque organe peut nous aider dans cette lecture. Je ne fais que donner quelques éléments, mettre en évidence quelques constantes de ce langage qu'est le corps. Le travail de décryptage demeure personnel, et les choses ne s'éclairent qu'en fonction de l'énergie que nous y investissons.

*Si la quête intérieure est indissociable de ce décryptage du corps, c'est peut-être que le fondement de ce langage réside dans ce que Jung entendait par « synchronicité » : la relation signifiante entre un événement objectif, extérieur, et un événement intérieur ?*

Je crois que la synchronicité consiste surtout en la simultanéité, la coïncidence de deux, voire de plusieurs événements semblables mais émergeant en des lieux différents les uns des autres. Ou bien, s'il y a unité de lieu, il y a dissemblance des événements, mais on sent confusément qu'ils sont cependant liés par quelque chose d'invisible. Déconcertés, nous appelons alors tout cela le « hasard » ! Jung a percé cette loi du hasard en découvrant l'unité qui recouvre ces différentes manifestations et qui se situe dans une réalité d'ordre archétypiel. Partant de là, on peut dire que tout ce qui arrive à notre corps manifeste une dimension de notre vie profonde. Que nous le voulions ou non, *nous* créons les événements.

*Avouez que cela paraît plus compréhensible lorsque nous avons des raisons de nous sentir responsables de telle ou telle agression qui vient s'abattre sur notre corps : lorsque « nous*

*nous faisons mal » au genou, au pied ou à la main. Mais quand il s'agit d'une agression purement extérieure, comme celle d'un microbe, par exemple, tenez-vous le même raisonnement ?*

Nous sommes très contents lorsque nous découvrons un ennemi extérieur comme le microbe ou le virus, et que nous pouvons dire : « Nous tenons le coupable ! » Mais Pasteur lui-même reconnaissait à la fin de sa vie que le microbe n'est rien par rapport à l'importance du terrain. La fatigue, le stress, l'angoisse, une mauvaise hygiène de vie nous rendent beaucoup plus vulnérables aux agressions extérieures. Si celles-ci se développent et sont victorieuses de nos défenses intérieures, c'est bien, la plupart du temps, pour des raisons plus profondes. On se contente trop souvent de combattre les symptômes, d'éliminer les effets visibles de la première cause sur laquelle on tombe... Les causes profondes, elles, sont occultées, et font rarement l'objet de recherches sérieuses.

*Pour déceler ces causes profondes, pour comprendre le langage du corps, sa grammaire, pourrait-on dire, vous utilisez entre autres les acquis des sciences humaines, en particulier ceux de la psychologie et de la mythologie comparée. Mais n'y a-t-il pas là le danger d'un réductionnisme ? La dénomination « sciences humaines » elle-même n'est-elle pas symptomatique d'une tendance au mimétisme qui pousse leurs praticiens à employer une terminologie proche de celle des sciences de la nature, voire des sciences exactes ? Lorsque les sciences humaines prétendent, avec ce vocabulaire d'objectivation, décrire de façon exhaustive l'âme humaine, elles en viennent à véhiculer une conception réductrice de l'Homme. Tel fut le cas de Freud, et de la plupart de ses successeurs. Pourtant, vous ne reniez pas cet héritage...*

Je ne le renie pas, car Freud a eu le mérite de rompre avec des systèmes de pensée sur l'Homme et la conscience, qui étaient en tel décalage avec la réalité qu'il fallait impérativement en revenir aux racines. Celles qu'il a mises en évidence ne vont pas assez loin, car il a effectivement été freiné par une mentalité réductionniste. Mais le fait même de parler de l'inconscient et des pulsions du corps constituait à l'époque une révolution plus que nécessaire. En fait, il ne s'agissait pas là d'une découverte mais d'une redécouverte, puisque les Anciens connaissaient bien l'importance du rêve, et que certains Pères de l'Église parlaient déjà de ce que nous nommons aujourd'hui l'inconscient.

Mais depuis longtemps, au temps de Freud, la société occidentale s'était enferrée dans un moralisme et une anthropologie simplistes, qui devenaient insupportables. Et ce n'est d'ailleurs pas fini, car cette révolution n'a pas touché sérieusement, par exemple, le milieu clérical. Quand on pense que nombre de théologiens se taisent encore sur ces sujets cruciaux, comme si le cosmos intérieur de l'Homme, si riche et si complexe à la fois, n'existait pas ! La plupart n'en connaissent même pas les lois élémentaires ! L'âme est pour eux un élément très flou, et Dieu est devenu souvent un concept objectivé à l'extérieur de l'homme.

Le fondateur de la psychanalyse a donc représenté une étape indispensable dans le processus qui se vit sous nos yeux, celui d'une rébellion des profondeurs. Ce processus a connu, et connaîtra encore, des écueils tout aussi importants que le réductionnisme de Freud. Par exemple, si Jung a le mérite de réintroduire la transcendance dans la « psychologie des profondeurs », il est remarquable qu'il ne parle pas, ou très peu, du corps ! Ce n'est que très récemment que l'on a pu voir certains jungiens — et je pense à Élie Humbert lorsqu'il était terrassé par la maladie — rendre compte d'une conscience du corps comme lieu d'accomplissement du soi.

*Cela me rappelle les mises en garde que ne cessait de répéter l'un des hommes les plus remarquables de notre temps : Karlfried Graf Dürckheim. Je crois que son enseignement vous a beaucoup touchée, en particulier la différence essentielle qu'il faisait entre le corps que l'on* a *et le corps que l'on* est. *Est-ce une façon de parler de la psychosomatique, comme le fait de plus en plus la médecine officielle elle-même, ou bien cela va-t-il plus loin ?*

Lorsque l'on ne considère que le corps que l'on a, on le chosifie, on en fait un objet extérieur à soi. Prendre conscience du corps que l'on est, c'est le considérer dans la plénitude de ce qu'il est : il est le sanctuaire, l'athanor dans lequel se joue le Grand Œuvre de notre vie, en même temps que la matière première de ce Grand Œuvre. Nous avons à le construire en travaillant avec lui et sur lui.

La dimension psychosomatique est déjà un grand progrès par rapport à la prise en compte du corps seul, mais elle ne doit pas faire oublier une dimension plus transcendante, que l'on pourrait appeler noéto-psycho-somatique. « Noéto » vient de *noûs* qui signifie en grec l'esprit, non pas au sens de nos facultés mentales, de l'intellect, mais au sens d'une troisième dimension de l'Homme qui, au-delà de l'âme et du corps, nous relie au divin. Corps-âme-esprit, cette triade joue en interconnexions constantes. L'âme est ce que l'on nomme la psyché ; elle est cette somme d'énergies potentielles qui nous est donnée dès la conception, et que nous avons au cours de notre vie à actualiser, à transformer en conscience. Elle est donc à l'état brut, l'âme animale, intimement liée au corps par des relations serrées qu'explore la psychosomatique. Puis, au fur et à mesure de notre travail sur nous-mêmes, elle devient notre être spirituel, elle pénètre dans la sphère la plus intime, la dimension essentielle de nous-mêmes, et vient nourrir le NOM divin que nous sommes. Ce qui me semble crucial, et qui justifie cette expression de « corps que l'on est », c'est qu'il s'agit, tout au long de cette évolution, de la *même* matière psychique qui part de notre dimension animale pour éclore pleinement dans l'être spirituel.

La Genèse rend bien compte à la fois de la conaturalité de l'Homme-Adam avec le monde animal, et de la dimension divine à laquelle seul il est destiné : ce n'est qu'au terme du septième jour de la Création que l'Homme est appelé

*Nephesh ḥayah*[1], « âme vivante ». Car ce jour-là, « lendemain » du sixième jour où l'Homme-Adam est créé, on voit Élohim, le Père, se retirer — *Shabbat* — pour qu'en l'Homme croisse son Fils : YHWH. C'est alors que l'Homme reçoit en lui le Souffle divin et qu'il devient âme vivante, capable de se spiritualiser. Prendre conscience de ce Souffle et en vivre, c'est passer de l'âme animale, de l'âme primaire de groupe d'où nous partons tous, à la réalisation de notre personne unique, dans le NOM secret que chacun de nous est ; c'est Lui, YHWH, « Je suis » en hébreu, qui fonde la personne de chacun et qui doit croître en nous dans une dimension spirituelle, celle de Fils intérieur ; il sera appelé « Fils de l'Homme ».

YHWH est l'Image divine qui au départ, en nous, a forme de germe non encore accompli que nous avons la charge d'accomplir.

*Cette croissance est le lot de chacun, le sens de son parcours à travers les âges de la vie...*

Disons plutôt qu'il *devrait* en être ainsi ! Mais ce n'est pas souvent le cas, car l'humanité, en réalité, n'est pas encore dans sa dimension d'Homme. D'où les difficultés que vivent les adolescents : ils n'ont pas en face d'eux le modèle d'un Homme véritable. Le monde extérieur ne leur renvoie que l'image d'une âme-groupe animale à apparence humaine. À quoi, à qui voulez-vous qu'ils s'identifient, si ce n'est à une communauté grégaire qui occulte la personne que chacun d'eux est en profondeur ?

*Corps, âme, esprit... Votre anthropologie, comme celle des Anciens, mais contrairement à l'anthropologie dualiste que l'on connaît depuis Descartes, est clairement ternaire, et met en évidence l'Esprit qui nous habite.*

*Mais cette présence de l'Esprit, comment en rendre compte*

1. La lettre hébraïque *Ḥeit* ne peut être rendue en français que par un signe conventionnel qui est un Ḥ pointé. Le son est celui d'un R.

*sur le plan de l'expérience ? Il existe une phénoménologie de l'âme qu'explorent la psychologie et la psychanalyse, existe-t-il une phénoménologie de l'esprit ?*

Certainement ! Il suffit de se reporter à tous ces travaux dont on parlait peu jusqu'à nos jours, mais qui commencent à être de plus en plus connus, concernant les effets somatiques des différents « états de conscience modifiés ». Toutes les traditions connaissent la relation entre le corps visible et l'évolution sur le chemin spirituel : transfiguration, stigmates, putréfaction des corps ralentie, voire inexistante... « odeur de sainteté » qui se manifeste chez les êtres accomplis.

Pensons aussi aux travaux du Dr Hubert Larcher sur ces phénomènes classés dans le tiroir aux sorcières jusqu'à ce que ce médecin ait enfin devant eux une attitude scientifique authentique[1], à ceux du Dr Thérèse Brosse qui a amassé quantités de comptes rendus d'expériences réalisées auprès des yogis de l'Inde[2]... Tout cela peut paraître troublant ou sujet à caution, mais il suffit de se souvenir du simple fait que maints organes de notre corps ont encore une fonction inconnue.

On ne sait trop, par exemple, le rôle exact de l'épiphyse, ou glande pinéale, située en arrière du cerveau. Eh bien, personnellement, je serais tentée de penser que, de même que l'hypophyse gouverne toutes les glandes endocrines, et notamment les glandes sexuelles, l'épiphyse préside à la fonction « Verbe » qui nous est impartie, mais qui, se référant à la plus haute réalisation de l'Homme, n'est encore pas connue. Cette intuition[3], fondée sur la place symbolique de cette glande dans le corps, sur sa forme de pigne de pin qui lui vaut son nom de glande pinéale — et cette forme est aussi symbole du Verbe —, et sur d'autres éléments, comme le fait que les Égyptiens l'appelaient « le soleil dans la tête », cette intuition semble vérifiée par les recherches du Dr Thérèse Brosse. Ainsi, l'épiphyse et l'hypophyse exprimeraient

1. *Mémoire du soleil*, Dr Hubert Larcher, Éd. des Iris.
2. *La Conscience-Énergie*, Dr Thérèse Brosse, Éd. Présence.
3. Cf. *Le Symbolisme du corps humain*, p. 402.

les deux pôles d'une même réalité ascendante en nous : nous sommes d'abord procréateurs par le sexe, puis appelés à devenir peu à peu créateurs par le Verbe, Verbe que nous sommes en image d'abord, puis que nous devenons.

*Il existerait donc un lien direct entre notre potentiel physiologique inexprimé, et le potentiel d'énergies spirituelles que nous sommes appelés à découvrir? Travailler sur l'un reviendrait à libérer l'autre?*

J'en suis intimement convaincue. Et cette loi fondamentale s'applique jusqu'au niveau de la cellule. Comme vous le savez, chacune de nos cellules contient l'information nécessaire à la reconstitution du corps tout entier. C'est le principe même du clônage, qui pose tant de questions éthiques de nos jours. En chaque cellule coexistent donc, d'une part une information « spécialisée », qui s'exprime pour répondre à la fonction spécifique du tissu et de l'organe auxquels elle appartient ; d'autre part, une information globale qui, elle, reste inexprimée. Cette immense réserve d'énergie, qui demeure à l'état latent et semble donc inutile, est inhibée par des éléments biochimiques répresseurs qui l'empêchent de se manifester. La pathologie de ce mécanisme inhibiteur n'est autre que le cancer. Il me semble[1] qu'il y a là une analogie troublante, et qui doit correspondre à une réalité encore inexplorée, avec la relation Lumière-Ténèbres, c'est-à-dire « accompli-inaccompli ».

Au fur et à mesure de l'accomplissement spirituel de l'Homme, son capital-lumière grandit, si je puis dire. Et, si l'on prend en compte l'analogie dont je parle, on peut considérer que cette croissance pourrait se manifester aussi sur le plan somatique : elle ferait reculer la frontière de ce « potentiel » des cellules, dont on comprendrait alors pourquoi il est là. À la limite, l'Homme tout entier pourrait devenir lumière. Telle pourrait être une interprétation de ces transfigurations de saints dont témoignent tant de traditions.

1. Cf. *Le Symbolisme du corps humain*, p. 219 à 223.

*Cet équilibre dynamique entre l'exprimé et l'inexprimé de nos cellules, à quoi tiendrait-il?*

Je ne suis pas suffisamment érudite en ce domaine pour vous répondre, et ne sais même pas si un spécialiste en biochimie pourrait le faire. Mais je serais assez portée à penser qu'il existe une relation étroite entre ce mécanisme de coordination interne aux cellules, et l'élément sel. Les « ténèbres » de nos cellules — en entendant ce mot non au sens péjoratif, mais au contraire comme la fantastique réserve d'énergie qu'elles recèlent —, ces ténèbres doivent être, dans un premier temps, retenues. Le sel jouerait là un rôle régulateur, jusqu'à ce que cet « inaccompli » puisse se révéler lumière, c'est-à-dire jusqu'à ce que l'Homme fasse ce travail global en lui. Symbole de sagesse, le sel est ce qui relie; il a toujours entretenu un lien particulier avec la lumière, ou plus précisément avec les épousailles Lumière-Ténèbres. Immédiatement après avoir annoncé aux disciples : « Vous êtes le sel de la terre », le Christ n'ajoute-t-il pas : « Vous êtes la lumière du monde » [1] ?

*Chaque organe est donc plus qu'un ensemble structuré de cellules répondant à une fonction physiologique particulière, il est une « forme » qui symbolise une fonction subtile de l'être. Mais qu'est-ce, précisément, que le symbole?*

Le symbole, dans son étymologie, est « ce qui réunit », contrairement au *diabolos* qui dissocie. Le symbole relie le visible à l'invisible, relie la « chose » au Verbe créateur, dans une relation subtile qui fait que cette chose porte le Souffle, l'énergie du Verbe qui l'a créée.

En ce sens, tout est symbole, non seulement la forme géométrique ou la figure sculptée d'une cathédrale, mais aussi la cellule qu'observe le biologiste au microscope, ou

1. Matthieu 5, 13-14.

l'organe de mon corps dont je ne comprends pas toujours le dysfonctionnement. L'organe est une forme qui exprime une fonction énergétique ; il exprime aussi l'ensemble relié à son archétype propre, lequel n'a rien à voir avec une vague entité chimérique, mais est une énergie d'ordre divin qui se manifeste, de façon harmonieuse ou anarchique, selon que j'accomplis ou non ce divin en moi, d'une façon concrète.

*Vous conviendrez pourtant que le mot est souvent reçu en un tout autre sens. Lorsque j'évoque « un geste symbolique », ou mieux : « un franc symbolique », je parle précisément d'un acte ou d'une somme qui signifient quelque chose, mais n'ont qu'une réalité négligeable, et à la limite aucune efficience matérielle.*

Dévalorisation catastrophique du vocabulaire ! Le verbe « signifier », ici, n'a qu'une portée uniquement intellectuelle. Or la « chose », en tant que symbole, porte en elle l'énergie de son archétype. Elle le recèle et elle le manifeste dans le monde concret.

Prenons un exemple. Si je dis : « La main est symbole de connaissance », la compréhension intellectuelle de cette proposition n'est encore que peu de chose. Ce n'est que dans la mesure où, par un travail sur moi-même, j'accéderai à une conscience plus large, ou du moins que je me dégagerai d'un état d'inconscience, que ma main va devenir effectivement porteuse de l'énergie d'une connaissance. Elle pourra alors toucher l'autre autrement, dans une connaissance-amour qui transformera et l'un et l'autre. À l'extrême limite, dans le cas du saint, cette main deviendra capable de guérison.

*Le toucher qui guérit, je veux bien admettre que l'on puisse voir là une manifestation concrète du symbole. Mais laissons cela aux grands saints, car sauf erreur, ce domaine se situe totalement hors de ma portée ! J'espère qu'il existe d'autres niveaux de manifestation de la puissance efficiente du symbole...*

Votre toucher est toujours porteur de votre qualité d'être. Vous savez bien qu'il est des mains que l'on n'aime pas serrer, et d'autres qui donnent l'impression d'être bénéfiques, de nous apporter la paix. Si vous le désirez, oublions les saints ! Mais la caresse, par exemple, qui est le signe par excellence de l'amour, nous concerne tous. Nous nous révélons par elle comme si elle nous connaissait mieux que nous-mêmes. Elle dit beaucoup plus que ce que nous pourrions dire, et que ce que nous croyons savoir. Porteuse de l'archétype, elle transforme l'autre en élevant son état de conscience... en même temps que le nôtre. Prendre la mesure concrète de cette action quotidienne du symbole, c'est commencer sur le chemin qui mène à la rencontre avec soi-même.

*Pour pénétrer la dimension archétypale de chacun de nos organes, vous faites appel à la structure complexe et foisonnante des mythologies de l'humanité. Par exemple, si j'ai bonne mémoire, c'est dans le chapitre sur la main, et donc sur la connaissance, que vous évoquez, entre autres, le mythe de Prométhée — qui a voulu voler le feu des Olympiens pour le porter à la connaissance des hommes —, celui de Pandore — née des mains d'Héphaïstos, et qui n'a pas pu s'empêcher d'ouvrir la fameuse boîte d'où vont s'échapper toutes les énergies incontrôlées de l'homme —, et celui d'Ève s'emparant du « fruit défendu ».*

Sans entrer dans les détails, ces récits ont pour point commun de nous montrer ce que nous pouvons faire de notre main : un symbole de connaissance, ou le signe de notre volonté de prendre puissance sur le monde. Ils nous montrent que la connaissance véritable est celle qui naît de nos transformations intérieures, et non celle dont on se saisit à l'extérieur. Or l'Homme est toujours impatient, il veut s'emparer du fruit de l'Arbre de la Connaissance avant de l'être *devenu.* Ce faisant, il se retrouve toujours dans la situation d'une chenille sur laquelle on aurait collé des ailes de papillon !

Le mythe est comme un puzzle de symboles, il nous introduit dans nos plus grandes profondeurs par le biais d'une histoire, ou plutôt d'une méta-histoire, d'un récit qui se situe hors de l'espace et du temps. Ce récit peut sembler naïf, banal et même trivial a priori... il n'en est alors que plus efficace, car le mythe a pour fonction de nous faire accéder à une réalité supérieure, intransmissible à notre mental sans un truchement.

*Il est, comme le disait Freud, le rêve collectif de l'humanité ?*

Oui, mais contrairement à Freud, cette expression sous-entend pour moi que le rêve — dont on pense habituellement qu'il n'a qu'une fonction personnelle, qu'il est notre mythe particulier — peut avoir en réalité une signification collective.

*Vous savez que le mot « mythe » a tellement pris une connotation opposée au réel qu'il en est presque devenu synonyme de « fable »...*

C'est même la définition qu'en donnent nos dictionnaires français ! Sous la Coupole, nos « Immortels » ne respirent qu'un temps linéaire, sans aucune profondeur ! C'est pourquoi, lorsque j'évoque le « mythe de la Chute », je me heurte parfois aux remontrances des théologiens eux-mêmes, pour qui le mot ne rend compte que de fables. Tout au contraire, j'entends par là que cet étrange récit — qui sinon n'aurait d'autre intérêt que folklorique — déploie devant nous le monde des *Arché*, des principes, qui constituent notre structure profonde... et qu'il nous concerne donc ici et maintenant ! Le mythe nous parle de *notre* vie, et non d'un univers chimérique.

*Il nous parle de notre vie inconsciente, de ce que nous ne contrôlons pas à l'intérieur de nous, et c'est peut-être ce contenu irrationnel qui explique la répulsion viscérale que certains éprouvent à l'égard de ce mot. Il est vrai que l'irrationnel peut se prêter à toutes les manipulations. On se souvient de l'utilisation maléfique qu'en fit, par exemple, le III^e Reich, portant aux nues la mythologie germanique, et jouant de toutes les ruses pour mieux prendre puissance sur l'inconscient des gens.*

*D'une façon générale, s'intéresser à ces domaines de l'esprit qui débordent le cadre du rationnel, n'est-ce pas courir le danger d'une régression dans l'onirique, d'une fuite devant le réel, et à terme, d'une manipulation ?*

Quel que soit votre choix de vie, vous encourez des risques ! C'est un des propres de la vie d'être une aventure pleine d'embûches ! L'emploi sans vergogne de l'irrationnel est un danger sérieux, mais ni plus ni moins grave que celui d'un rationalisme outrancier, qui cache mal un désir incontrôlé de vouloir prendre totalement possession de la vie !

Priver l'Homme de discernement dans le domaine de l'irrationnel n'est ni mieux ni pire que de tenter de le sevrer de toute transcendance ! Prenez par exemple la théologie scholastique de ce deuxième millénaire en Occident qui est, si paradoxal que cela puisse paraître, une théologie exclusivement rationnelle : elle a été un merveilleux outil entre les mains des clercs pour manipuler le peuple chrétien...

*De quels critères disposons-nous pour discerner, pour distinguer entre, d'une part, la reconnaissance et la connaissance de ces forces irrationnelles dont nous sommes les véhicules, et d'autre part, une fascination naturelle de l'Homme pour tout ce qui est magie et superstitions ? Vous pouvez observer comme moi, dans ce monde désorienté, le regain spectaculaire d'intérêt pour l'occultisme, le mystérieux, et pour un merveilleux souvent douteux...*

Ce « regain » est d'autant plus dangereux dans son explosion qu'il est une puissance réactionnelle par rapport à la puissance de répression rationalisante que je viens de dénoncer. Lorsque les forces intérieures de l'Homme — lumineuses et ténébreuses — ne sont pas du tout investies par lui, c'est-à-dire entendues et intégrées à sa vie, lorsqu'il agit comme s'il pouvait maîtriser ce qu'il ne connaît pas, comme si ce qu'il ne connaît pas en lui n'existait même pas, ces forces se révoltent, elles se déversent à l'extérieur avec parfois une violence folle. Car, réprimées, non gérées, elles acquièrent une *autonomie* redoutable.

Il faudra bien qu'un jour notre monde s'achemine vers un rapport juste entre ces deux pôles indissociables que sont Matière et Esprit, et donc entre ces deux autres pôles que sont rationnel et irrationnel. Comme les deux pôles d'un aimant dont chacun n'a d'intérêt que dans son rapport à l'autre, ils sont les expressions d'une unique réalité. Ce qui fait que les matérialistes ne sont pas plus réalistes que les spiritualistes, ni les rationalistes plus rigoureux que les tenants de cette déviance que vous venez d'évoquer.

Les superstitions sont de l'ordre de l'inconscience. La magie, elle, permet d'acquérir par l'extérieur — et sans que cela soit intégré pour autant — certains niveaux de conscience avec les pouvoirs qui leur sont afférents, auxquels seul le travail d'accomplissement intérieur donne normalement accès. Là est le danger : la magie, en ce sens, n'est pas seulement le fait des « mages », elle est une attitude générale devant la vie, une méprise totale quant à l'essence de la spiritualité, qui est la porte ouverte aux manipulations que vous dénoncez.

*Pour en revenir aux mythes, ceux de la Grèce antique reviennent souvent dans* Le Symbolisme du corps humain, *aussi souvent que les épisodes de l'Ancien et du Nouveau Testament. Est-ce à dire que la mythologie grecque serait plus que d'autres porteuse d'une symbolique du corps, ou bien avez-vous simplement pris ces exemples parce que nous connaissons mieux Œdipe, Achille, Prométhée et les autres, que les dieux et héros des traditions plus lointaines ?*

Je les ai pris tout simplement parce que *je* les connaissais mieux ! Je n'avais pas le temps d'aller fouiller dans des mythologies trop éloignées de nous, ni de me plonger dans des documents ethnologiques d'accès difficile. Je me suis donc tout naturellement limitée à la culture que j'avais acquise en « faisant mes humanités », comme l'on disait à l'époque. Cette limitation me semblait aussi un facteur de plus grand partage avec mes lecteurs, puisque notre culture et jusqu'à notre vocabulaire familier ont gardé des traces très visibles de ces récits mythologiques gréco-latins, aux côtés de ceux que rapporte notre tradition judéo-chrétienne. Cette attitude, très pragmatique comme vous le voyez, ne sous-entendait en tout cas aucun mépris pour les autres traditions.

*En particulier pour les traditions orientales, je suppose, dont les corrélations avec les données du* Symbolisme du corps humain *semblent évidentes. Tellement évidentes et précises que l'on se dit que vous deviez disposer d'une culture assez solide dans le domaine des médecines orientales, par exemple, ou des pratiques de méditation...*

Rien, vous dis-je, je ne disposais de rien ! Si ce ne sont, bien sûr, les quelques lectures que j'avais faites au temps où je voulais rejoindre mon oncle en Inde, et également la certitude qu'existait là-bas une vie mystique authentique, plus présente que chez nous. Mais cette seule intuition était insuffisante pour un sujet aussi précis que le symbolisme du corps. Mon ignorance était totale, au moins pour la première rédaction de ce livre, qui s'intitulait alors : *De l'Arbre de Vie au schéma corporel.* M'appuyant sur ma culture occidentale, je me contentais en fin de compte de relier nos ressources actuelles dans le domaine de l'anatomie aux connaissances dont je disposais en mythologie gréco-latine et en psychologie des profondeurs. Tout cela, bien sûr, éclairé par l'enseignement de la tradition chrétienne et celui de la Qabbale hébraïque, en un mot, par la Bible, par la dimension mythique des récits de la Bible.

*Nous allons y arriver, à cette fameuse Qabbale. Mais dites-moi d'abord pourquoi, dans sa version actuelle,* Le Symbolisme du corps humain *fourmille de données sur les philosophies et médecines orientales.*

Peu de temps après la première publication du livre, je reçois un coup de téléphone du docteur Kespi, président de l'Association française d'acupuncture, que je ne connaissais absolument pas. Il venait de lire mon ouvrage, et me dit « tout de go » : « Madame, est-ce que vous savez que vous avez écrit là un livre d'acupuncture ? » Vous imaginez ma surprise ! Par la suite, ma rencontre avec cet homme et ses amis fut pour moi de la plus extrême importance, car elle m'a fait comprendre que ce qui était passé à travers moi par ce livre allait encore beaucoup plus loin que je ne le pensais.

D'où une seconde rédaction, incluant cette fois les données, ou plutôt une infime partie de l'immense trésor de connaissances de la Chine. En ce sens, la rencontre avec cette « sagesse incarnée » propre à l'Orient fut pour moi un apport essentiel. Inversement, de très nombreux acupuncteurs se servent depuis longtemps de mon livre comme d'un outil de recherche.

Je n'ai nulle envie d'en tirer gloire pour moi-même, mais ces faits sont à mes yeux la confirmation concrète de la force réelle des symboles, et de leur universalité : je ne suis pas médecin, je ne suis pas orientaliste, mais les domaines abordés par ce livre ont des résonances au cœur même de l'expérience thérapeutique sous ses multiples formes, car les traditions de l'humanité sont issues d'une même Connaissance à laquelle ont accédé les Anciens, de tous temps et en tous lieux.

Je dois aussi ajouter qu'avant de chercher un éditeur pour la toute première forme de mon livre, j'avais été avant tout en quête de quelqu'un qui puisse me vérifier. C'est Karlfried Graf Dürckheim qui fut celui-là. Grâce à sa connaissance et à son expérience du Tao, il reconnut l'authenticité de ce que je découvrais en venant de la tradition hébraïque ! Déjà l'Extrême-Orient, à travers lui, me donnait le feu vert ! Le symbole est vraiment le langage de l'universel.

*Que pensez-vous de la multiplication actuelle des techniques corporelles, ou plus exactement des modes de méditation venus de l'Orient, et qui impliquent intimement le corps dans le cheminement spirituel ?*

J'ai remarqué que bien des Occidentaux, en se tournant vers ces pratiques, s'enferment sans s'en apercevoir dans leur ego : ils se coupent de la dimension communautaire. Or, il y a continuellement, dans la tradition judéo-chrétienne, une respiration entre le multiple et l'un, entre la personne et la communauté, entre le Je et le Tu. L'essence du judéo-christianisme nous conduit à cette respiration. Certes, nous sommes plus d'une fois tombés soit dans le grégaire, soit dans l'individualisme, mais la sagesse occidentale, en réalité, se situe au point d'équilibre entre ces deux folies.

Je dis « occidentale », et inclus donc dans cette mise en garde même ceux qui ne se sentent pas concernés par le christianisme, car je crois que c'est tout l'Occident qui est marqué par la tradition judéo-chrétienne, et donc tout Occidental, qu'il en ait ou non conscience.

Cela dit, toute pratique de méditation bien conduite est en accord avec celle de nos frères orientaux ; elle peut même passer par leur enseignement, car ils ont mené loin la recherche en ce sens. Si elle est juste, elle sera très bénéfique et en accord avec notre patrimoine occidental. J'entends par juste, non une évaluation en termes de Bien et de Mal, mais une approche de la Justesse, qui est un équilibre entre l'intérieur et l'extérieur. Le danger est de se limiter à des techniques qui ont pour seule fonction de mettre « de l'huile dans les rouages », de nous rendre plus opérationnels pour aller ensuite s'empoigner dans la grande compétition pour l'argent et le pouvoir. S'il s'agit seulement de « se sentir bien dans sa peau » sans jamais se demander *qui* vit dans la peau ainsi soignée, alors l'équilibre disparaît. Certes, on pourra noter un mieux manifeste sur le coup, mais à terme adviendront les cassures.

Encore une fois, il ne s'agit pas ici de jugement, mais de

revenir au sens premier de la méditation, qui signifie « se situer au milieu », retrouver son centre, son point d'équilibre intérieur pour vivre dans une juste respiration, au sens physiologique comme au sens spirituel.

*Spirituel, dites-vous. Justement, si l'on prend au sérieux ces pratiques, au lieu de les considérer comme simples techniques de relaxation décorées d'un brin d'exotisme, on en vient inéluctablement à entrer dans une compréhension plus large de leur fondement religieux. Or, que l'on prenne l'hindouisme, le bouddhisme, ou la spiritualité chinoise, dans le creuset desquels sont nés le yoga, le zen, le taï-ji-quan, etc., il arrive toujours un moment où le chrétien se heurte à un obstacle : l'Orient privilégie l'accession au Salut par soi-même, qui rend inutile la notion de transcendance... Une chrétienne comme vous peut-elle admettre cette attitude ?*

Je crois qu'effectivement le divin en Orient est trop identifié à l'Homme accompli. Pour ma part, je dirais qu'atteindre au NOM, à notre nature profonde, qui devient alors *participable* à la nature divine, ce n'est pas pour autant atteindre la nature divine elle-même ! Dieu en soi est inconnaissable, inaccessible et innommable.

La confusion vient souvent du fait que les énergies qui sous-tendent le créé, les énergies cosmiques, sont prises pour des entités en soi d'essence divine, alors qu'elles sont, à l'extérieur de nous, l'expression des énergies de notre cosmos intérieur, ce potentiel fou qui nous habite. Elles sont ainsi « déifiées » parce qu'elles sont tragiquement redoutées tant que nous n'avons pas accompli, tant que nous n'avons pas fait nôtres celles qui leur correspondent au-dedans de nous : un lion ne fait plus peur à celui qui a conquis son « lion » intérieur, ni un cyclone à celui qui a vécu et intégré son « cyclone » profond. Voilà la distinction souvent oubliée. Ces énergies sont *images* des énergies divines, mais elles ne sont pas des personnes divines. Seul l'Homme est fondé par son NOM, c'est-à-dire par l'Image de Dieu qu'il est et qui le rend capable d'atteindre à la Ressemblance par un travail d'intégration. Ce Nom est en lui la transcendance qui se fait immanente.

On peut dire, peut-être, en prenant l'analogie de l'atome, que la confusion dont nous parlons vient de ce que l'Homme s'identifie aux électrons et nierait le noyau de son être. Alors les énergies cosmiques sont déifiées et la transcendance, le noyau, abolis.

Ce qu'on appelle le « Nouvel Âge » est une mode caractéristique de cette confusion, car on croit atteindre à l'accomplissement par les seules pratiques corporelles et l'adoration des forces cosmiques.

*N'y a-t-il pas là quelque danger?*

Des dangers multiples, voulez-vous dire ! Vouloir prendre puissance sur son corps en imaginant « s'accomplir », sans en avoir les capacités intérieures, c'est se condamner un jour à ouvrir des centres d'énergies par des techniques extrêmes, que l'on ne contrôlera pas en soi. Dès qu'il y a disproportion entre la qualité d'énergie libérée et la maturité spirituelle du sujet, il y a danger.

*Tous les pratiquants de ces techniques ne succombent pourtant pas à ces tentations de prise de pouvoir sur soi.*

Heureusement, et nombreux sont ceux qui sont en recherche, précisément, d'un juste équilibre ; moi-même j'essaie de pratiquer cette union du corps et de l'esprit.

*Vous pratiquez aussi ces techniques?*

Lorsque je parle d'équilibre, je ne me considérerais pas comme authentique si je n'investissais pas mon propre corps dans ma recherche intérieure. Tout d'abord, j'ai beaucoup pratiqué la marche. Il y a quelque chose de très intéressant dans la marche, et d'assez indéfinissable : une sorte de communion entre le cosmos intérieur et le cosmos extérieur. Ce peut être une expérience réellement mystique.

J'ai aussi fait du taï-ji-quan durant plusieurs années, et j'ai surtout appris les techniques de méditation, inspirées du zen, qui font partie de l'enseignement de Karlfried Graf Dürckheim. Depuis que je suis allée à Todtmoos-Rutte où vivait Dürckheim et que j'ai travaillé avec lui, je continue à pratiquer tous les matins la méditation avec un groupe d'amis. Nous nous réunissons pour chanter et méditer.

*Et vous n'avez pas l'impression de sacrifier ainsi à un certain orientalisme ambiant ?*

Pas le moins du monde ! L'Occident avait, jusqu'à ces dernières années, complètement perdu la conscience et la pratique de la méditation liée à une posture corporelle juste, donc à une technique. Car il faut bien une *technique* pour harmoniser le corps avec l'éveil de l'esprit. Dürckheim, bien avant la mode orientaliste et les grandes vagues qui ont fait déferler notre jeunesse en Asie, avait introduit chez nous, à partir d'une connaissance approfondie acquise sur le terrain au Japon, la pratique de la tradition zen — l'une des plus aisément assimilables par un Occidental. Dürckheim a joué là un rôle immense en visitant de nombreux monastères européens, et en greffant — ou regreffant — chez les moines, cette haute conscience du corps sur nos racines judéo-chrétiennes.

*L'Orient aurait-il donc le monopole de cette connais« sance ?*

Il n'en a certes pas le monopole, mais elle y est restée vivante et à une assez grande échelle, alors que chez nous elle s'était peu à peu étiolée. Mais elle a bien existé de tout temps : que pratiquaient donc nos moines chrétiens des premiers siècles sur leurs petits bancs, si ce n'est une méditation très proche de celle que l'on redécouvre aujourd'hui ? Alphonse et Rachel Goettmann, dans *L'Au-delà au fond de nous-mêmes*[1], ont bien montré que les Pères de l'Église, dans leurs écrits, témoignaient de cette connaissance. Aboulafia, en milieu judaïque, parle aussi d'une implication du corps dans le cheminement que propose la Qabbale.

Mais il est vrai que, d'une façon générale, la prière était devenue en Occident une activité mentale, dissociée de l'être total. Or, c'est l'*être* qui doit être priant, et non la tête ! Les seules exceptions étaient d'une part les monastères, qui sont souvent demeurés des lieux de tradition vivante, et d'autre part les mystiques... mais dans l'ambiance bigote des paroisses d'il y a seulement quelques décennies — celles de mon enfance — les mystiques n'étaient pas loin d'être considérés comme fous !

*De nos jours, de multiples thérapeutes — mêlés d'ailleurs à une foule de gens qui travaillent sous cette étiquette sans en avoir la formation — emploient des méthodes qui sont censées tenir compte à la fois des techniques corporelles de l'Orient et des acquis de la psychologie des profondeurs. On va même jusqu'à chercher, « au-delà de Jung », à dépasser les couches de l'inconscient collectif qui nous relient à la mémoire de l'humanité, pour retrouver en quelque sorte le cordon ombilical reliant chacun de nous au Tout. Cette vision « holistique » (de* holos, *le Tout), florissante dans le Nouvel Âge que vous avez évoqué, prend parfois le nom significatif de « psychologie transpersonnelle ». Qu'auriez-vous à en dire ?*

Je n'aime pas beaucoup ce terme assez vague, et donc facilement galvaudé. L'intention est certes louable : il s'agit de mettre en évidence les différents niveaux de conscience auxquels peut accéder l'Homme, qui vont bien au-delà de ce que l'on avait coutume jusqu'ici d'appeler « personne ». Mais si l'on prétend s'approprier ces dimensions trans-

1. *L'Au-delà au fond de nous-mêmes*, A. & R. Goettmann, Albin Michel.

personnelles de la conscience au moyen de techniques, alors je dis non. Le yoga, la sophrologie et autres pratiques corporelles ou exercices psycho-corporels peuvent et doivent intervenir comme appuis dans la recherche intérieure. Toutes les religions du monde ont développé d'ailleurs de tels adjuvants techniques à la recherche spirituelle. Mais s'ils sont pris pour l'essentiel, l'erreur est totale. On *n'acquiert* un élargissement du champ de conscience que par un travail quotidien sur soi. C'est lui essentiellement qui nous conduit vers la « personne » que chacun est en profondeur. Il demande beaucoup d'amour.

L'erreur radicale consiste souvent, dans ce domaine, à vouloir cueillir le fruit de l'Arbre de la Connaissance, alors qu'il s'agit de *devenir* cet Arbre pour en donner le fruit. À la limite, certaines techniques, même prises hors de tout contexte spirituel, peuvent bien donner au premier degré quelques fruits visibles, voire spectaculaires. Mais ils ne sont qu'illusion : l'évolution intérieure authentique et durable n'advient que petit à petit, dans un ordre où se mêlent le visible et l'invisible, et au bout d'un travail intérieur quotidien.

Je crois donc qu'il est indispensable, dans toute recherche en psychothérapie, de prendre en compte non seulement le plan psychique, qui concerne la *psyché* à proprement parler, mais aussi le plan ontologique, qui a rapport à l'être essentiel, à la nature profonde, c'est-à-dire, en définitive, divine de l'Homme.

*Nous avons évoqué votre grand intérêt pour les traditions gréco-latines et orientales mais le fondement de votre travail sur le symbolisme du corps repose tout de même essentiellement sur la tradition biblique que vous avez abordée en vous appuyant, entre autres, sur les données de la Qabbale hébraïque ; celle-ci interprète cette tradition dans une perspective mystique.*

*Vous m'avez dit qu'Emmanuel Levyne vous avait transmis essentiellement le symbolisme des lettres, et nous y revien-*

*drons. Mais un autre pilier de la Qabbale concerne directement le corps : c'est l'Arbre des* sephirot *dans lequel vous avez vu une analogie avec les structures anatomiques et physiologiques de l'Homme.*

*Vous n'êtes pas sans savoir que le mot Qabbale a, pour la plupart des gens, une connotation péjorative. Il est presque devenu synonyme de confusion, de complication excessive, de charabia à prétention ésotérique. Il est même passé dans le langage courant avec un sens nettement polémique : monter une cabale, c'est comploter, nouer une intrigue contre quelqu'un. Que signifie, en réalité, ce mot étrange ?*

Le mot vient du verbe hébreu *Qabel* qui signifie « recevoir ». Il en est venu à désigner par la suite le contenu de la réception, jusqu'à devenir synonyme de « tradition ».

Sa première lettre, *Qoph*, est celle que j'appelle le « cordon ombilical » reliant le monde divin à l'univers créé. La racine *Qov*, qui la compose en partie, signifie « le fil à plomb », et cette lettre verticale porte vraiment l'image de la descente de l'Esprit dans le créé. Quant aux dernières lettres du mot *Qabel*, inversées, elles signifient « le cœur », *Leb*. Si l'on considère que dans la Qabbale le sens d'un mot ne se situe jamais à un seul degré, mais inclut de multiples couches sémantiques, en particulier lorsqu'un autre mot est présent en lui sous une forme cachée, par l'énergie de ses lettres, on est en droit de traduire *Qabel* par : « la descente de l'Esprit dans le cœur de l'Homme », voire « la descente du *Verbe* » car *Qol* est la Voix.

Par son étymologie, la Qabbale est donc en profondeur le jeu divin du Verbe dans le monde créé. Entrer dans cette musique du Verbe, il n'y a en soi rien de plus grand. Mais étant donné qu'il s'agit là d'une relation d'amour quasi ludique entre le Un et la multiplicité de nos perceptions du monde — couleurs, formes, nombres, symboles... — on peut très vite en arriver à jongler avec les symboles sur un plan uniquement intellectuel, et oublier de vérifier la rigueur de ses propos en les confrontant à la Tradition. On peut très vite oublier aussi que l'essentiel est la métamorphose de l'être, dans son intérieur, et dans sa relation au monde et à l'autre. On glisse alors vers le « qabbalistique », et l'on aboutit au n'importe quoi, à des élucubrations sans racines dans le réel. Vous savez, le risque est grand, ici comme ailleurs, ce qui n'enlève rien aux données originelles de la Tradition. Il en est de même dans beaucoup d'autres domaines.

Toutes les grandes disciplines traditionnelles, et parmi elles la Qabbale, ont été parfois manipulées par des inconscients, et souvent prostituées par des charlatans. Leur vérité essentielle n'en est pas le moins du monde altérée, elle est inaltérable.

*Pourquoi avoir choisi cette discipline plutôt qu'une autre, dans la palette très large — et ô combien bariolée — des arts qui se donnent pour fin la connaissance de l'être ?*

Je dirais qu'elle m'a choisie. Et ce depuis longtemps, car si mes premières études furent les mathématiques, j'aurais tendance à croire aujourd'hui que ce n'était que pour mieux me structurer intérieurement, mieux me préparer à la rigueur de cette discipline.

*Qu'entendez-vous par cette « rigueur » qui semblait tant vous attirer ?*

Certainement pas un refus de la vie, mais au contraire un discernement qui, exercé quotidiennement, donne une vigilance de l'esprit, et permet de découvrir une autre qualité d'amour dans la vie. C'est pourquoi j'ai abandonné les mathématiques, qui au niveau scolaire génèrent au contraire une pensée squelettique de la vie, sans saveur, sans ouverture hors de leur système clos.

Dès que j'ai rencontré l'alphabet hébreu, et que j'ai eu connaissance des énergies que sont et que portent ses lettres, j'ai reconnu les mathématiques vivantes ! Je découvrais là ce que j'avais toujours espéré trouver dans les maths : la structure vivante du monde, le langage animé qui lui est sous-jacent, et qui ne parle que d'une seule chose en définitive : de notre propre monde intérieur. Il faut sans doute atteindre à un degré très supérieur des sciences mathématiques pour retrouver l'expérience mystique.

*La structure même du* Symbolisme du corps humain *repose sur une analogie fondamentale : celle qui font se superposer et se correspondre point par point le dessin schématique du corps humain et celui des* sephirot *de la Qabbale, le célèbre et mystérieux Arbre de Vie des maîtres qabbalistes. Avant d'entrer dans le détail de cette analogie, j'aimerais savoir comment vous en avez eu connaissance. Avez-vous trouvé cette image dans les lectures, dans les cours de vos maîtres, ou par intuition spontanée dans la solitude et la méditation ?*

Dans un cours d'Emmanuel Levyne. Il faut vous dire que dès que j'ai appris l'existence de l'Arbre des *sephirot* [voir page 66] ou Arbre de Vie, et que j'en ai vu le dessin — ou du moins une des représentations, car elles sont nombreuses — j'ai été littéralement fascinée par lui, comme si tout à coup une communication directe était née entre lui et moi. Or, dans la semaine qui suivit — je me revois encore, en pleine rue Tronchet où j'habitais à Paris, j'étais sortie faire mes courses ! —, j'ai eu soudainement la vision d'une superposition et d'une correspondance admirable de l'Arbre avec le corps du Christ en Gloire de l'église Saint-Irénée. Il m'est apparu d'une façon fulgurante qu'il s'agissait donc aussi du dessin du corps de l'Homme.

Tenant en main l'image archétypielle du corps humain, je connus là une réelle jubilation : d'un seul coup un voile se déchirait, et j'avais globalement la réponse à toutes les questions que je me posais depuis mon enfance : pourquoi, dans la Genèse, Ève (en réalité « Ishah ») était-elle blessée au talon ? Pourquoi Jacob était-il touché à la hanche ? Prométhée, chez les Grecs, au foie ? Pourquoi la force dans les cheveux de Samson ? Pourquoi tous ces pieds blessés, enflés, déchaussés chez les héros de ces mythes ? etc.

Réponse aussi aux questions plus poignantes que

m'avaient posées souvent les malades que j'avais soignés : pourquoi cette fracture de la jambe, cet ulcère d'estomac, ce cancer du côlon ? Tous les lieux du corps étaient-ils fortuits ou concouraient-ils à un langage de la maladie ? Mon intuition profonde depuis toujours refusait la notion de hasard, comme elle refusait l'absurde. Je n'étais pas sourde, je voulais entendre !

La semaine suivante, en faisant part de cette intuition à Emmanuel Levyne, j'en eus la confirmation : « l'Arbre, me dit-il, est bien le “ corps divin ”, celui dont Moïse a eu l'expérience sur la montagne du Sinaï lorsqu'il vit la “ forme ” de Dieu. »

*Justement, que signifie ce passage où un homme voit « la forme » de Dieu ? J'avoue que je n'hésiterais pas ici à employer le terme de légende ou de fable...*

Ne soyons pas simplistes : évidemment il ne voit pas la forme d'Élohim, de Dieu dans son absolue transcendance, laquelle nous est purement inaccessible. Mais il voit la « forme » de YHWH, de Dieu en tant qu'Il s'incarne.

*Ce YHWH, ce fameux Tétragramme biblique que les juifs ne prononcent pas, que les traductions chrétiennes transcrivent « Iahvé » et que vous-même ne nommez qu'en épelant ses quatre lettres (*Yod-Hé-Vav-Hé*), serait donc Dieu en tant qu'approchable et à la limite « visible », Élohim demeurant le pur transcendant ?*

C'est trop vite dit ; mais ces deux noms divins correspondent en effet à deux fonctions divines dans le créé, et aussi à notre double perception — intérieure et extérieure — qui conditionne tout être créé pour appréhender le réel. Nous aurons sans doute l'occasion d'en reparler ; mais ne quittons pas notre sujet et retenons pour l'instant que la Bible parle bien d'une « forme » divine. Lorsque YHWH s'adresse à Aaron et Marie, frère et sœur de Moïse jaloux de lui, il leur dit : « À vous je parle par énigmes. À mon serviteur Moïse je parle bouche à bouche, et lui voit ma forme[1]. » « Bouche à bouche » et non « face à face », comme l'on traduit souvent : il s'agit d'un baiser !

Il existe donc bien un « corps » de YHWH, qui, avant même l'Incarnation historique du Christ, détermine le corps de l'Homme. Celui-ci est « informé » par celui-là, sa structure même est à l'image de la structure de YHWH. Le dessin du corps humain révèle donc la trace de la volonté divine de créer l'Homme « dans l'Image de Dieu », et la trace de son dessein ultime qui est de le faire — c'est-à-dire de le façonner, de le construire — « à Sa ressemblance ».

*Cette double trace se révèlerait donc à l'Homme, selon la Qabbale, sous la forme des dix* sephirot. *Mais cette structure, avec ses trois triangles qui relient certaines d'entre elles, me paraît vraiment abstraite ! Quel en est le principe ?*

Chaque *séphirah* est un récipient, un contenant d'énergie, d'une énergie qui nous vient d'en haut, qui descend de *Aïn* que l'on appelle le « Rien ». Effectivement ce mot signifie « rien », ce qui fait dire à la tradition judéo-chrétienne que Dieu a tout créé *ex nihilo* ; mais à ce sujet règne la plus grande confusion, car ce *Aïn* hébreu n'a rien à voir avec notre concept de néant. Il est le point sans dimension qui contient tout en sa puissance, et qui symbolise le « lieu » sans espace où Dieu se retire, passe par le « rien » pour que l'Homme advienne.

Pour vous donner une image, représentez-vous deux cônes opposés par le sommet. *Aïn* est ce point d'intersection situé au-delà de toute mesure, qui fait le lien entre le monde divin et le monde humain. *Aïn* est encore appelé le « Point d'en haut ». Il est, et il n'est point !

L'Arbre des *sephirot* prend donc son origine en *Aïn*, qui se situe symboliquement au-delà du sommet de la tête de l'homme.

1. Nbres, XII, 8.

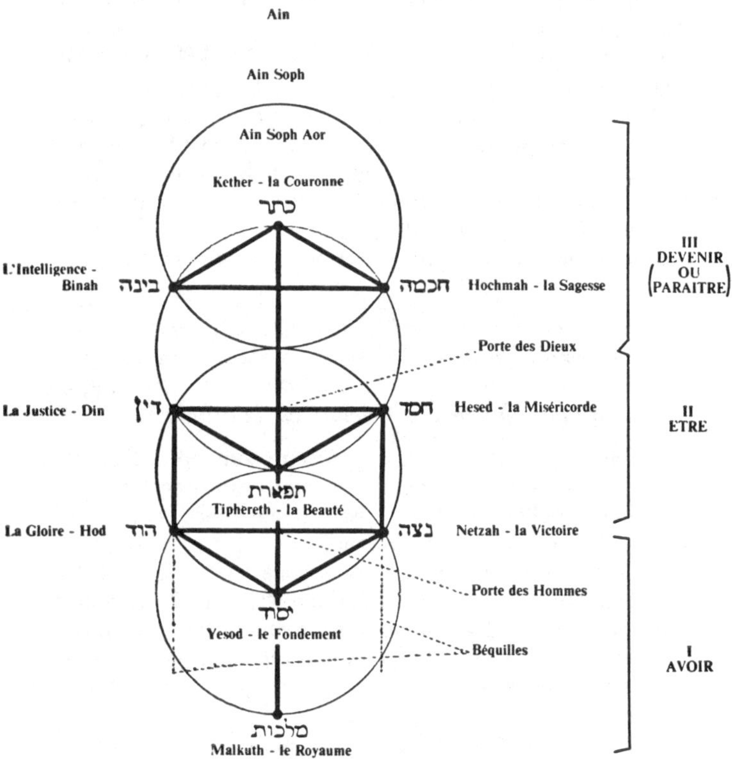


L'arbre des séphiroth

*Passons donc au niveau de la tête...*

Il serait plus logique de remonter des pieds à la tête.

*Pourquoi cette logique inversée ?*

*Malkuth*, la sephirah située à la base du dessin, est en fait notre point de départ, le « Point d'en bas ». Elle symbolise toute la création qui se manifeste « aux pieds de Dieu » comme un tout possible divin. Dans l'ordre humain, image de l'ordre divin, ce « Royaume » — telle est la traduction de *Malkuth* — représente notre cosmos intérieur, notre « féminin » des profondeurs, ce potentiel qu'au niveau créé nous devons épouser pour devenir ressemblants à Dieu. Le cheminement de ces épousailles intérieures — qui est en même temps celui de nos noces avec Dieu — est une remontée vers notre origine. Il s'exprime par une remontée des pieds à la tête, de *Malkuth* à *Kether*, « la Couronne ».

*Pourquoi une telle importance donnée aux pieds ?*

Ils symbolisent notre vocation féminine — que nous soyons homme ou femme, bien sûr —, la vocation réceptrice de l'être humain. Leur fonction, dans la vie de tous les jours, dans la marche, etc., consiste à accueillir les forces telluriques nécessaires à la vie. Dans le monde spirituel, il en est de même : je vous rappelais tout à l'heure l'importance, donnée par toutes les mythologies, aux blessures des pieds : Achille est blessé mortellement au talon, au talon encore Ève-Ishah est mordue par le serpent ; le nom d'Œdipe signifie « pied gonflé », etc. Toutes ces blessures symbolisent notre incapacité à recevoir, à retenir et à rassembler pour les faire fructifier les énergies venues de *Aïn*, offertes à notre travail intérieur. Sans cette maîtrise, rien n'est possible !

C'est donc à ce niveau que tout commence, pour une remontée vers *Kether*, la Couronne, puis *Aïn*, le Rien. On peut ainsi parler d'une verticalisation subtile de l'Homme.

Vouloir échapper à ce redressement intérieur, c'est demeurer en réalité un rampant.

*Je suppose donc que la colonne vertébrale représente dans ce processus un élément essentiel. Cela ne m'étonnerait pas, si je me souviens de l'importance de la maîtrise du dos pour toute pratique de méditation... et si je me réfère à ce « mal du siècle » qu'est le mal de dos, qui n'est peut-être pas sans lien avec le manque de « tenue » intérieure, la déstabilisation de l'Homme d'aujourd'hui...*

La droite et la gauche sont deux pôles qui doivent s'épouser. Toute la vie d'un être humain, comme je vous le disais, consiste en ces épousailles, dont la colonne vertébrale, axe du corps, est justement le lieu de la réalisation. Nous reviendrons plus tard au mythe du Jardin d'Éden, à celui de l'Arbre de Vie (auquel se réfère la Qabbale) et de l'Arbre de la Connaissance du Bien et du Mal, que je nomme celui « de la Connaissance de l'accompli et de l'inaccompli[1] ». Ce qu'il faut ici savoir pour comprendre la structure des *sephirot*, c'est que nous devons tendre à faire en nous l'unité de ce qui est lumière (« le Bien ») et de ce qui est ténèbres, c'est-à-dire lumière non encore exprimée que nous appelons faussement « le Mal » ; nous sommes comme programmés pour réaliser l'unité symbolisée par le fruit de l'Arbre de la Connaissance. Si nous obéissons à cette vocation, alors s'opérera en nous une « montée de sève », une force s'élèvera, qui nous fera accéder à une lumière plus grande, nouveau champ de conscience, ou terre nouvelle qui sera apte à être fécondée par Dieu. C'est pourquoi nos épousailles intérieures nous transforment aussi en « épouse » au regard de Dieu. La finalité de ce processus est bien un mariage intime avec le divin, les noces divines qui nous rapprochent de la « forme » de Dieu et de l'Arbre de Vie.

Nous venons de parler des sentiers verticaux qui structurent l'Arbre des *sephirot* de *Malkuth* à *Kether* ; la colonne

1. *Le Symbolisme du corps humain*, page 37.

vertébrale est le sentier du milieu où sont appelés à s'unir les deux sentiers latéraux symbolisant eux-mêmes l'accompli-lumière-mâle et le non encore accompli-ténèbres-féminin. Ensemble, ils soutiennent les trois triangles dont vous me demandiez de parler tout à l'heure. Nous y venons : le triangle supérieur, formé des trois premières *sephirot* ou centres d'énergies qui reçoivent le flux de vie donné d'en haut, correspond à la tête ; il est archétype des deux autres triangles formés par la projection de ces *sephirot* archétypielles sur celles qui viennent constituer la poitrine d'une part, puis le plexus uro-génital — cela fait donc neuf *sephirot* ; nous avons déjà parlé de la dixième, *Malkuth*, qui correspond aux pieds.

Ces trois triangles sont des « matrices » dans lesquelles l'Homme est appelé à entrer durant sa vie pour mûrir et faire monter les énergies depuis les pieds — qui ont reçu tous les dons du ciel comme dans un expir divin — jusqu'à les reconduire accomplis, donc infiniment enrichis, à leur origine, dans la conquête de l'unité. C'est alors un inspir humano-divin.

Le serpent-Satan, dans le récit de la Genèse, blessera Ève-Ishah aux pieds pour empêcher que ces énergies ne remontent ; elles ne dépasseront guère alors le premier triangle en partant du bas, « matrice d'eau » dans laquelle la plupart des hommes meurent, inconscients, avant d'avoir pu passer la porte des hanches appelée « Porte des hommes ». Mais le Christ guérit la blessure et l'Homme peut continuer le chemin. Le passage de la Porte des hommes implique l'émergence de la conscience, un changement radical de l'être. Celui qui naît au second étage du corps entre dans la « matrice de feu ». C'est l'étage du travail intense de l'Homme dans ses mariages successifs avec lui-même (noces de la lumière et des ténèbres, du sec et des eaux, du conscient et de l'inconscient, etc.) où, nourri par Dieu, il peut vivre ses morts et résurrections jumelles.

Lorsque « tout est accompli », il devient lumière et ouvre le noyau de son NOM. Il est alors le fruit de l'Arbre de la Connaissance et peut le consommer avec justesse.

Tous les organes de cet étage, comparables aux éléments

d'une forge, ont une fonction subtile — dont la fonction physiologique est une manifestation — pour amener l'Homme à sa déification. L'organe malade indique donc la nature du blocage à la réalisation de son programme.

Totalement accompli, l'Homme passe alors la « Porte des dieux » correspondant à la naissance des organes phonatoires. Procréateur par le sexe, au niveau du premier étage, l'Homme devient ici créateur par le Verbe. Il revêt la dimension de « Ressemblance ».

À cette étape il devra faire l'expérience du dernier triangle, celui de la tête. Les moelles enveloppées de la « pieuse mère » et de la « dure-mère » sont une dernière matrice où l'Homme se prépare à entrer dans la chambre nuptiale où il rencontrera son Dieu.

Voilà, d'une façon bien sûr très incomplète, en quoi consiste le chemin intérieur que nous révèle l'Arbre de Vie des Qabbalistes, qui résonne en chaque passage du récit biblique. Et qui résonne aussi bien au-delà, sous d'autres formes, exprimé avec d'autres mots : chez les Chinois ces trois triangles sont appelés « champs de Cinabre » où mûrit le Tao qui doit naître par la tête. Chez les Grecs, Pallas Athéna naît du crâne de Zeus auparavant pourfendu par le forgeron divin... Tous les peuples, dans une mémoire antique, connaissent ces mystères voilés que dévoile l'Arbre des *sephirot.*

Dans cette perspective, vous voyez quelle cathédrale est le corps de l'Homme ! Et si l'on a dit de la cathédrale qu'elle est un livre de pierre, vous pouvez sentir combien le corps humain dans sa chair en est un lui aussi, un livre dont chaque lettre du Verbe divin inscrit sa fonction propre en tel organe.

Le corps parle. Son langage doit être écouté et sa souffrance éradiquée, en allant, comme le dit justement ce verbe, à la racine du mal. Celle-ci a toujours à voir avec la programmation essentielle du corps, cette « machine à faire des dieux », à laquelle nous n'obéissons pas !

# III.

## La femme est l'à-venir de l'homme

*Pensez-vous qu'il était important et peut-être nécessaire que vous soyez une femme pour vous lancer dans les recherches que vous avez menées ?*

Cela me semble évident. La femme est plus liée que l'homme, d'une façon naturelle, aux mystères des profondeurs. S'il est vrai que, sur le chemin intérieur, il arrive un moment où « il n'y a plus ni homme ni femme », j'ai toujours senti que pour parvenir un jour à cette unité de l'être, je devrais vivre d'abord pleinement ma vie de femme. Les circonstances ont fait que je suis arrivée à l'âge de trente-cinq ans sans être mariée ni avoir donné naissance à des enfants. Non pas que j'eusse désiré ce célibat en tant que tel, mais disons que cette question, chez moi, était greffée à celle plus générale de l'absurde : aucune des rencontres que j'avais pu faire n'émergeait réellement de cette banalité ambiante, de ce mode de vie conventionnel dont je vous ai dit qu'il m'était profondément insupportable. Dans ces conditions, je ne pouvais envisager de lier mon existence à une autre personne. Et pourtant, je savais pertinemment que ma quête ne pourrait s'accomplir sans que je connaisse la vie de couple et la maternité.

Tout s'est éclairé, bien sûr, lorsque j'ai rencontré Geoffroy, avec lequel l'accord descendait très profondément en chacun de nous. Lui aussi brûlait de cette recherche essentielle qui ne pouvait se contenter de la médiocrité, et il avait beaucoup souffert pour aller jusqu'au bout de cette exigence que son entourage familial n'avait jamais comprise.

Malgré les nombreuses épreuves que nous avons traversées — et sûrement aussi grâce à elles — nos chemins sont liés en profondeur. Je n'aurais pas, c'est sûr, répondu à ma vocation, si je n'avais vécu cette vie de couple qui m'a transformée, et la maternité qui m'a ouvert le cœur en même temps qu'elle m'ouvrait les entrailles.

*La femme est marquée dans son corps, au plus intime d'elle-même et durant une grande partie de sa vie, par des cycles physiologiques dont le rythme est de nature lunaire. Diriez-vous que cette détermination marque également son âme ?*

Plutôt qu'une détermination, je préfère parler d'une communion aux rythmes cosmiques, qui est inscrite dans le corps même de la femme, et fait qu'elle est en prise directe avec la vie des profondeurs et la dimension du mystère. Elle y est plus naturellement, plus immédiatement sensible que l'homme, qui s'échappe plus rapidement dans le domaine du mental... et s'y égare souvent ! La femme, elle, de par sa constitution, qu'elle en ait conscience ou non, est liée au secret intime de l'Homme avec une majuscule, je veux dire de l'humain. Ce secret relève de la communion au monde de l'au-dedans, et de la maternité intérieure à laquelle nous sommes tous appelés.

Ce n'est pas un hasard si l'affirmation de la femme en tant que sujet autonome, qui constitue l'un des faits majeurs de ce siècle, est concomitante à la découverte du monde de l'inconscient, à la prise en compte du monde de la sexualité, et à la remise en cause des notions de rationalité et d'objectivité. Tous ces événements sont reliés, ils participent d'un même mouvement de fond. On pourrait aller jusqu'à y voir un lien avec l'arrivée récente de l'Homme sur la lune ! Car dans tout cela, en fait, s'exprime l'émergence d'un monde lunaire, d'une réalité féminine, d'une réalité autre que celle de l'homme tel qu'on nous en présentait jusqu'à présent le modèle : sûr de lui, enfermé dans le mental et l'esprit de conquête.

Cet univers féminin, qui habite l'homme comme la femme mais se trouve par nature plus en affinité avec celle-ci, ne peut s'accomplir pleinement que par la prise en compte du mystère au cœur de l'Homme. D'où une résurgence de la vie spirituelle, à laquelle participent les femmes en grand nombre. Elles sont nombreuses, par exemple, aux conférences que je donne ici et là, et que peuvent donner d'autres personnes dont la recherche va dans le même sens. Les hommes y sont souvent minoritaires, ou souvent en retrait, marqués qu'ils sont par la peur d'eux-mêmes, de leur sensibilité et de leurs profondeurs.

*Comment recevez-vous les revendications d'égalité des femmes qui ont marqué tout ce siècle, mais qui ont littéralement explosé il y a vingt-cinq ans ?*

Ces revendications tout à fait justifiées nous ont fait croire pendant un temps qu'il devait y avoir « égalité », comprise dans le sens d' « identité » entre l'homme et la femme, et que la femme en tant que corps social pouvait, dans la cité, accéder à toutes les fonctions réservées jusque-là aux hommes et, dans la cellule familiale, n'être plus soumise à son mari. Ce plan de libération était essentiel mais n'était pas juste par certains côtés et de toute façon bien réducteur ! Il était sous l'empire du réactionnel et ne résultait pas d'une réflexion approfondie, dans un recul pris par rapport à la souffrance du monde féminin.

Or, dans ce recul, les valeurs féminines apparaissent tellement différentes des valeurs masculines ! Le nouveau schéma proposé n'a pas le droit d'aplatir ces richesses complémentaires, et donc évolutrices, dans une uniformisation qui serait alarmante car obligatoirement mortifère.

Comprenez-moi bien ! Lorsque je dis « valeurs féminines », j'entends celles qui entrent en résonance avec les archétypes du féminin — il en est de même, d'ailleurs, pour les valeurs masculines auxquelles l'homme est bien étranger aujourd'hui tant il a fonctionné dans des rapports de force et de séduction avec sa compagne ! Pratiquement personne ne s'est soucié jusqu'ici du seul rapport important, qui est celui qui lie l'être aux archétypes ; celui-là seul éclaire et justifie tous les autres rapports. J'ai mis de longues années personnellement à découvrir cela. Au début de ma vie, je n'ai agi que par instinct, un instinct de salut, en refusant le statut banalisé de la femme. Ma mère avant moi avait eu ce même instinct mais au détriment très grave de sa féminité, ce dont j'ai beaucoup souffert, et je ne voulais pas reproduire cette erreur. Il faut dire qu'elle fut une des rares femmes ayant passé son bac avant la guerre de 14 — cinq femmes cette année-là en France ! Mais ses parents s'opposèrent violemment à la poursuite de ses études, et plus encore aux études de médecine comme elle l'aurait souhaité. Une jeune fille ne pouvait apprendre « ces choses-là » ! Je ne serais sans doute pas ici ce soir si elle avait appris « ces choses-là », parce que alors elle s'est mariée... Mais une grande frustration a présidé à son mariage, à tel point que sa maternité même fut bloquée sur le plan affectif. Cela est un exemple entre tant d'autres ! Vous voyez que nous revenons de loin ! Mais vivre aujourd'hui l'autre excès n'est pas mieux.

Quitte à vous paraître désuète, je vous dirai que je suis choquée — au sens physique du terme — de voir aujourd'hui des femmes faisant carrière d'officier dans l'armée, ou des femmes-prêtres. Dans le premier cas, je ressens cette option comme un dévoiement grave de la vocation féminine qui, ontologiquement, est de donner la vie à tous les niveaux.

Quant à la prêtrise, la femme en a une toute naturelle et silencieuse, qui n'est pas celle de l'autel, mais de l'amour.

C'est un très grand sujet sur lequel nous reviendrons peut-être, car toute autre vision ressortit à de bons sentiments mais non à la rigueur de l'archétype.

*Lorsque vous constatez la réémergence des « valeurs féminines », n'êtes-vous pas parfois effrayée par les outrances de ce mouvement de retour vers l'aquatique, le maternel, l'affectif? Les tendances à la régression sont très nettes dans ce qu'on appelle le Nouvel Âge, où l'on fait souvent l'apologie inconsidérée d'une sorte « d'absorption du moi dans le tout », confondue avec l'expérience spirituelle. En dehors même de ce courant particulier, dans le comportement de repli sur soi appelé* cocooning, *par exemple, ou dans le succès fantastique du film* Le Grand Bleu *— très beau, certes, mais où la fascination des profondeurs aquatiques aboutit à un suicide —, on peut se demander si la résurgence du féminin n'est pas, elle aussi, sujette aux dévoiements les plus aliénants.*

Dans un mouvement de réaction aussi puissant que celui que nous commençons seulement de vivre, vous ne pouvez empêcher les perversions. La marmite a trop longtemps chauffé, toute verrouillée, pour qu'aujourd'hui nous n'ayons pas, dans l'ouverture du couvercle, une sorte d'explosion en tous sens, avec forcément des excès. Ceux du Nouvel Âge en sont un bon exemple. Mais n'ayons pas peur de ces manifestations outrancières, et surtout, que cela ne nous empêche pas de nous pencher sur le mouvement lui-même, celui d'une rébellion des profondeurs féminines de l'Homme. S'il y a rébellion, c'est que nous n'avions pas réalisé cette descente dans les eaux primordiales dont tous les mythes nous disent qu'elle est nécessaire à l'évolution individuelle comme à l'évolution de l'humanité. Le retour à la « mère » doit impérativement être fait un jour pour grandir intérieurement. Le retour à la « mer » doit être fait pour « créer du sec », c'est-à-dire de la conscience. Le récit biblique du Déluge et toute l'histoire de Noé ne nous disent pas autre chose. Telle est la loi, et notre civilisation a été la première à l'oublier.

Comment voulez-vous que nous n'en ayons pas aujourd'hui le retour de bâton ? Il est possible cependant de discerner : il y a un monde de différence entre un retour inconscient vers une fusion utérine aliénante et le « retournement vers la mère des profondeurs » pour en épouser les richesses latentes et faire croître la conscience.

*Vous avez cité la Bible, et justement j'allais vous en parler : il est indéniable que les interprétations qu'on en a faites pendant des siècles n'ont fait qu'envenimer la tendance patriarcale des sociétés méditerranéennes, et ont contribué à dévaloriser la femme, parfois même à la diaboliser.*

*Aujourd'hui, tout cela est dépassé, nous dit-on. Mais on a bien du mal, si l'on se réfère au texte biblique lui-même, à contourner ses aspects a priori misogynes. On a l'impression, en essayant de l'interpréter dans une perspective équitable, de le forcer à dire ce qu'il ne dit pas ! On ne peut tout de même pas ne pas être dérangés par le fait qu'Ève est seconde par rapport à Adam, créée à partir d'une de ses côtes ; que c'est elle qui se laisse séduire par le serpent ; que c'est elle qui entraîne ce pauvre Adam vers la chute... et pour finir, que c'est à elle qu'il est dit, en parlant de l'homme : « Et lui dominera sur toi ! »*

Faux et puéril ! Si vous le voulez bien, ensemble nous allons écouter battre le cœur de ces textes.

*Vous allez encore me dire que les Bibles dont nous disposons sont de mauvaises traductions...*

Oui, mais cette question ne fait que mettre l'accent sur le problème plus général de notre façon de lire la Bible, et en particulier le Livre de la Genèse. Nous avons toujours entendu ce récit comme étant celui de la création du monde extérieur à nous, à l'origine des temps historiques, sans comprendre qu'il nous parle essentiellement de notre intériorité, dans une actualité brûlante. Nous avons pris l'habitude de lire tous ces récits comme si nous en étions les spectateurs étrangers, alors que nous en sommes les acteurs concernés à chaque instant. Nous agissons d'autant plus ainsi avec le mythe dit de la Chute que ce récit nous montre précisément que l'Homme, coupé de son intériorité, est devenu extérieur à lui-même.

Autrement dit, dans notre lecture de la Bible en général et de la Chute plus particulièrement, nous sommes prisonniers de notre état de Chute ! Pourtant, dans sa profondeur, la Bible ne nous parle que de l'Homme intérieur. Adam n'est pas un homme face à la femme, et il n'y a pas d'Ève avant la Chute. Adam est l'humanité totale et chacun de nous, hommes et femmes.

Au sixième jour de la Création, l'Adam est créé « mâle et femelle », nous dit le texte. La différenciation sexuelle que nous comprenons derrière ces mots ne concerne que le plan biologique partagé par Adam en ce sixième jour avec les animaux. Cette situation est encore la nôtre aujourd'hui ; elle nous conditionne à un tel point que nous ne savons pas lire le texte dans sa totalité. Car si nous sommes attentifs, nous venons d'entendre qu'Adam est créé « dans l'Image de Dieu », ce qui n'a pas été dit de l'animal. Adam est plus que tous ces animaux qui sont bien sûr à l'extérieur de lui, mais dont le texte nous signifie surtout qu'ils peuplent son intériorité ! Et seul le texte hébreu nous donne alors la clef du réel niveau de lecture auquel se situe l'intériorité d'Adam.

Le mot « mâle » est le même en hébreu que le verbe « se souvenir », *Zakhor;* et le mot « femelle », *Nqévah,* évoque un trou, un contenant, dont la lettre *Qoph* — j'ai déjà eu l'occasion de vous en parler — est le conducteur du contenu, celui qui relie l'Incréé au Créé. *Nqévah* est une matrice en laquelle le cordon ombilical, le *Qoph,* relie les « eaux d'en haut » divines à l'enfant divin, l'Image de Dieu dont elle est lourde dans les « eaux d'en bas ».

Qu'est-ce à dire ? Qu'être mâle, c'est se souvenir de l'Image de Dieu enfouie au creux de soi-même, en partant à la conquête de son féminin intérieur, de l'immense réserve d'énergie qui gît au fond de l'être, pour la pénétrer jusqu'au Nom divin qu'elle renferme. Moi qui suis femme, par exemple, je suis « mâle », si je me souviens du Nom que je suis, si, dans la puissance de l'Esprit-Saint, je fais resurgir en moi cette Image de Dieu, et si je l'accomplis en la portant en gestation pendant les neuf mois d'une grossesse intérieure que doit être ma vie, jusqu'à la Ressemblance. Et vous, qui êtes homme, vous êtes aussi « féminin » que moi par cette grande mer (mère) intérieure, avec ou sans e final, que Jung a mise en évidence et qu'il vous appartient d'« épouser ». Là se trouve, au-delà de la différence biologique, notre vocation à tous.

*Si tout cela est déjà contenu en Adam, quid de ce personnage second que l'on nomme Ève ?*

Tout d'abord, il n'y a pas d'Ève, comme je viens de vous le dire, dans le début du récit de la Création. Pas d'Ève au paradis terrestre ! Il n'y est question que d'Ishah, « l'épouse », qui apparaît au deuxième chapitre de la Genèse. Ce chapitre-là d'ailleurs, contrairement à l'interprétation réductionniste qu'en a faite la critique historique, n'a rien à voir avec une « seconde Création », juxtaposée, surajoutée à la première. On nous dit, partant du fait que l'on a là a priori deux récits successifs de la Création du monde et de l'Homme, on nous dit qu'il faut y voir deux textes d'époque et d'inspiration radicalement différentes. Qu'importe l'histoire des textes, si leur sens profond est continu et cohérent ! Et quelle étroitesse d'esprit, celle qui fait oublier le sens interne, inouï au sens de « non encore entendu », de ces mots et de ces lettres !

*Et quels sont les mots employés, en l'occurrence ?*

En passant du premier au second chapitre de la Genèse, on passe du verbe « créer », *Bara*, au verbe « faire », *Asso.* Créer, c'est poser l'altérité, c'est littéralement « mettre dans le voir » de Dieu. Faire, c'est construire, donner une forme : l'Homme est alors comme saisi dans les mains de Dieu, si je puis m'exprimer ainsi, pour être fait depuis l'Image jusqu'à la Ressemblance à Dieu. Ces deux verbes si différents furent traduits en grec par le même mot *Poïen.* Voilà un bel exemple de catastrophe sémantique dû à la traduction, car cette réduction est un appauvrissement considérable. En effet, le verbe hébreu « faire » implique l'éclosion d'un devenir, et comprend tout le déploiement de la dynamique contenue dans le verbe « créer ».

Et c'est dans cette dynamique qu'advient celle que l'on nomme d'abord Ishah. Ce mouvement commence par l'épisode où l'Homme, Adam, est appelé par Dieu à nommer tous les animaux de la Terre, c'est-à-dire tous les « animaux intérieurs » qui habitent son *Adamah*, sa terre intérieure : toutes les puissances qui habitent son âme, pour reprendre une expression employée jadis. Il doit les nommer pour en retourner l'énergie en lumière : retourner l'âme animale en âme spirituelle. Et ce mouvement a pour fin ultime la Ressemblance. Il y a donc dans les mots employés la notion d'un processus, d'un « faire », qui doit, qui aurait dû amener l'Homme à la Ressemblance. La Ressemblance est la finalité du processus de construction de l'Homme, tandis que, Image de Dieu, l'Homme l'est dès l'origine de par sa création. Adam est d'emblée dans l'Image, mais la Ressemblance dans le « faire » n'est encore que potentialité.

Cette précision est très importante, car tout le sens de la Chute est impliqué dans cette distinction : par la Chute, l'Homme perd conscience qu'il est Image de Dieu, et il devient alors incapable d'atteindre, de se construire jusqu'à la Ressemblance, comme l'y destinait le projet divin. Nous sommes encore nous-mêmes dans cet état de Chute, mais dès que, avec la grâce de Dieu, nous reprendrons conscience de l'Image et que nous la vivrons, nous pourrons reprendre le chemin de la Ressemblance.

*S'il faut lire le deuxième chapitre de la Genèse dans cet esprit, quel rôle joue Ishah, pourquoi intervient-elle à ce moment précis, et tout d'abord, pourquoi faut-il qu'Adam soit d'abord endormi ?*

Dans son œuvre mâle, Adam est *Ish*, époux ; le texte biblique vient de dire que « Dieu guide Adam dans le jardin d'Éden » où il a été placé. Le guide divin lui apprend donc son rôle mâle en le faisant pénétrer une première partie de son *Adamah*, de son féminin des profondeurs, et nommer les « animaux » c'est-à-dire les énergies qui la constituent. Mais Adam ne trouve pas encore là son total « face-à-face ». Car tel est le mot hébreu *Nagod* exprimant ce projet divin visant à ce que l'Adam ne soit pas seul, plus exactement qu'il ne soit pas « seul de lui, coupé de lui-même ». Dieu ajoute alors : « Faisons une aide, son face-à-face », ou encore « pour communiquer avec lui ».

Alors Dieu l'endort et dresse devant lui la totalité de cet autre « côté » de lui, son potentiel inaccompli. Ailleurs dans la Bible, ce côté est appelé *Ra* en tant qu'inaccompli (ce que la plupart des traducteurs traduisent abusivement par « le Mal »), ou *Adamah* en tant que mère des profondeurs, ou encore *Shamaïm*, les cieux, comme nous le verrons. Ici, il est nommé *Ishah* dans sa fonction d'épouse.

Adam voit donc « celle-ci » qu'il doit épouser, « celle-ci » qui l'émerveille, qui fait battre son cœur, « celle-ci » que l'on retrouvera plus tard dans le Cantique des Cantiques, « qui montera du désert appuyée sur son bien-aimé ». Adam voit toute cette perspective. Il vit son baptême en même temps que l'expérience de la Transfiguration. Ishah est celle avec qui il peut atteindre à la Ressemblance, laquelle, *Demah*, est d'ailleurs annoncée dans le nom du sommeil : *Taredemah*. Ce sommeil est un « éveil » fantastique ! Et Adam ainsi éveillé est Ish et Ishah.

*Ishah est donc « l'autre côté », et non pas extraite d'une côte ?*

« Un de ses côtés », *Tsaleot* étant le pluriel de *Tsela*, le côté ou la côte. Avouez que la vision d'une opération chirurgicale est bien puérile et qu'avoir confondu le féminin des profondeurs avec la femme biologique l'est plus encore ! Adam a donc en face de lui, identifié et autonome, le côté de lui-même qu'il ne savait pas être, et qu'il doit maintenant épouser.

*On pourrait parler ici, en quelque sorte, d'un processus de différenciation ?*

C'est bien ainsi que se conclut le deuxième chapitre de la Genèse. La fameuse phrase que l'on a traduite par : « Ils étaient tous les deux nus et ils n'en avaient pas honte » signifie en fait, si l'on suit précisément l'hébreu : ils étaient deux, « nus » — c'est-à-dire connaissant le chemin qui leur restait à parcourir — et ils n'étaient pas confondus. La « confusion », ici, n'est pas à prendre au sens figuré mais bien au sens propre, et se réfère donc à l'état de non-différenciation initial entre mâle et femelle à l'intérieur d'Adam, à son état d'inconscience. L'Homme se découvre deux, époux et épouse, *Ish* et *Ishah*, car en même temps qu'il nomme son vis-à-vis, qu'il reconnaît cet « autre » vivant en ses profondeurs, il est promu à la fonction d' « époux » pour cette « autre » qui devient pour lui « épouse ». Il y a donc différenciation, mais en vue d'un accomplissement, d'un accouplement des deux « moitiés » de l'Homme.

*Je viens de comprendre soudain un épisode ultérieur dans le récit de la Genèse qui m'avait toujours intrigué : je m'étais toujours demandé pourquoi, lorsque le serpent tente de séduire Ishah, elle lui fait part de l'interdiction qui touche au fruit de l'Arbre, alors que cette interdiction n'avait été faite qu'à Adam, avant même qu'elle ne « naquît » de lui. À la lumière de votre compréhension du texte, je prends conscience qu'elle était de tout temps une part, un côté d'Adam, avant même que cette présence n'apparût au grand jour. Il n'y a donc pas lieu de s'étonner qu'elle soit avertie de la défense annoncée à Adam.*

La mémoire innée d'Ishah est effectivement incompréhensible si on s'arrête à une interprétation banale. D'ailleurs, cette mémoire ne restitue pas exactement les faits, et cela ne peut que conforter une lecture symbolique : tout d'abord, au lieu de parler de l'Arbre de la Connaissance du Bien et du Mal, elle parle de « celui qui est au milieu du jardin », c'est-à-dire qu'elle introduit aussi l'Arbre de Vie ; ensuite, elle « en rajoute » si j'ose dire, car elle exprime l'interdiction en disant aussi : « Vous n'y toucherez pas », alors qu'il a seulement été dit : « Vous n'en mangerez pas », comme si elle avait entendu plus subtil encore ! Symbolisant le féminin intérieur de l'Homme, ses profondeurs inconscientes, elle sait intuitivement que toucher c'est déjà manger, prendre c'est déjà consommer. Enfin, elle ne nomme pas Dieu YHWH, le Tétragramme divin qui est le Verbe habitant le plus intime de l'Homme. Elle a perdu la mémoire du Nom, dont le serpent l'a vidée, et ne parle que d'Élohim, comme l'y invitait le tentateur. Elle entre donc dans le piège qui consiste à oublier le Nom que nous sommes ; à oublier qu'il est au fond de nous, qu'il est transcendance divine qui se fait immanente ; et donc à faire d'Élohim un Dieu extérieur, autoritaire, qui décrète et menace.

*Et pourquoi donc faut-il que ce soit elle qui tombe dans le piège ?*

Ishah avait été placée face à Adam pour qu'il prenne conscience de son féminin, de ses potentialités inconscientes, et qu'il les « épouse ». Le serpent, qui est « le plus rusé des animaux », va empêcher la réalisation de cette union, en isolant Ishah, c'est-à-dire en s'adressant à l'inconscient de l'Homme, et à lui seul. Dans cette séparation, l'issue ne faisait pas de doute. Vous savez, ce sont des choses que nous vivons tous les jours, si nous ne sommes pas vigilants, c'est-à-dire si nous rompons le lien entre notre conscience et notre inconscient : nous posons alors des actes que nous croyons libres, justes et bons, et en réalité une part oubliée de nous-mêmes nous fait agir dans un sens destructeur. Vous voyez comme ce récit est d'une actualité brûlante !

*Nous parlons depuis un moment d'Ishah, « l'épouse ». Mais en fait nous ne la connaissons aujourd'hui que sous le nom d'Ève. Nom qui d'ailleurs s'est chargé d'une multitude d'images de la femme controversées et discutables, mais bien ancrées dans l'imaginaire de l'Homme. Quand Ishah a-t-elle pris le nom d'Ève ?*

Après la Chute, lorsque Adam lui donne ce nom. Si, comme nous l'avons dit, l'épouse d'Adam n'a jamais représenté l'ensemble des femmes mais le féminin intérieur d'Adam, son féminin « objectivé », en quelque sorte, pour qu'il en prenne conscience, la situation est tout autre après la Chute.

Là, il y a effectivement dissociation. Adam, en voulant nommer Ève du nom de la « Vie », projette définitivement sur la femme « extérieure » les attributs de cette vie féminine en lui, qu'il n'a pas su faire siens. Ce faisant, il réduit cette vie, car la Vie, en hébreu, se dit *Ḥayah*, et Ève est *Ḥawah* (prononcer « Rawah »). Que se passe-t-il lorsque l'on glisse de l'un à l'autre ? La différence réside dans une substitution de la lettre *Yod*, signe du Nom divin, par la lettre *Vav*, signe d'un état animal — état naturel qui est en l'Homme, mais qui n'est pas tout l'Homme, et qu'il aurait dû dépasser. Il y a donc, dans cette désignation, une réduction qui touche à la fois l'Adam et son épouse : la femme Ḥawah est réduite à la féminité biologique, alors que Ishah était « l'autre côté » d'Adam, son féminin intérieur chargé de son essentielle maternité, celle qui consiste pour chaque Adam que nous sommes à s'enfanter soi-même, à donner naissance au fils intérieur, donc à un être accompli.

Quelle est d'ailleurs la raison invoquée par le texte pour justifier ce nom de Ḥawah ? Les traductions courantes nous donnent d'habitude : « parce qu'elle était mère de toute vie »... ce qui, dans une interprétation banale du récit, est bien entendu complètement incompréhensible. Or il convient de lire ce texte dans sa rigueur grammaticale. Il est alors réellement écrit : « Adam nomme son Ishah Ḥawah car *lui* était mère de toute vie. » C'est Adam qui effectivement était mère de toute vie, et il ne l'est plus. Le *Yod* de *Ḥayah* a donc disparu dans le nom d'Ève, et avec lui le secret de la vocation d'Adam à sa maternité intérieure.

*Étonnant, tout de même, que ce soit Adam qui ait eu vocation à la maternité !*

Qu'il *ait* cette vocation ! Je parlerai au présent. Chacun de nous garde ontologiquement cette vocation de maternité.

Étonnant, parce qu'on a toujours vu en Adam l'homme devant la femme, dans l'extérieur des choses. Étonnant parce qu'on a l'habitude d'approcher ces textes par leurs traductions grecques puis latines, puis françaises, et à travers le prisme d'un mental qui les a beaucoup déformés. Mais dès que l'on se donne la peine d'écouter leurs harmoniques sémantiques en les lisant à partir de l'hébreu, on y voit plus clair.

Étonnant, dites-vous, mais la maternité est réellement inscrite dans le nom d'Adam. La première et la dernière lettres de ce nom, *Aleph* et *Mem*, ne sont autres que les deux lettres du mot « mère » ! Celle du milieu, *Dalet*, signifie la « porte » : Adam est créé pour naître de lui-même à lui-même et passer des portes. Il est un mutant. Avant la Chute, Adam était mère en puissance, au sens essentiel du terme, et chacun de nous en garde la vocation dans sa profondeur.

*Et que dites-vous de la domination de l'homme sur la femme, et de l'enfantement dans la douleur ? Voilà au moins deux exemples dont les connotations plaident en faveur d'une misogynie du texte, à moins que...*

À moins qu'il y ait là aussi de grossiers contresens, dont les conséquences, il est vrai, furent catastrophiques pour la condition des femmes. Mais le texte lui-même, que nous dit-il ? Voilà ce qui importe, maintenant que nous avons rompu avec le sexisme et la morale d'antan.

Ishah, dans cet épisode, n'est pas encore Ève. En avouant à Dieu que « le serpent l'a séduite », elle constate qu'elle s'est laissé « épouser » par Satan lui-même. Et c'est lui, ce « nouvel époux », dont il est question lorsque Dieu dit : « Vers ton époux se porteront tes désirs, et lui dominera sur toi. » Prendre cette phrase comme annonciatrice de la suprématie de l'homme sur la femme, c'est faire un total contresens. C'est bien de Satan que l'on parle, lequel n'est pas un personnage ricaneur, cornu, aux pieds et à la queue fourchus.

Le nouvel époux de l'Homme dans sa dimension Ishah, autrement dit dans les profondeurs de son inconscient, c'est la force proprement satanique de l'avoir et du pouvoir, des objets de désir dont nous cherchons à nous accaparer, et sur lesquels nous projetons un absolu... que nous n'aurions dû attribuer qu'à l'Absolu. Une telle puissance, effectivement, domine sur notre inconscient, nous pousse dans des directions opposées à notre vocation, et nous rend finalement esclaves.

Quant à cette apparente condamnation : « Dans la douleur tu enfanteras des fils », il ne s'agit que du retour à la maternité ontologique, intérieure donc. Ce qui veut dire que Dieu annonce là les conséquences douloureuses du choix d'Adam, qu'Adam lui-même a déterminées, dont il est seul — en tant que Ish et Ishah — responsable ; mais en même temps c'est aussi l'annonce d'un retour possible à ces normes ontologiques ; douloureux, mais possible !

*Je veux bien comprendre qu'une lecture symbolique, orientée vers la croissance intérieure du lecteur, ne peut déceler aucune discrimination à l'égard de la femme dans ce texte de la Genèse, et que l'hébreu nous éclaire sur ce point de façon très probante. Il n'empêche que, de tout temps, les hommes ont eu d'autres lectures que celle que vous mettez en évidence ! La tradition juive, c'est vrai, se situe très loin des excès catholiques dans ce domaine... mais les juifs eux-mêmes ont rarement échappé à cet état d'esprit, et certains ne se sont pas privés d'utiliser leurs textes sacrés pour justifier leur misogynie. Les chrétiens n'ont-ils pas fait pire, en systématisant cette erreur que beaucoup de juifs ont tout de même rejetée ? Ils sont d'autant plus fautifs que tout le monde s'accorde, je crois, à reconnaître dans l'attitude de Jésus un respect de la femme en décalage avec les mentalités de l'époque.*

*Les chrétiens n'ont-ils pas complètement failli, et par rapport à l'enseignement de la Genèse, et par rapport à l'importance cruciale des femmes dans l'Ancien Testament, et par rapport aux prises de position très nettes de Jésus ?*

Malheureusement, ils n'ont pas failli qu'en ce domaine ! D'où l'urgence d'une nouvelle approche de la Tradition... La Tradition ne se dévoile que dans la mesure où nous sommes capables de vivre son nouveau message.

Je ne suis pas spécialiste de l'histoire des coutumes et de la situation sociale de la femme à travers les siècles, et il y a beaucoup de vrai dans ce que vous dites, mais n'oublions pas que les femmes ont eu une part importante dans les premières communautés chrétiennes, et encore au Moyen Âge. Il me semble que la véritable dévalorisation, non seulement de la femme mais aussi, inconsciemment, de ce qu'elle représente, le « féminin intérieur », date de la Renaissance. Depuis cinq siècles, la surévaluation de l'intellect, de la technique, de la production de biens, de la compétition, etc., a relégué au second plan les valeurs féminines, peut-être plus gravement encore que dans les sociétés patriarcales classiques. Et aujourd'hui, je crois qu'il existe une étroite corrélation entre une libération, au sens plein, de la femme et une prise de conscience de l'intériorité.

Cette corrélation apparaîtra bientôt en pleine lumière, et le mouvement qui la porte comme une lame de fond arrivera prochainement, j'en suis certaine, à son point de non-retour.

# IV.

## Aimer et désirer

*Parler de la femme comme nous venons de le faire, c'est être naturellement amenés à parler de sa relation à l'homme, de l'amour et du couple. Vous qui vivez depuis plus de trente ans avec votre époux, que vous inspire le spectacle des couples qui se font et se défont à une vitesse vertigineuse ? On a parfois l'impression que les hommes et les femmes de notre temps s'ennuient de plus en plus, et n'imaginent d'autre échappatoire, pour fuir cette morosité, que celle de la passion amoureuse... Or le passionnel nous fait vite passer du bonheur à l'enfer !*

*Est-ce là une fatalité ? Aimer, être aimé sont des besoins vitaux de l'âme, mais un amour fort n'est-il pas condamné à se consumer lui-même ?*

Certainement pas ! Mais il s'y condamne lui-même s'il ne cherche pas, dans la relation, des racines plus profondes que celles d'un affectif primaire.

L'affectif est une dimension radicalement nécessaire de l'amour vivant. Nécessaire, mais insuffisante si cet amour ne devient adulte pour faire face à l'usure du quotidien, à la confrontation des différences, etc.

L'amour qui construit le couple devrait se fonder sur celui qui surgit des épousailles de chacun avec lui-même. En l'absence de ces noces intérieures, les noces « extérieures », privées de la source qui pourrait les abreuver et les régénérer quotidiennement, sont vouées au dépérissement, à l'entropie : à une déperdition inexorable de l'énergie première de l'amour, qui fait qu' « avec le temps, va, tout s'en va, avec le temps on n'aime plus », comme dit la chanson.

Les échecs sont aujourd'hui plus visibles que jadis, puisqu'ils provoquent quasi immédiatement la séparation. Mais étaient-ils moins nombreux autrefois, lorsque la morale et la pression sociale empêchaient très souvent la rupture ? Je n'en suis pas si sûre...

*La relation que vous faites entre le couple que je dois fonder avec mon identité profonde, et celui que je tente de fonder avec l'autre, le compagnon ou la compagne, ne rejoint-elle pas ce qui disait Jung de l'union de deux personnes : dans un mariage, il y a en fait* quatre *fiancés ?*

Elle le rejoint, encore que Jung entendait mettre par là en évidence l'union de chaque homme avec son *anima*, avec l'âme féminine et lunaire qui l'habite, et l'union de chaque femme avec son *animus*, avec son âme masculine et solaire. Ainsi, pour lui, dans l'alliance de deux personnes sont impliqués non seulement deux êtres conscients, mais aussi deux âmes « au sexe inversé », pourrait-on dire. Pour ma part, ce que je comprends par « noces intérieures » ne concerne pas uniquement ce « double inversé » qui vit en nous, et que nous devons certes reconnaître et intégrer à nous-mêmes, mais inclut l'ensemble de notre cosmos intérieur, de cette terre des profondeurs, *Adamah* en hébreu, vers laquelle il est dit que nous avons à nous retourner.

*Faites-vous ici allusion au fameux passage de la Genèse qui nous annonce qu'en tant qu'êtres humains nous sommes tous « poussière et retournerons à la poussière » ? Je ne voyais là jusqu'à présent qu'une confirmation bien pessimiste de notre état de mortels...*

J'ai déjà fait allusion à ce verset concernant le « retournement » nécessaire pour retrouver cette nature première capable de mutations. Mais ce qui nous en a été transmis est une grave mutilation. « Tu mangeras ton pain à la sueur de tes narines, est-il écrit, jusqu'à ce que tu te retournes vers ta *Adamah* », ta terre intérieure. Prendre cette image comme celle de l'enterrement du défunt, c'est demeurer à un premier degré de lecture bien limité et désespérant, voire culpabilisant.

Il nous est dit, en fait, que nous sommes esclaves — de nos activités dispersées, de notre travail, de nos passions, de nos peurs, de nos désirs, volontés de puissance, etc. — et que nous le resterons jusqu'au moment où nous comprendrons que cette terre vierge qui nous habite, cette *Adamah*, doit être défrichée par nous, labourée, cultivée, ensemencée. En un mot, fécondée, c'est-à-dire épousée. « Car tu es poussière », autrement dit tu es écartelé par la multiplicité, par une pluralité d'énergies désordonnées, contradictoires, mais qui représentent en puissance un trésor extraordinaire voué à l'accomplissement. Oui, nous sommes bien « poussière » en ce sens, et il n'y a là rien de méprisant ni d'humiliant dans la parole divine, mais au contraire l'affirmation d'une richesse virtuelle qui ennoblit l'Homme.

À partir de la multiplicité-poussière nous sommes potentiellement unité de lumière — les deux mots ont un rapport étroit en hébreu. Mais si ces énergies fulgurantes demeurent inconscientes et incultes, si nous n'allons pas les « épouser », les cultiver et les rendre fécondes, elles nous dévorent de l'intérieur et fragmentent notre âme en mille morceaux.

*Très bien, mais la fin de la citation, qu'en faites-vous ? Il est bien dit, sauf erreur, que nous sommes poussière et* retournerons *à la poussière... La dispersion dont vous parlez est non seulement notre lot actuel, mais aussi, semble-t-il, notre lot ultime ?*

On se trouve là, encore une fois, devant une de ces erreurs de traduction énormes que nos amis juifs rectifient aisément, et qui rendent nos Bibles chrétiennes si lointaines de la Torah hébraïque dont elles se réclament. Que dit l'hébreu, en effet ? Non pas « ... car tu es poussière et à la poussière tu retourneras », comme on nous l'a enseigné, mais « ... car tu es poussière et *vers la poussière retourne-toi* ». Sauf à violer le texte, à l'obliger à dire ce que l'on voudrait qu'il dise — à savoir une sorte de malédiction écrasante qui pèserait sur l'Homme —, la traduction par l'indicatif futur est impossible. Le mode impératif nous enseigne le chemin de retournement vers les normes d'avant la Chute. Retourne-toi vers la poussière que tu es, nous est-il demandé : assume le multiple qui t'habite pour conquérir l'unité ! Entre dans tes plus profondes énergies, pénètre-les — la connaissance est « pénétration » en hébreu —, fertilise-les, éveille-les pour hausser ton être à une autre dimension. Voilà le commandement divin, voilà la vocation ultime de l'homme comme de la femme, voilà l'invitation pressante qui nous est faite à réaliser nos noces intérieures !

Pour en revenir à votre question initiale concernant le couple, je dirais que la vie de couple, dans l'amour, devrait nous aider à répondre à cet appel. Mais dans l'ignorance où sont tant de personnes quant à cette vocation profonde de l'Homme, dans la confusion qui règne sur le sens de l'amour, le couple est rarement une voie de réalisation du mariage intérieur, il en est au contraire souvent la compensation insatisfaisante. Et l'éducation indigente que l'on nous a transmise au nom de la « morale chrétienne » sur ces questions-là ne fait qu'ajouter à la confusion. De là tant de déconvenues : on s'unit trop souvent à l'autre, non pour mieux se ré-unir à soi-même, mais au contraire pour fuir cet « autre » qui nous habite, et que nous avons peur de rencontrer. Nombre de mariages se défont parce qu'ils étaient en réalité fondés sur ce malentendu.

*Faudrait-il alors attendre, pour engager durablement sa destinée à celle d'un(e) autre, d'avoir accédé à la conscience de tout ce que vous venez de mettre en évidence ? Vous m'avez parlé de votre mariage assez tardif, conseilleriez-vous la même voie à tous ces jeunes gens qui se marient à vingt ans dans le feu d'un enthousiasme encore immature ?*

Tout d'abord je ne crois pas que quiconque puisse conseiller quiconque ! Mon expérience est la mienne, elle a aussi ses écueils.

Dans l'état actuel de notre société, état si infantile encore en général, comment demander à des jeunes d'attendre, pour s'engager, une maturité dont ils n'ont même souvent aucune idée ? Confusément d'ailleurs, ils sentent bien le manque et beaucoup refusent l'engagement. C'est un autre et très grave danger. N'est-il pas mieux de les inviter à se responsabiliser et à canaliser par le mariage leur sexualité et leur désir de paternité ou de maternité qui sont là, pressants, voire violents quelquefois ? Les détourner de cela serait fou et me semble même aller contre nature. Mais une autre folie est aussi aujourd'hui de se séparer dès que le moindre conflit survient. Le conflit peut être le tremplin d'un dépassement et, comme pour toute épreuve, d'une naissance intérieure. Il y a des cas où il faut en effet se séparer plutôt que de se détruire et de détruire les enfants, mais ces cas sont peut-être plus rares qu'on ne le pense. La plupart du temps on se sépare comme on s'est unis, avec autant d'inconscience !

Pour répondre vraiment à votre question, ce que m'a enseigné mon expérience de thérapeute à l'écoute de tant d'êtres désunis, c'est qu'un mariage ou une union précoce implique, à un moment ultérieur de la vie, de se « réépouser », de reformuler cette union sur d'autres bases, à un autre niveau de conscience.

*Non seulement deux êtres qui s'unissent sont en fait quatre, mais il leur faudrait en outre s'épouser plusieurs fois dans une vie !*

Vous savez, le fruit d'un amour fort et solide vaut bien toute cette peine ! Faute de ces ré-épousailles, faute de cette redéfinition des fondements, beaucoup de couples ne durent que le temps de consumer entièrement l'énergie qui avait présidé à leur union. La seule façon d'aller à l'encontre de cette entropie — tellement fréquente qu'elle en paraît parfois fatale —, c'est de découvrir ensemble d'autres sources d'énergie, un autre souffle amoureux, c'est-à-dire un souffle d'une autre dimension. Ce renouvellement des sources, c'est exactement ce que nous enseigne l'Évangile, dans le récit de la première intervention publique du Christ : la transmutation de l'eau en vin aux Noces de Cana.

L'énergie première qui nourrit la vie d'un couple est comparable à ce premier vin dont se sont abondamment abreuvés les invités aux noces : il est générateur d'une ivresse joyeuse, il coule à flots, au point qu'il nous fait oublier qu'il n'est pas inépuisable... mais le moment vient toujours où la source est tarie, où les jarres sont vides ! Faute de l'avoir prévu, tout le monde se trouve pris de court, et le banquet — ou le mariage — risque de se terminer dans la déception et la frustration. C'est à ce moment précis que le Christ va intervenir, pour donner à boire aux convives un vin « intérieur » dont ils ignoraient la saveur exquise, dont ils n'imaginaient même pas qu'il pût exister. Ce vin est issu de la transmutation de l'eau avec laquelle on a rempli des jarres sur ordre de Jésus. Peut-être avez-vous noté le nombre de jarres ?

*Pas du tout... mais est-ce important pour saisir le sens du récit ?*

Aucun mot, aucun chiffre n'est arbitraire dans le texte biblique. Il y a six jarres. Ce six prépare et annonce le grand saut vers le sept, le grand *passage* vers la plénitude, vers une dimension supérieure de la conscience.

Et la septième jarre, nous disent les Pères de l'Église dans leurs commentaires de ce récit, n'est autre que le Christ qui vient de renvoyer Satan dans l'épisode de la Tentation, et qui lui-même est dans le sept ; il nous conduit alors à une qualité d'amour insoupçonnée. Tellement insoupçonnée que le maître de maison s'écriera, en goûtant le vin nouveau : « Que ne nous avez-vous servi de ce vin dès le début du repas ! »

*Une chose me gêne néanmoins dans cette interprétation. J'ai l'impression que ce vin « plus subtil » est présenté comme meilleur que le vin naturel qui a enivré les convives. N'est-ce pas l'indice, si je reprends votre analogie, d'une sorte de dépréciation de l' « amour amoureux », si j'ose dire, au profit d'un amour plus spirituel, moins charnel et affectif?*

Pas du tout, et je veux être précise sur ce point. Le mot « passage » indique bien qu'il est un temps pour chaque qualité d'amour : un temps pour l'amour-*éros,* un temps pour l'amour-*agapé,* pour reprendre les termes grecs. Encore convient-il de souligner que l'*agapé* est issu d'une transmutation, d'une transfiguration de l'*éros,* et qu'il ne détruit, ne dévalorise, n'amoindrit en rien celui-ci. Tout est une question de cycle, et chaque cycle possède sa valeur et sa raison d'être intrinsèques. Tel est le sens — ou plutôt l'un des multiples sens — de la réponse de Jésus à Marie, lorsque celle-ci lui fait remarquer l'épuisement du premier vin : « Femme, en quoi cela nous concerne-t-il ? Mon heure n'est pas encore venue. »

Il est toutefois une différence essentielle entre ces deux qualités d'amour. L'un fait partie du monde de l'entropie, c'est-à-dire qu'il se consume, comme nous le disions, qu'il s'use avec le temps qui passe, qu'il en arrive à perdre sa force et sa joie, s'il n'est pas régénéré par le second. Il ne dure que s'il s'ouvre à cette autre source, car il est insuffisant à lui-même. L'amour-*agapé,* au contraire, trouve en lui-même une source d'énergie sans cesse renouvelée : il brûle sans se consumer, et sans consumer les êtres qu'il touche. Il construit et croît toujours.

*Nous parlons de consumation de l'amour... mais en réalité il se vit plutôt de nos jours sur le mode de la consommation. La sexualité, entendue comme un plaisir à consommer auquel chacun aurait droit sans limites, tient dans notre monde occidental une place considérable. Êtes-vous de ceux qui s'en attristent, ou bien considérez-vous comme inéluctable cette libération — c'est du moins le mot convenu — issue de l'explosion des années 70?*

In-é-luc-ta-ble ! Je la prends pour inéluctable, et même heureuse d'une certaine façon, puisqu'elle répondait à une impérative nécessité. Il va de soi que je me sens totalement étrangère aux débordements auxquels a donné lieu cette explosion, et à tous les effets secondaires pervers qu'elle a engendrés — et ils sont nombreux. Mais tout cela était inévitable, il *fallait* que cela advînt.

De même, il m'arrive souvent de dire : heureusement il y a eu Freud, malheureusement il y a le freudisme ! Une double chape de plomb a été soulevée par Freud et par la « libération » de la fin des années 60, qui en est une lointaine conséquence. Cette chape énorme, celle de l'interdit social d'une part, et de l'interdit intériorisé qu'est la culpabilisation d'autre part, écrasait l'Homme en pesant sur sa sexualité. Cette pesanteur induisait des dérèglements incalculables dans l'être de l'Homme, car la sexualité implique plus que la sexualité : j'ose affirmer, et je vous en ai déjà parlé, qu'elle se situe dans la même résonance, en profondeur, que la spiritualité. Les harmoniques sont différentes dans un même son, mais le son lui-même, comme l'être humain, est un en son essence. La dimension sexuelle est une manifestation primordiale de la nature intime de l'Homme. On ne la mutile pas, on ne la bâillonne pas impunément : sans sexualité saine, donc exprimée, pas de spiritualité authentique — ou très rarement du moins, car il y a un authentique monachisme qu'on ne peut nier.

C'est pourquoi je considère que l'Église romaine a une très lourde responsabilité, de par sa pratique autoritaire et culpabilisante pendant des siècles, dans un enchaînement de causes et d'effets qui va de la misère sexuelle de notre monde à sa misère spirituelle. J'appelle misère spirituelle non pas tant l'athéisme — qui selon moi, à proprement parler, *n'existe pas* —, non pas tant l'indifférence qui laisse les profondeurs de l'être incultes, que plutôt cet ersatz de foi auquel on nous a habitués, sans aucun souffle, sans dynamisme, totalement cérébralisé. Là réside la véritable perversité, car des générations entières n'ont pu approcher le religieux qu'à travers cette spiritualité en plaqué or, où le devoir avait plus de place que l'amour. Il existe un lien direct et indéniable entre cette situation vicieuse dont souffre encore et pour longtemps notre monde, et la morale castratrice qui a régné durant des siècles en Occident.

C'est pourquoi tout cela *devait* un jour ou l'autre voler en éclats, bien qu'en soi cette situation réactionnelle soit porteuse d'une autre folie. Mais pouvions-nous espérer retrouver la voie juste, l'équilibre du fléau de la balance, sans osciller d'abord d'un côté à l'autre ?

*Vingt-cinq ans après cette explosion, et même lorsqu'on en approuve les effets bénéfiques, même lorsqu'on est conscient de respirer quotidiennement l'air neuf qu'elle a libéré, on peut toutefois se demander si le bon docteur Freud n'était pas un peu apprenti-sorcier, comme ses héritiers qui lancèrent en 68 : « Il est interdit d'interdire ». Aujourd'hui, chacun veut être libre de son corps, libre de gérer les énergies qui l'habitent, et la multiplicité des expériences sexuelles est entrée dans le cadre d'une certaine normalité. Mais en réalité, sommes-nous* capables *d'une telle liberté ?*

Nous avons brisé les tabous et les barrières avant d'avoir trouvé la voie d'un investissement juste de nos énergies. Si bien que le débondage s'est révélé souvent aussi destructeur que l'avait été le carcan de la morale autoritaire. Inutile de rappeler les conséquences néfastes de cet état de fait qui engendre lui aussi une misère spirituelle, car l'échec est encore plus terrible lorsqu'il vient sanctionner une illusion a priori enthousiasmante. Combien d'hommes et de femmes s'illusionnent en croyant briser leur solitude par la multiplication des rencontres ! La critique de cet écueil n'a été que trop faite. Trop, dis-je, car ceux qui ont érigé en absolu l'ordre moral et qui l'ont même dénaturé sont ceux qui semblent se réveiller aujourd'hui pour crier au scandale, alors qu'ils en sont les premiers responsables !

Tout n'est qu'une question de profondeur dans la quête de soi-même, et il n'y a rien à dire sur le comportement des autres, seulement à vivre cette profondeur qui peut seule rendre l'Homme capable, comme vous le dites, de liberté. Mais de vraie liberté, qui n'est pas licence !

Remarquez au passage que, dans le domaine de la spiritualité, très lié à l'histoire de la sexualité, les mêmes phénomènes se déroulent sous nos yeux : le « n'importe quoi » a pris la place d'une triste uniformité, comme le laxisme a pris la place de la répression en matière de comportement sexuel. Dans les deux cas, l'être profond est oublié.

*Pourquoi m'avez-vous alors répondu que cette situation était « inéluctable, et même heureuse d'une certaine façon » ?*

C'était une phrase-choc ! On ne peut se réjouir de cette situation en tant que telle, mais seulement en tant qu'elle est le « big-bang » d'une nouvelle création dont dès maintenant on commence à percevoir la phase de reconstruction. L'évolution que nous avons vécue et le vide auquel elle aboutit ont précisément pour résultat qu'un nombre croissant de personnes prennent aujourd'hui conscience de leur vocation à la profondeur.

L'explosion était nécessaire, et son échec lui-même est prometteur, car il a brisé les illusions et laissé place nette pour les questions essentielles. C'est toujours en « touchant le fond » que l'on trouve l'énergie pour remonter en surface. L'humanité, je crois, en est arrivée à ce stade cruel, mais crucial.

*Toucher le fond, dites-vous. N'est-ce pas toucher l'essence du désir ? Ce désir qui nous habite et qui ne sait vers qui, vers quoi se diriger...*

*L'Église catholique n'émerge que difficilement, et seulement depuis Vatican II, d'un état d'esprit qui maintenait dans un infantilisme aberrant des millions de fidèles, en refusant de reconnaître l'autonomie du désir, son importance majeure pour l'homme comme pour la femme. Aujour-*

*d'hui encore, c'est de cette incapacité à « regarder les choses en face » que procède l'attitude de Rome concernant la contraception ou le mariage des prêtres. Et vous, qu'en dites-vous ? Tout cela ne vient-il pas d'une réticence profonde du christianisme lui-même envers ce qui touche à l'*éros*?*

Infantilisme, vous avez employé le mot, et il est encore bien faible. De tels comportements sont engendrés par une erreur énorme portant sur les fondements mêmes de la tradition judéo-chrétienne, qui n'a rien à voir avec ce moralisme désuet.

*Tout de même, ne me dites pas que ce n'est pas le christianisme qui a inventé la notion de « péché originel », et qui nous a inculqué pendant des siècles que « la chair est faible », qu'elle est une sorte de mal nécessaire mais toujours méprisable !*

Une chose est sûre, la tradition hébraïque est totalement étrangère à cette dérive moraliste. Le judaïsme, par la suite, a parfois dévié en ce sens, mais encore maintenant nos frères juifs sont souvent totalement étrangers à l'esprit de puritanisme. Quant au christianisme, soyons précis : les expressions « œuvre de chair » et « péché originel » apparaissent tardivement, je pense pour la première fois chez Augustin d'Hippone, au IVe siècle...

*Pourquoi ne dites-vous pas* saint *Augustin ?*

Je n'ai en effet aucune qualité pour nier la sainteté de cet homme, mais il est aussi vrai que je lui en veux quelque part d'avoir été à l'origine de bien des malentendus.

Augustin plaque sur le récit de la Chute le concept très ambigu de « péché originel » qui laisse croire à une transmission héréditaire d'un mal dont un premier homme serait seul responsable. Nous-mêmes ne le serions nullement et en subirions les conséquences. Pourtant, il faut lire ce récit à la lumière de la rédemption du Christ — appelé « deuxième

Adam » —, rédemption qui est présente au cœur même du texte de la Chute, et qui donne à l'Homme et à tout être humain, à chaque instant, la possibilité de faire le retournement. Or, à chaque instant nous reconduisons cet état de « péché » et le normalisons ! Nous sommes donc impliqués dans cette responsabilité.

De plus, je crois que c'est encore Augustin qui introduit la notion de dimension « surnaturelle » de l'Homme, comme si celle-ci n'était pas fondamentalement naturelle à l'Homme. C'est au contraire par la Chute que l'Homme est « recouvert de tuniques de peau », qui demeurent notre nature actuelle liée à notre état d'inconscience. Le « surnaturel » n'est pas quelque chose d'ajouté, comme étranger à l'Homme, mais quelque chose à reconquérir. Car cet espace ontologique est enfoui, oublié, délaissé, mais présent dans nos profondeurs. Et pour continuer encore le procès de celui que la tradition orthodoxe retient peu comme Père de l'Église alors qu'il est contemporain de cette grande époque de la patristique, j'ajouterai que c'est lui qui identifie le péché originel à la sexualité.

N'oublions pas qu'il fut un ancien adepte du manichéisme et qu'il a doté l'esprit occidental d'un dualisme regrettable en érigeant le bien et le mal en valeurs absolues ; il n'y a eu alors qu'un pas à faire pour identifier le mal au corps, au monde d'ici-bas, à l'amour terrestre, et le bien au monde divin, ou plutôt à une spiritualité déracinée du corps... alors que la clef de toute la tradition judéo-chrétienne est précisément l'Incarnation !

Les dégâts furent considérables, surtout lorsque la scolastique, après le schisme entre les Églises d'Orient et d'Occident, est venue rationaliser ce dualisme au point de considérer l'Homme comme un « animal raisonnable composé d'un corps et d'une âme », ainsi que je l'ai encore appris au catéchisme étant enfant. Oublié, l'Esprit, le *pneuma* des Pères de l'Église ! Oublié, ce Souffle reçu par l'Homme dans ses narines au septième jour de la Genèse, et qui donne vie, en notre être de chair et de sang, au Nom divin lui-même !

Je ne peux que vous accorder l'existence de cet état de fait qui, aujourd'hui encore en Occident, rend inextricablement confus tout ce qui concerne les relations entre corps et spiritualité, entre amour charnel et amour divin, etc. Mais, sans avoir aucunement l'intention de plaider pour une chapelle — plutôt pour l'Église avec un grand É — lorsque je me réfère à « la Tradition », j'entends celle des Pères du christianisme... et de son fondateur ! Et je pense qu'elle est transmise dans sa plus grande fidélité par le courant mystique des Églises d'Orient qui, pour l'essentiel, ignorent les dérives que nous dénonçons là.

Quant au mot « chair » que vous évoquiez, si l'on remonte aux origines bibliques, on est bien loin de la dépréciation dont il a fait ensuite l'objet. Il est assimilé par Augustin au « corps tombeau de l'âme »... alors que la chair, *Basar* en hébreu, exprime l'union la plus intime de l'Homme et de Dieu ! Lorsque, au deuxième chapitre de la Genèse, Dieu découvre, actualise le féminin intérieur d'Adam pour le lui présenter sous le nom d'Ishah, il est dit qu'il « scelle la chair dans la profondeur » d'Ishah. Rien à voir avec l'image ridicule d'une opération chirurgicale par laquelle, après avoir extrait la femme de la côte d'Adam, Dieu remettrait en place les chairs ! Ce qui est important, ici, c'est que ce mot « profondeur », en hébreu, est une forme construite du mot « mariage ». La chair est ce qui, scellé au plus profond de notre être, a pour finalité nos épousailles divines — et ce que, symboliquement, la femme voilée découvre au plus intime de ses épousailles. Au cœur de notre féminin intérieur, nous sommes marqués du sceau de l'alliance avec l'Époux divin.

Loin d'être en opposition à ces noces divines auxquelles nous sommes appelés, nos amours humaines en sont l'icône directe et donc aussi la voie de reconduction vers elles. Il est certain que l'état de « péché », état de coupure avec Dieu et d'inconscience totale de cette relation entre l'amour et sa beauté première et dernière, archétypielle, il est certain que cela stérilise la vocation de la chair. Et malheureusement le mot « chair » n'est plus employé par la suite qu'en opposition à l'Esprit, parce qu'elle est alors dévoyée de la verticalité de son cours, rabattue à l'horizontale et qu'elle va se répandre uniquement dans des investissements générateurs de souffrance — le premier vin des noces de Cana !

Ce « dévoiement » est conséquence de la Chute, mais n'en est pas l'objet.

*D'où viendrait alors cette association au péché ?*

Le péché, ou plutôt l' « erreur de visée », selon la traduction littérale du mot hébreu ainsi que du mot grec qui le désignent, consiste en ce que l'Homme saisisse le fruit de l'Arbre de la Connaissance par l'extérieur alors que, ontologiquement, il doit le devenir par la voie intérieure. Ce fruit est le « totalement accompli » de lui-même. Il est fait, nous dit le Livre de la Genèse, de tous les objets de *possession* et de *puissance* avec ceux de la *jouissance.*

Mais il est certain que la jouissance, qui fait participer de l'extase et nous relie à l'ineffable, concerne l'Homme dans son passionnel le plus sacré. Il est donc naturel que ce soit elle qui ait polarisé toute représentation du péché. La « sortie d'Éden » est littéralement « sortie du jardin de jouissance », lieu secret de l'intériorité de l'Homme et de sa rencontre avec Dieu.

L'Homme n'est plus qu'à l'extérieur de lui-même, en y cherchant compensation à ce qu'il ne découvre plus à l'intérieur de lui. Il est dans l'*avoir* au lieu de l'*être.* Face à cette aliénation, l' « Évangile », la « bonne nouvelle » du Christ est la rédemption, l'accomplissement de la chair... or, *Basorah*, le mot hébreu pour « bonne nouvelle », a précisément pour racine celle de *Basar*, la chair : l'Évangile annonce la délivrance de la chair !

*L'éros inscrit dans notre chair ne serait donc pas nié ni méprisé par le judéo-christianisme, comme on le croit souvent, mais au contraire considéré comme l'énergie première qui, au cœur de l'Homme, le conduit vers son dieu ? L'essence de la religion serait donc « érotique » ?*

Érotique, oui, si l'on garde bien en conscience cette transfiguration de l'*éros* en *agapé* dont nous parlions tout à l'heure, et si l'on n'oublie pas que cette transmutation ne détruit, ne réduit, n'annihile aucunement ces énergies érotiques qui nous habitent, mais au contraire les accomplit. Le désir est tellement constitutif de l'Homme qu'il se trouve inscrit dans son nom : les deux premières lettres d'Adam, *Aleph* et *Dalet*, forment le mot *Ed*, qui est la « vapeur », cette vapeur qui se dégage de la terre au Livre de la Genèse, et qui monte vers les Cieux. Cette vapeur qui est eau et feu, c'est la tension de la Création vers son Créateur, c'est l'humidité révélatrice des pulsions du désir des eaux d'en bas vers les eaux d'en haut... Elle est la manifestation première de l'*éros*. Dans son nom biblique, c'est-à-dire, pour les Hébreux, dans sa nature même, l'Homme est être de désir.

*Vous situez donc la tradition biblique aux antipodes du bouddhisme ?*

Nullement, car si le Bouddha dénonce le désir comme cause essentielle de toute souffrance, si son enseignement s'attache fondamentalement à éradiquer cette cause, c'est qu'effectivement le désir rend esclave l'homme inconscient. Il est la source de tous les maux, car il se polarise alors sur les objets du monde extérieur, qui deviennent pour lui des idoles dont la possession n'est jamais satisfaisante — cause inéluctable de déceptions — et dont la perte est privation, cause de douleur. L'enseignement du bouddhisme, à mon sens, comme celui de notre tradition, tend à casser ce cercle vicieux, pour nous ouvrir à une autre dimension. Pour le judéo-christianisme, une fois cette aliénation évacuée, nous découvrons que notre véritable désir est désir de Dieu. Ce qui ne veut pas dire que le désir charnel au sens commun du terme n'ait pas sa raison d'être ! au contraire, puisque, nous l'avons vu, il est comme une icône du désir d'union à Dieu.

Les termes de la Bible sont très clairs sur ce point : on y parle de montée de l'humide de l'Épouse vers l'Époux, mais aussi de la réponse de l'Époux à l'Épouse dans un fleuve de feu que certains exégètes n'hésitent pas à appeler fleuve du « sperme divin ». La perle, en ce domaine, est évidemment le Cantique des Cantiques.

*Mais que penser alors du célibat supposé du Christ?*

En tant qu'Homme, il est aussi homme de désir, mais son désir s'oriente naturellement et totalement vers le Père. Tel n'est pas notre cas, qui *devons* passer par l'expérience de l'*éros* charnel, nous investir en lui pour le transmuter peu à peu. Vouloir court-circuiter ces étapes nécessaires est peut-être possible — et je ne doute pas que ce soit le cas pour des êtres exceptionnels, ou pour certains moines par exemple — mais comporte, cela va de soi, des dangers réels et graves. À l'inverse, en demeurer toute sa vie à l'étape de la pulsion sexuelle pure, c'est oublier la maturation, non moins nécessaire, qui est le sens même de la vie de l'Homme.

Quelqu'un de mon âge qui en resterait à cette acception du désir passerait sûrement à côté de sa vocation d'être humain. Ce qui n'implique pas d'exclure ou d'occulter la dimension sexuelle du désir dès que l'on a passé les cinquante ans ! Mais ce qui demande d'intégrer cette dimension dans une perspective plus vaste, celle que tout homme, toute femme, est appelé à approcher, voire à réaliser avant de mourir.

*Au terme de ces quelques mots sur l'amour, je dois vous dire que je n'imaginais pas qu'une relecture des textes bibliques pouvait nous amener aussi loin de la vieille morale chrétienne...*

Mais *il n'y a pas* de morale chrétienne. Bien sûr, nous avons besoin de lois, d'interdits et de permis, comme *tout enfant* en a besoin, dans l'inconscience où il se trouve des causes et des effets, et du pourquoi des choses ; dans la première partie de la vie, nous avons besoin d'une autorité venue de l'extérieur.

Mais, comme l'enfant, nous ne pouvons demeurer éternellement dépendants de nos béquilles ! La morale organise au moins mal le monde de la Chute. Le christianisme en fait sortir ; il est une libération qui nous conduit au-delà des lois de la Chute vers la connaissance des lois de l'être.

Cette « bonne nouvelle », d'ailleurs, contrairement à ce que prétendent par ignorance beaucoup de chrétiens, est tout entière contenue dans l'Ancien Testament. Rappelez-vous, lorsque Moïse descend pour la première fois de la montagne du Sinaï où il a reçu les Tables de la Loi, il ne reconnaît pas son peuple dans celui qui rend un culte idolâtre au Veau d'Or. Alors Moïse *brise* les Tables qui avaient été gravées de la main même de Dieu, et il ne donne aux hommes que les Tables qu'ils méritent : un code de « commandements », qui signifie la première Loi et qui la voile en même temps, car cette loi ontologique reste inscrite dans la profondeur du texte.

Le Christ, lui, nous invite à passer du signifiant au signifié, des commandements à leur archétype. Il casse la coque du fruit pour nous offrir l'amande, symbole de lumière ! L'Évangile est donc le contraire d'un code moral... et particulièrement en ce qui concerne l'amour !

*« L'amour qui n'accepte pas la mort n'est pas l'amour », avez-vous écrit. Je conçois bien la pertinence d'une telle affirmation au regard de l'histoire du Christ... mais qu'en est-il par rapport à la vie quotidienne ?*

L'amour implique morts et résurrections continuelles. Il est un feu, mais contrairement à la combustion passionnelle destructrice dont nous parlions tout à l'heure, il est une combustion qui construit l'être, qui le hisse à des niveaux de qualité toujours supérieurs, pour qu'il puise en lui des énergies toujours plus profondes. L'extase de l'union charnelle est l'un des visages de ce feu qui nous fait « mourir », qui emporte tout ; elle est l'image sensible de ce que peut être l'union à cet « autre » qui habite en nos profondeurs, qui nous oblige à mourir à ce que nous étions dans nos idées, nos valeurs, nos espoirs, nos projets, parfois à accepter l'inacceptable, pour devenir Lui, ce Tout-Autre.

« Lui » est le Bien-Aimé du Cantique des Cantiques ; il est en vous, en moi ; et l'être féminin que nous sommes tous au-delà de nos différences biologiques, au-dedans de nous-mêmes, cet être féminin le cherche, croit le saisir, mais doit aller plus loin encore en lui-même, mourir à sa « noirceur » et ressusciter à une autre lumière, pour l'approcher...

Le couple humain participe de ce même mystère et l'amour oblige à mettre dans un même berceau morts et naissances jumelles ; et chacun, en allant vers l'autre, découvre un jour que dans ce souffle, il va vers le Bien-Aimé suprême.

Comprenez bien ce que je veux dire : la qualité de ce souffle n'a rien à voir avec la morale et ses interdits — il est un jaillissement des plus grandes profondeurs de l'être, dont la source est aussi la finalité de tout réel érotisme ; il puise ses parfums, ses saveurs, ses dons les plus exquis « à la source close, à la fontaine scellée du jardin secret » que chante le Cantique des Cantiques, et qui ne s'ouvre qu'à l'approche du Bien-Aimé !

> « Je suis noire mais belle
> filles de Jérusalem
> Je vous adjure par les gazelles et les biches des champs, ne réveillez pas, ah, ne réveillez pas l'amour avant qu'il le veuille [1] ! »
> « J'entre dans mon jardin, dit le Bien-Aimé, ma sœur, ma fiancée
> Je cueille ma myrrhe et mes aromates
> Je mange mon rayon avec mon miel
> Je bois mon vin avec mon lait
> Mangez, amis, buvez, enivrez-vous ô bien-aimés [2] ! »

1. Cantique des Cantiques, 3, 5.
2. *Idem*, 5, 1.

Comment dire mieux les grâces de l'amour ! Il est alors don total qui, loin de se disperser, unit et unifie ; il se partage sans s'amoindrir, sans se diviser.

> « Place-moi comme un sceau sur ton cœur, comme un seau sur ton bras car l'amour a force de tout transmuter !
> Ses feux sont flammes de Yah[1]... »

1. Cantique des Cantiques, 8, 6.

# V.

# Engendrer et s'engendrer

*Passons, si vous le voulez bien, de l'amour à son fruit : l'enfant. L'homme et la femme auxquels votre mariage a donné naissance sont aujourd'hui adultes. Quel rôle pouvez-vous encore avoir dans leur vie, maintenant que leur chemin s'est écarté du tronc familial ?*

*« Vos enfants ne sont pas vos enfants, dit le poète Khalil Gibran, ils sont les fils et les filles de l'appel de la Vie à elle-même... » Que deviennent alors les parents ?*

Nous avons parlé de ce que je ressens comme l'archétype de l'amour, le Shabbat : si le véritable amour consiste à assumer l'autre dans la présence, il implique aussi une respiration dans l'absence. « Se retirer » pour que l'autre, l'être aimé, puisse croître. Et c'est bien là le plus difficile ! Bien plus difficile que la mise au monde « extérieure » de l'enfant, et que son éducation, car ce second enfantement exige de renaître et de s'éduquer soi-même, de se mettre au clair avec l'ego, l'éternel ego qui voudrait sans cesse s'agripper, accaparer le « fruit de ses entrailles » !

Je crois que mon rôle, le rôle des parents à ce stade, est comparable au processus de l'homéopathie : c'est précisément lorsque la matière diluée à l'extrême tend à disparaître physiquement, lorsque ses traces s'effacent jusqu'à totalement s'évanouir, qu'elle transmet l'essentiel de son énergie. De même, l'amour parental doit un jour accepter de céder la place, de devenir « invisible », autre, pour accéder à une qualité plus subtile de relation. Plus subtile, mais tout aussi efficiente, car la relation *est* toujours, comme une transfusion sanguine qu'aucune distance ne saurait arrêter.

Personnellement, j'en suis à cette étape avec mes enfants... et je ne dis pas que cela soit facile ! Mais j'ai compris qu'au moment où l'enfant quitte le foyer, au moment où l'on pourrait croire qu'il n'y a plus rien à faire pour l'aider à tracer son chemin, alors au contraire tout ne fait que commencer ! Le travail de père et de mère s'exerce plus que jamais à ce moment-là *sur soi-même.* L'évolution intérieure des parents diffuse, au-delà de l'espace et du temps, une énergie subtile aux enfants devenus adultes.

*Et si un jour l'un de vos enfants, pour suivre sa voie, devait aller vivre à l'autre bout du monde ?...*

J'en souffrirais, bien sûr, et j'espère de tout cœur que cela me sera épargné ! Mais si un tel éloignement devait advenir, je crois qu'à travers et malgré ma peine je saurais trouver le moyen de renforcer la construction intérieure de mon enfant par la mienne. Ce serait alors à moi de jouer pour que perdure le lien de la transfusion. Et c'est possible, car l'être qui chemine vers son accomplissement aide les autres à s'accomplir, au-delà de toute action directe sur eux.

Si l'on peut parler des maladies d'un groupe, il existe aussi un accomplissement du groupe. Nos enfants nous apprennent le pur amour, celui qui coexiste avec non pas l'indifférence — c'est le contraire ! — mais le non-attachement.

*En quoi ces deux maternités vous ont-elles tranformée, en quoi ont-elles interféré avec votre cheminement spirituel ?*

Elles m'ont marquée à tel point qu'aujourd'hui je sais que je me suis enfantée moi-même au moment où j'enfantais, car j'ai vécu alors pleinement l'ouverture du cœur. Ma propre mère, victime de son éducation, était toujours restée l'intouchable « vierge-mère » trônant sur son piédestal. Il est difficile de s'imaginer de nos jours ce milieu social totalement fermé à l'épanchement du cœur, où l'on ne prenait pas les enfants sur les genoux, où on les regardait à peine ! Avoir les genoux vides, être incapable de les rendre accueillants et amoureux est la pire des choses qui puisse arriver à une femme. Dans ce monde, on ne « se relâchait » jamais... c'est-à-dire que l'on ne relâchait jamais le carcan d'une certaine « bonne tenue ». Heureusement, j'ai été protégée de cette calamité ! Heureusement, ma nounou était là pour compenser par sa tendresse cette absence, cette distance qui aurait pu me couper de toute relation au cœur et au corps.

Lorsque je fus mère à mon tour, j'ai naturellement exprimé un trop-plein de tendresse qui ne demandait qu'à se manifester sans barrière, et j'ai enfin pu vivre un rapport sain au toucher, au regard, à tout ce langage d'amour qui ne peut passer que par le corps. D'un coup, la maternité m'avait ancrée dans le ventre, m'avait amenée à plonger mes racines dans les entrailles. Elle me fut en cela thérapeutique, et même providentielle, car pour moi le chemin spirituel ne pouvait ni faire l'économie du corps ni contourner l'animalité de la maternité en son essence sacrée.

*Et aujourd'hui, qu'en est-il ? Avec le recul, n'arrive-t-il pas de se dire que l'on aurait mené l'éducation de ses enfants tout autrement, si seulement on avait pu avoir conscience de tout ce que la vie nous a fait découvrir depuis ?*

D'une certaine façon, on est toujours inconscient dans la première étape de la vie. Et ce n'est pas parce que j'ai eu mes deux enfants assez tardivement que j'échappe à la règle. La maternité — comme la paternité d'ailleurs — est en soi une nouveauté radicale. L'âge et l'expérience de la vie comptent peut-être pour peu de chose devant l'immensité de cet événement ; avec lui nous sommes transportés dans une dimension tellement inconnue de nous-mêmes !

Il est vrai qu'en jetant plus tard son regard en arrière, on est tenté de se juger soi-même et de s'exclamer : « Ah ! si seulement j'avais su ! Je n'aurais pas agi comme ci ou comme ça... » Je ne suis pas épargnée par cette tentation du regret et des reproches, mais je sais que la seule façon de ne pas s'enfermer dans une culpabilisation paralysante, épuisante, c'est de porter sa confiance en l'amour divin. Ou plutôt de se laisser porter par cette confiance, qui pallie nos manques, qui nous allège des pesanteurs du passé. L'Homme ne se suffit pas à lui-même : en prendre conscience, ce n'est pas s'abaisser et se sentir écrasé par le poids de nos imperfections, c'est au contraire découvrir que le divin qui nous habite nous transcende totalement, et se situe bien au-delà de ce que nous-mêmes considérons comme « bien » et comme « mal » dans notre vie.

J'irais même jusqu'à dire que cette conscience du divin transfigure nos expériences passées en leur donnant un sens. On dit souvent que le temps perdu ne se rattrape pas, sous-entendant par là que nous traînons avec nous les conséquences de nos fautes comme des boulets, sans rien pouvoir y changer. Eh bien, à mon avis, tant que l'on est suffisamment vivant pour être capable de découvrir un sens neuf à sa vie, même nos pires erreurs sont en attente de transfiguration.

*Croyez-vous vraiment que l'on peut transformer rétrospectivement ce qui appartient à un temps révolu ? L'éducation, puisqu'elle s'exerce sur un autre qui un jour devient autonome et s'éloigne, est justement l'activité humaine où, passé un stade, on ne peut plus revenir sur les conséquences de nos faits et gestes...*

Rien n'est jamais « révolu », tout en l'homme est toujours « ouvert ». Il est vrai que les handicaps de nos enfants révèlent souvent nos propres erreurs, qu'ils ont endossés en dehors même de notre volonté. Mais il est possible d'aller à l'encontre de cette hérédité, qui relève d'une « génétique » subtile. Pour cela, la seule voie est la transformation intérieure : que notre regard sur nos enfants nous amène à retourner un regard lucide sur nous-mêmes. Pour ma part, mes enfants ont été mes guides : même s'ils n'en ont pas eu conscience, ils ont été mes maîtres. Leurs souffrances et leurs joies, leurs échecs ou les signes de leur accomplissement me renvoient à moi-même, à mes propres carences et à mes propres richesses. Bref, leur vie révèle ma *responsabilité*, c'est-à-dire qu'elle pointe du doigt les réponses que je dois donner.

Je sais que seules ces réponses pourront « renverser la vapeur », inverser le cours habituel des choses humaines, qui veut que nous transmettions aux enfants nos pesanteurs intérieures. Faire exception à cette règle générale, tel est le sens de tout mon travail de mère, qui se continue aujourd'hui bien après l'éloignement de mes enfants.

Vous voyez, tout commence ! Chaque instant est en toute chose une aube nouvelle.

*Impossible de parler de l'essence de la maternité sans évoquer la figure de Marie, mère de Jésus. « La Sainte Vierge », l'appelle-t-on, en référence à la tradition qui voudrait qu'elle ait conçu « sans tache », « immaculée », sans s'adonner à l'œuvre de chair. Affirmer de telles invraisemblances au regard des lois élémentaires de la biologie, est-ce bien raisonnable ?*

Attention ! Ne confondez pas la Virginité de Marie, qui se trouve au cœur de la tradition chrétienne — toutes Églises confondues — avec le dogme de l'Immaculée Conception, décrété très tardivement par le pape en 1854, et qui, lui, affirme que Marie est *née sans péché.* Cette idée, admise uniquement par l'Église romaine et seulement depuis un siècle, était déjà niée comme hérétique par saint Bernard lui-même, car elle soustrait littéralement Marie de la famille humaine, alors que toute la tradition chrétienne voit au contraire en elle le symbole vivant de l'humanité face à son Père divin.

Maintenant, en parlant de « raisonnable » qu'entendez-vous ? S'il s'agit de la raison prisonnière de nos catégories mentales actuelles, inutile alors d'échanger comme nous le faisons sur l'expérience spirituelle ! S'il s'agit de la raison capable de s'élever dans toutes les octaves du Réel et de l'embrasser, nous pouvons parler, et c'est dans cette ouverture que je vais vous répondre : la Virginité de Marie, telle qu'elle est affirmée dans les textes évangéliques, appartient au souffle de cette ouverture. Elle heurte peut-être les esprits modernes car elle est effectivement inconcevable si l'on nie l'efficience du symbole en ce monde, si l'on sépare radicalement le « spirituel » du « matériel », comme on l'a fait depuis des siècles en Occident.

Mais la dimension biologique n'est qu'une des manifestations de l'ordre des principes divins, et en tant que telle, lui est soumise. L'expérience spirituelle fait éclater ces barrières que nous posons arbitrairement entre la Création et le Créateur, entre les phénomènes que nous appréhendons dans l'immédiat et tous ceux qui relèvent des différentes étapes du chemin vers Dieu. En réalité, il y a toujours respiration entre le Ciel et la Terre, entre ce que la Genèse appelle « les eaux d'en haut » et les « eaux d'en-bas ». Les symboles, ainsi, ne sont pas de simples « façons de parler », mais des ponts *réels* entre l'absolu et le relatif, des ponts *franchissables* par l'Homme, et maintes fois franchis par l'Esprit, effectivement capable de guérir, de ressusciter, de féconder.

Votre question concernant Marie nous conduit au cœur des mystères chrétiens. Comme nous l'avons dit, le nom d'Adam le désigne comme fondamentalement destiné à la maternité ; chacun de nous a pour vocation de se mettre au monde en tant que « fils », à partir du germe divin dont il est ensemencé. Cela est vrai pour chacun de nous, vrai aussi pour l'Adam total en lequel nous sommes tous UN. Le Christ est le Fils intérieur de l'Adam total. Il est et ne se nomme que « Fils de l'Homme », c'est-à-dire, en hébreu, « Fils de l'Adam ». Lorsqu'il parlera de Jean, par exemple, fils biologique d'Élisabeth et de Zacharie, Il le nommera « fils de la femme ». Jésus qui dit aussi être YHWH, « Je suis », est donc Fils intérieur du grand Adam. Son seul Père est Dieu comme, en chacun de nous, le seul Père du Fils divin que nous avons pour vocation de faire croître est Dieu. En ce sens, le seul Époux de l'Homme, féminin par rapport à Dieu, et ayant atteint à la totalité de lui-même, est Dieu. Marie est le seul être humain qui ait réalisé en elle l'Adam total, la seule qui ait donné naissance en elle et en l'Adam total au Fils.

Joseph est père adoptif ; il vit à côté de Marie et travaille le bois, c'est-à-dire symboliquement l'essence de l'être ; il assure la croissance de Jésus ; mais aussitôt celle-ci atteinte, il disparaît : les Évangiles ne parlent plus de lui ; il est le « vieil homme », analogue au « petit moi », à l'ego de chacun de nous, qui doit travailler sa terre intérieure et peu à peu s'effacer devant le « Je » divin que ce travail fait grandir.

Marie n'a que Dieu pour Époux ; elle est ensemencée de l'Esprit-Saint, archétype insondable de l'éros, qui procède du Père... Ayant assumé totalement sa maternité, atteint à la Ressemblance, Marie est épousée de Dieu.

*Si je vous suis bien, nous devons répondre à notre vocation de « mère »* avant *d'être « épouse »... ? En fait, nous sommes tous des Vierges-Mères !*

Tel est exactement le sens de cette loi ontologique : elle nous dit que, dans l'ordre des principes divins qui nous construisent, la maternité... précède le mariage ! Marie, *Miryam* en hébreu, porte en son nom ce secret : elle unit en elle le monde divin *Mi* au monde de la Création *Ma*, reconstituant les « eaux matricielles » *Mayim*, desquelles doit naître le Fils divin. Elle est la Vierge d'Israël que chante tout l'Ancien Testament : « Réjouis-toi, fille de Sion, car grand dans ton ventre est le Saint d'Israël ! » clame Isaïe. Et cette Vierge d'Israël omniprésente dans la Bible hébraïque est le symbole de la Création elle-même, dans sa vocation « matricielle », comme dit André Chouraqui : la Création qui doit mettre au monde son Créateur afin d'être unie à Lui, d'être « épousée » de Lui. La Vierge d'Israël, c'est l'Adam total et chacun de nous. Marie, comme je vous l'ai dit, est celle-là qui a tout accompli en elle, portant l'humanité à sa divinité, jusqu'à être épousée en Dieu.

*D'où le culte qui lui est rendu, et que beaucoup ont du mal à accepter, certains parlant même de « mariolâtrie ».*

Il y a idolâtrie dès lors que la puissance des symboles est occultée et oubliée. Le symbole reconduit à l'archétype, mais ne peut en aucun cas être confondu avec lui. L'homme déifié n'est pas Dieu : sa nature devient *participable* à la nature divine. Marie est épousée de Dieu mais n'est pas Dieu, il n'y a aucune confusion possible. Ce mariage est notre vocation profonde, à tous.

Prendre conscience, en relation avec Marie, que nous sommes « Vierges-Mères », c'est nous laisser féconder par l'Esprit qui vient continuellement nous solliciter, pour donner naissance à une autre dimension de nous-mêmes. Ou bien nous refusons — nous en avons la liberté — et alors nous devenons stériles : tel est notre choix inconscient pour la plupart, et toutes les femmes stériles de la Bible rendent compte de cette douloureuse réalité. Ou bien nous acceptons comme Marie, et devenons celui ou celle que nous ne savions pas être. Ce n'est pas pour rien que le thème de la Vierge-Mère est universel : il est le secret de l'Homme !

Si l'on transpose cette réalité-là, dont nous pouvons faire l'expérience dans notre chair, sur ce que nous dit l'Évangile, alors on comprend que Marie, dans son acceptation, s'est faite chair du monde, chair de l'Homme total. Si elle est célébrée comme Reine, c'est qu'ayant consenti à recevoir l'Esprit en elle, elle a su s'extraire de l'univers de la dualité : en enfantant le Fils, elle a enfanté d'une « autre elle-même », qui est plus qu'elle-même et en qui intérieur et extérieur ne font qu'un. Ce faisant, elle a actualisé la dimension potentielle de royauté que nous portons tous. Car de toute éternité, et aujourd'hui même à chaque instant, l'Époux divin attend l'humanité, sa « fiancée », pour la couronner. « Je te donnerai la couronne de vie » dit l'Apocalypse [1], et bien avant saint Jean, tous les prophètes de l'Ancienne Alliance.

1. Apocalypse, 2,10.

*Dire que l'humanité, qui est « fille » du Créateur que vous appelez le Père divin, est destinée à être « épousée » par ce Père, n'est-ce pas parler, excusez-moi... d'inceste ?*

C'est parler, en tout cas, d'un mariage Père-Fille qui appartient au niveau divin, et c'est peut-être précisément parce que nous avons cet archétype gravé au plus profond de notre inconscient que nous percevons l'union charnelle père-fille comme sacrilège. Si l'interdit de l'inceste relevait d'une loi morale, il fluctuerait dans le temps et dans l'espace. S'il n'en est rien, c'est, je crois, parce qu'il répond à une loi d'un niveau beaucoup plus profond, concernant notre nature intime : une loi ontologique selon laquelle tout autre mariage père-fille que celui qui fait de notre être, « vierge » devenue « fiancée » du Père, son Épouse, est une prostitution sacrilège.

Cette prostitution, cette transgression concernent d'ailleurs beaucoup plus de monde que ce que l'on croit : plus fréquents que les passages à l'acte physique sont les incestes psychiques auxquels s'adonne l'humanité, chaque fois qu'elle se comporte de manière infantile en se cherchant un époux-père.

Pendant longtemps, les hommes ont projeté l'image du Père sur des rois qui avaient reçu investiture sacrée d'en haut, afin qu'ils puissent supporter celle que les hommes transféraient sur eux d'en bas. Saül, premier roi d'Israël, est sacré par Dieu dans ce but. C'était là œuvre d'économie divine, de pédagogie en quelque sorte, envers un peuple qui ne voulait plus voir YHWH régner sur eux.

De nos jours, le transfert se porte sur des idoles médiatiques, qui n'ont certainement pas reçu l'onction d'en haut ! Et c'est le délire. Voilà la véritable transgression, voilà l'inceste majeur, au moins aussi grave dans ses conséquences que l'inceste charnel ! Voilà contre quoi s'insurge le « Dieu jaloux » de la Bible, qui n'est jaloux que parce qu'Il appelle sans cesse aux noces divines l'humanité son Épouse, qui le trahit continuellement. Pour s'extraire de son statut de « prostituée », l'Homme n'aurait pourtant qu'à puiser dans ses énergies pour les transfigurer : « la prostituée » et « la sainteté », en hébreu, sont le même mot ! Ce sont les mêmes énergies dont nous pouvons user, soit pour nous laisser « dévorer par Satan », et c'est la prostitution, soit pour les travailler dans le sens de la transfiguration, et c'est la sainteté.

*Et qu'en est-il de l'autre inceste, celui dont l'analyse est au point de départ du freudisme, celui de la mère et du fils ?*

Là encore, s'il est universellement proscrit, c'est à mon sens parce que partout et de tout temps les hommes ont une mémoire secrète leur enseignant que leur destin divin consiste à épouser leur « mère des profondeurs » : nous l'avons dit, la Genèse nous ordonne de faire œuvre mâle, c'est-à-dire de nous souvenir, de « retourner vers notre *Adamah* », la terre-mère d'où nous avons été tirés, cette mer d'énergies inconscientes qu'il nous faut *pénétrer* — et j'emploie à dessein ce mot qui évoque autant l'acte des épousailles que l'acte de connaissance. Toutes les sociétés humaines savent que cette exigence est la condition même de l'Homme, pour qu'il assume son humanité. Dès lors, l'accomplissement de l'acte charnel avec la « mère extérieure » est perçu comme la trahison sacrilège de l'Homme face à son destin divin.

*Voilà pourquoi le pauvre Œdipe termine si mal...*

Oh ! Il y aurait beaucoup à dire sur ce mythe ! Beaucoup plus, en tout cas, que ce qu'en dit le freudisme ! Comme dans tous les mythes de cette nature, chaque élément, le moindre mot a sa raison d'être. Il n'est pas indifférent, par exemple, que le nom d'Œdipe signifie « pied gonflé », que ce héros soit le fils de Laïos, le « gaucher », et le petit-fils de Labdacos, le « boiteux ». Comme Jacob devenu boiteux après l'épisode de « la lutte avec l'ange », l'Homme, pour accéder à l'unité intérieure, doit prendre conscience de sa boiterie, comprendre qu'il avait oublié son ombre féminine, son côté « gauche »... et l'épouser. Alors seulement peut-il rassembler ses énergies qui, sinon, lui échappent, s'épanchant symboliquement par le pied.

Vous le voyez, tout dans le mythe est signifiant, et si j'ai suggéré quelques éléments d'intelligence du mythe d'Œdipe dans *Le Symbolisme du corps humain*, ce ne sont là que des prémices. Ce qui me semble important, c'est que, contrairement à ce que vous disiez et à l'image que l'on s'en fait habituellement, Œdipe ne « termine pas mal », car son mariage symbolise précisément l'union avec la « mère des profondeurs ». Rappelez-vous : sa ville, Thèbes, est frappée de stérilité jusqu'au moment où Tirésias — le devin aveugle au monde extérieur, mais dont l'œil intérieur est ouvert — lui apprend qu'il est le meurtrier de son père. La découverte de l'auteur du crime avait été définie par un oracle comme la condition de la guérison de la ville. Tirésias intervient ici comme la mémoire d'Œdipe, et ce n'est qu'après s'être souvenu, par son intermédiaire, du Père, qu'Œdipe peut totalement épouser la Mère, la *vraie* Mère : son propre féminin intérieur.

La cité dont les femmes et la nature redeviennent fertiles est le symbole de ces épousailles accomplies. Et si Œdipe se rend lui-même aveugle après sa découverte, au-delà d'un acte d'autopunition, c'est parce qu'il devient voyant des profondeurs, qu'il assume sa descente aux enfers dans la nuit la plus dense. Guidé alors par Antigone — dont le nom signifie : « avant la naissance » —, il va pénétrer à Colonos — « lieu élevé » —, et là accéder à la connaissance des « éveils intérieurs » qui le reconduisent vers un état d'« avant la Chute ». Je ne peux entrer ici dans les détails, mais si ce récit peut être l'illustration de nos désirs inconscients inassouvis, il est avant tout l'image de notre destinée profonde, des étapes du chemin intérieur accompli. Chacun peut y lire une information selon le niveau de conscience où il se situe.

*Le meurtre du Père semble étonnamment absent des textes bibliques, qui sont pourtant criblés de crimes en tout genre.*

*Fratricides, vols, viols, incestes y sont monnaie courante... mais de parricide, point!*

*On connaît pourtant l'importance de ce crime majeur et « fondateur » dans* toutes *les mythologies. Freud, vous le savez, fut très impressionné par ce vide total, irréfutable et scandaleux à ses yeux, puisque le parricide touche aux fondements mêmes de la psychanalyse. Il essaya de nier l'évidence dans un livre tardif,* Moïse et le monothéisme, *qui reprenait l'hypothèse émise par un critique biblique de l'époque, selon laquelle Moïse, Égyptien, aurait été tué par les Hébreux au cours de l'épisode du Veau d'Or. Mais l'hypothèse de ce parricide caché fut vite caduque, et reconnue comme telle par les successeurs de Freud, Jacques Lacan y compris.*

*De quoi cette absence est-elle pour vous significative?*

Je vous répondrai qu'à mon sens, la Bible n'est que le récit d'un parricide! Il y est *omniprésent* à partir du moment où Adam — c'est-à-dire l'humanité — s'est retranché du Père dans le mythe de la Chute. Adam a voulu en quelque sorte être dieu à la place de Dieu, au lieu d'attendre de le *devenir*. Il a voulu toucher au fruit avant d'être devenu ce fruit de l'Arbre de la Connaissance grâce à la pédagogie divine à laquelle le destinait le Père, pédagogie qui l'aurait hissé, construit jusqu'à Sa ressemblance. Ce faisant, l'Homme désire « être comme un dieu », selon la promesse du serpent. Il désire posséder, accaparer la Connaissance, au lieu de devenir, par métamorphoses, par morts et résurrections successives, connaissant, c'est-à-dire un.

Tel est bien ce dévoiement du désir dont nous avons parlé. Tel est bien le parricide suprême. Et ce meurtre, s'il n'est pas nommé parce que justement il est le crime majeur et innommable, revient en filigrane dans tous les textes bibliques. Ceux-ci, par exemple, ne cessent de demander protection pour « la veuve et l'orphelin », et il faut évidemment voir là plus qu'une revendication morale ou sociale. Après la Chute, l'Homme, « fiancée » de Dieu, est devenu « veuve »; fils du Père, il est devenu « orphelin ». C'est le fils d'une veuve que le roi Salomon va chercher pour bâtir le Temple ; c'est le fils de la veuve de Tsarphatah qu'Élie ressuscite ; c'est encore le fils de la veuve de Naïm que ressuscite le Christ... et Naïm signifie : « Ce qui est précieux » ! Partout cette mort du père détermine celle du fils. Pourquoi ? Parce que le Fils — le divin qui nous habite — ne peut vivre si nous restons coupés du Père. Vous le voyez, le parricide n'est jamais signifié ouvertement dans la Bible parce que justement il est au centre, il est le nœud fondamental du mythe de la Chute, donc de toute la suite du récit... que nous vivons tous les jours !

*Puisque vous avez parlé d'enfants qui meurent, évoquons un problème qui concerne peut-être plus les gens dans leur quotidien que mes questions sur l'inceste et le parricide — quoique j'aie bien noté que vous m'y avez répondu au-delà du jargon conceptuel de la psychanalyse, et d'une façon qui touche la vie.*

*Dans le problème de l'avortement, la question est précisément de savoir si l'on doit parler d' « enfants qui meurent »...*

À mon sens, il est clair que dès les premières semaines, il s'agit là d'un meurtre. Honnêtement, spirituellement, je ne peux pas vous répondre autrement. Cela étant dit, chacun gère ces situations comme il le peut, et nous n'avons pas à juger, ni a fortiori à condamner qui que ce soit. La vie est tellement lourde, tellement tragique pour certains êtres que l'avortement, lorsque tout s'écroule autour de soi et que l'on ne dispose d'aucun soutien, est parfois compréhensible. Jamais je n'irais dire à une femme — ou, pire, lui faire comprendre insidieusement par un langage moraliste — qu'elle a commis un meurtre ! Mais il n'en reste pas moins qu'*en soi* elle l'a commis !

La nuance est très délicate, mais très importante, entre cet *en soi* qui touche à l'absolu, et qui nous dit que la vie divine est présente en l'Homme dès la conception, et d'autre part la réalité humaine, qui, elle, nous montre deux choses : la première est l'existence de situations exceptionnelles de détresse ; la seconde est que la vie du fœtus change de nature suivant les étapes de son développement.

*Ce processus d'ontogénèse est l'objet de toutes les controverses. Comment, pour votre part, l'interprétez-vous ?*

Ce qui me semble important, c'est que sur le plan somatique, le fœtus est achevé dans ses structures essentielles au bout de six mois. Tout est alors « en place », le travail anatomo-physiologique est accompli, l'enfant — j'allais dire : l'enfant-animal — est construit. Avec les techniques dont nous disposons aujourd'hui, s'il vient à naître, il est viable.

À mon sens, c'est à cette étape que commence à s'épanouir la vie du moi liée à celle du Je Divin, en un mot : de la personne. La marque du divin, l'Image qui le fonde, libère à cette étape une nouvelle programmation et vient informer la totalité de son être dans le sens de son identité profonde. Les trois derniers mois mûrissent le plus subtil de l'enfant, ce que j'appellerai sa « puissance Yod » — *Yod* étant la première lettre du Nom divin imprononçable *Yod-Hé-Waw-Hé*. Cette lettre a pour valeur 10 : l'enfant, de la fin du sixième mois au début du dixième — sa naissance —, opère son passage du 6 au 10, symbole de la destinée divine de l'Homme, de l'Homme « capable de Dieu », comme disaient les Pères.

Le passage du 6 au 7, nous l'avons déjà vu à propos des Noces de Cana, est crucial. Il réitère le passage du *sixième* jour au septième jour de la Genèse par lequel l'Homme, jusque-là seulement « créé » à l'image de Dieu, reçoit en lui le Souffle divin pour accomplir l'Image. Il en est de même de la grande gestation de l'Homme-Adam dans la matrice cosmique que nous partageons tous. Le Christ a inauguré le sixième mois de cette gestation. Nous sommes actuellement bouleversés dans toutes nos structures pour passer au septième...

C'est également au *sixième* mois de l'année que l'ange de l'Annonciation apparaît à Marie. Plus tard, lorsqu'elle vient rendre visite à sa cousine Élisabeth, celle-ci porte en son sein le futur Jean-Baptiste depuis... *six* mois. Et l'Évangile nous dit que l'enfant « tressaille » alors dans le ventre d'Élisabeth : il reconnaît YHWH le Christ, le *Yod*, dont le germe vit en Marie.

Pourquoi voulez-vous que les Écritures nous donnent ces détails de date ? Il y a dans les traditions juive et chrétienne une connaissance concernant les étapes de la vie, et ce saut du sixième au septième mois en est une, essentielle.

*Malgré vos convictions, vous ne vous associez donc pas à ceux qui crient au génocide ?*

La banalisation de l'interruption volontaire de grossesse est un très grave danger, il faut en être conscient ; mais qui est en droit de légiférer sur ce sujet dans un sens ou dans un autre ? La décision demeure une question de responsabilité personnelle, et donc de degré de maturité personnelle. Tant que la plupart des êtres demeurent dans l'inconscience, dans l'inculte quant au divin qui habite l'Homme, au nom de quoi voulez-vous les convaincre de quoi que ce soit, et comment voulez-vous qu'ils puissent se fonder sur quelque critère que ce soit ? D'ailleurs, dans cet état d'inconscience, qui est plus ou moins le nôtre à tous, c'est *tous les jours* que nous sommes meurtriers ! Ceux qui crient au génocide ici sont-ils les premiers à lutter de toutes leurs forces pour que le crime — la guerre — disparaisse de la planète ? Pas toujours, et ceux qui emploient ce mot sont parfois les mêmes qui réclament le retour de la peine de mort... Parfois, ils tuent eux-mêmes par la langue ! Car la morale tue, en laissant les êtres stagner dans l'ignorance, et en défigurant le visage de Dieu. Vraiment, la parabole de la paille et de la poutre est toujours d'actualité !

Cela dit, je suis certaine que lorsqu'on entre dans la foi, c'est-à-dire avant tout dans la conscience de notre être total, on ne se sent plus le droit d'interrompre ainsi la vie.

*Même en situation difficile ?*

Même en situation difficile, car la vraie foi dissout toute peur. Mais comment en parler ?... La foi est folie au regard même du croyant ! Car croire est une attitude intellectuelle. La foi, elle, engage sur ce chemin dont nous parlions tout à l'heure, où tout est possible, ouvert, infiniment ! Pour celui qui ne vit pas cette folie, c'est-à-dire cette conscience du devenir divin de l'Homme et de ce à quoi elle engage, qu'est l'Homme ? Un être pris dans le labyrinthe sans issue des valeurs que j'appelle celles de la Chute, valeurs normalisées par le consensus d'un collectif encore inconscient, qui a « tué le Père » ! Ces valeurs ne génèrent en fin de compte que meurtres et souffrances !

À la limite, pourquoi enfanter dans ce monde fou dont la folie, celle-là, est tragique ? Et quels sont à ce niveau les critères valables qui interdiraient de supprimer la vie ? Une sorte de loi instinctive ? Une morale humaine ? Mais où puise-t-elle sa source, si ce n'est dans cette part sacrée de l'être qui n'a justement rien à voir avec la morale et qui se situe, comme je vous l'ai dit, en amont de la Chute !

Alors pourquoi ne pas rejoindre directement cet espace-là ? C'est beaucoup plus simple ! Mais, je vous l'accorde, très difficile.

# VI.

## Souffrir et croître

*J'ai l'impression qu'en ce qui vous concerne, les épreuves que vous avez pu vivre n'ont fait que renforcer votre foi. Mais avez-vous conscience que pour la plupart des êtres il en est autrement : la souffrance est l'obstacle primordial qui au contraire les éloigne de Dieu ? Elle pose des questions radicales et insolubles en face desquelles les réponses de type religieux apparaissent vite comme fabriquées, artificielles.*

*Dans notre univers occidental aseptisé, où les malades mentaux sont enfermés, où les malades du corps le sont aussi en quelque sorte, où les handicapés et les vieillards sont isolés et presque cachés, nous n'avons que très peu d'occasions, dans une vie, de nous confronter au mur de la* vraie *souffrance, celle qui nous dépossède de nous-mêmes. Aussi pouvons-nous faire semblant d'oublier ces questions essentielles. Mais il suffit que la maladie, l'accident, le malheur tombent soudain sur nous ou sur nos proches pour que tout s'écroule. Alors nous ne comprenons plus rien...*

Je crois en effet qu'il n'y a rien à « comprendre »... Ou plutôt, il n'y aurait à comprendre qu'après une période où tout naturellement explose la colère, s'exprime la rébellion contre ce que nous concevons comme une injustice. Après cette période vient le temps de faire taire les idées, le mental, les pensées qui qualifient les événements de « bons » et de « mauvais ». Le mental veut toujours s'interposer entre l'événement et son sens profond, son sens « incompréhensible » ; il doit un jour accepter de s'effacer, de se taire ; ce n'est que dans cette béance que surgit une autre intelligence. Une intelligence comparable à celle de l'enfant qui se laisse imprégner, pénétrer, transformer par les événements, et qui s'ouvre chaque jour à une autre dimension de la vie à laquelle le mental non exercé n'a pu encore faire barrage. « Si vous ne devenez comme ces petits enfants, vous n'entrerez pas dans le Royaume », a dit le Christ.

*Qu'en est-il de votre expérience ?*

J'ai vécu plusieurs fois, comme tout un chacun à différents degrés, ce sentiment d'absurde et d'injustice qui est la réaction première à la souffrance. Je ne parle pas de souffrances physiques paroxystiques, car j'ai eu la chance, Dieu merci, d'être dotée d'une bonne santé. Mais intérieurement, l'expérience que j'ai vécue toute petite fut une vraie et profonde souffrance : sevrage brutal, précipitation dans l'inconnu, départ du père, absence de tendresse parentale, dénuement matériel total — je garderai toujours en moi l'image des huissiers venant s'emparer de tous nos meubles, à l'exception d'une table, autour de laquelle aucun repas ne nous réunissait plus. Pourquoi n'étais-je pas comme les autres petites filles ? Pourquoi n'avais-je pas le droit, moi aussi, d'avoir un père, une sécurité... ? Tant de questions tourbillonnaient dans ma tête, et ces cris de souffrance résonnèrent dans beaucoup d'épisodes de ma vie ; ils restent dominés, comme recouverts, par le mugissement sauvage des enfers.

Mais ces souffrances, lorsqu'on les intègre, se révèlent toujours thérapeutiques. En ce qui me concerne, par exemple, elles ont toujours aiguisé en moi l'exigence des profondeurs que j'avais perçues, face auxquelles la vie me paraissait coque de noix vide flottant sur la vraie réalité des choses ; elles m'ont appris à comprendre et à aimer autrement. Mes difficultés d'enfance m'avaient amenée à vouloir à tout prix « être capable », « m'en sortir », « assumer », et puis aller vers ce qui me semblait avoir du poids. Une telle

# GRANDE NEUVAINE
# DE L'IMMACULÉE CONCEPTION

bénie et encouragée par S. S. LE PAPE

30 novembre – 8 décembre **2005**

1) Chaque jour **une dizaine de Chapelet**, suivie de 3 fois l'invocation: « O Marie conçue sans péché, priez pour nous qui avons recours à Vous. »
2) **Une Communion** le jour du 8 décembre ou entre le 30 nov. et le 8 déc. – **Confession** recommandée.

## PRIÈRE

O Vierge Immaculée, Mère de Dieu et notre Mère, nous sommes à vous et vous reconnaissons pour notre Reine, car le Seigneur accomplit pour vous et par vous des merveilles de grâces et de sainteté.

Dans le Saint Sacrement nous adorons le véritable Corps du Christ né de vous. Attirez-nous toujours davantage vers Jésus Hostie, notre unique Pain de vie. Qu'il soit notre Lumière et notre Force, au milieu des épreuves.

En cette année de changement de Pontificat, avec votre divin Fils, soyez louée et remerciée pour l'œuvre admirable accomplie par Jean-Paul II et pour l'élection de son successeur Benoît XVI. Que l'Esprit Saint l'éclaire dans la conduite de l'Eglise et de ses frères en Dieu.

Rendez-nous dociles à ses enseignements et faites de nous de vrais Chrétiens et des apôtres de la nouvelle Evangélisation dont le monde a tant besoin.

Amen.

Imprimatur du Vicaire Episcopal de Paris, 11 mai 2005

**Chapelet des Enfants**

75007 Paris, 5, rue de l'Université, C.C.P. Paris 14.036.42 D

Notre-Dame de l'Eucharistie, avec fleurs de Louis de Beaumont

Statue Prouvost – Tourcoing

Saint-Paul Imprimeur, Bar-le-Duc

tension me conduisit tout droit à l'orgueil catastrophique de ceux qui se sont construits eux-mêmes, qui se croient forts et en sont fiers. Il m'a fallu beaucoup d'échecs et beaucoup d'autres souffrances pour qu'enfin j'accepte mes handicaps, au lieu de m'acharner à surdévelopper mes capacités ; pour que j'accepte de m'assumer avec mes faiblesses et mes impuissances, au lieu d'assumer le monde entier !

Croître dans ce processus d'intégration de la souffrance et des obstacles, telle est la seule voie pour éviter que les barrières extérieures ne nous enferment intérieurement, que les adversités auxquelles on se confronte dans la vie n'aliènent notre vie intérieure. Évidemment, cela suppose de se heurter à une difficulté supplémentaire : le jugement des autres, qui ont tôt fait de prendre pour compromission et faiblesse ce qui n'est qu'acceptation de la vie en son entier. École d'*humilité*, qui nous oblige à revenir à notre *humus* pour s'y enraciner, à notre *humide* pour toucher du doigt nos zones les plus profondes. Mais être ainsi « terrien » jusqu'au bout est le seul chemin pour s'approcher du céleste... de ce que j'avais aussi perçu dans l'enfance.

*Pour vous, il n'est donc pas question de considérer la souffrance comme un sacrifice salvateur ? Je vous avoue que cela me rassure, car j'ai toujours trouvé une certaine morbidité dans la façon qu'avaient la plupart des chrétiens de parler de ces sujets. Le temps n'est pas loin où l'on demandait encore aux miséreux et aux malades d'« offrir leur souffrance à Dieu »...*

L'expression est regrettable ; elle laisse supposer que Dieu aime la souffrance. Sans vouloir être chauvine vis-à-vis de l'orthodoxie, je crois pouvoir assurer qu'un tel langage n'existe pas dans le christianisme traditionnel, où l'accent est toujours mis sur le retournement ultime qui est la voie de l'Homme ; où la Crucifixion elle-même n'est que le préalable à la Résurrection.

La souffrance et la maladie n'ont *aucune* vertu positive intrinsèque. Elles ne peuvent donc être offertes en sacrifice !

D'autant plus que le Dieu de la Bible est précisément celui qui dit : « Je hais vos sacrifices » — mais sur cela nous pourrons revenir. L'état d'esprit doloriste que vous évoquez sous-entend en quelque sorte que le mal est un bien, ce qui est évidemment absurde, et c'est une des raisons pour lesquelles beaucoup d'êtres souffrants s'éloignent du christianisme. Éloignement justifié, car de tels discours sont à des années-lumière de l'expérience que chacun peut faire : quand on souffre, on souffre, un point c'est tout ! Et on souffre comme une bête dans un premier temps, on est mis à terre, on expire. Comment va se faire l'inspir suivant ? Voilà ce que je voulais exprimer en parlant d'intégration de la souffrance : elle est l'*ennemie* quand elle s'abat sur nous et nous écrase, mais elle peut devenir l'*amie* si l'on se met à l'écoute de son langage. Ce que nous appelons « le Mal » n'est pas pour autant devenu « le Bien », mais l'on comprend alors qu'il peut lui aussi se révéler porteur de sens, que tout peut être reconsidéré dans un processus transformateur, à partir du moment où l'Homme décide de se mettre en marche vers son accomplissement intérieur.

La question n'est pas de passer trop de temps dans l'introspection, dans la recherche exclusivement mentale de ce sens — ce qui pourrait conduire à une culpabilisation stérile, à une impasse. Il s'agit plutôt de s'abandonner en Dieu à la finalité du processus. Alors on découvre au milieu de nos ténèbres un chemin, *notre* chemin ; il part du noyau de l'être, du germe divin qui nous habite ; on découvre que ce germe est organisateur, porteur d'une puissance syntropique — pour reprendre un terme employé par les physiciens, qui désigne l'inverse de l'entropie, de la loi de la dégradation progressive de tout équilibre et de toute chose. Et ce germe englobe tout, intègre toutes les expériences de la vie, y compris les plus négatives, pour nous conduire à un ordre créateur, pour faire de nous les co-créateurs de nous-mêmes. C'est cela « faire le sacré », étymologie du mot « sacrifice ». Celui-ci a perdu son sens. Mais si, à partir de la souffrance, nous construisons le sacré, c'est le chemin de la lumière.

*Pourtant, si l'on prend l'exemple de la maladie, par exemple, elle est bien l'ennemie qu'il est naturel de combattre...*

Attention ! Tout ce que je dis là n'exclut nullement de rechercher et d'employer tous les moyens qui sont à notre disposition pour apporter un mieux-être à celui qui souffre ! Loin de moi l'idée d'un tel fatalisme ! Même si la maladie n'est que l'expression d'un trouble beaucoup plus profond d'ordre psychique ou spirituel, ce serait nier la réalité du corps que de ne pas apporter de soins à ce niveau immédiat. Si je n'en étais pas persuadée, je n'aurais pas été infirmière pendant quinze ans !

Mais cette expérience m'a aussi confrontée aux interrogations des malades, qui demandent à être soignés, bien sûr, mais qui sont porteurs d'autres interrogations, sur le *sens* de la maladie, auxquelles la médecine occidentale ne répond pas. Elle est pour cela trop enfermée dans un esprit dualiste : il y a l'homme, et il y a tel élément extérieur — le microbe, le cancer, l'accident, le dysfonctionnement hormonal... — qui lui est étranger et qui est alors ressenti *comme son ennemi*. Il ne s'agit pas de l'éliminer mais de l'intégrer et de savoir aussi que le corps s'est exprimé et qu'il a indiqué, par la nature de la maladie et par le lieu du corps atteint, une piste pour rechercher la cause profonde du mal ; et que celle-ci relève non d'un ennemi extérieur, mais de l'homme qui s'est fait ennemi de lui-même. Ne pas avoir ce regard intérieur sur la maladie, c'est prendre le risque de guérir l'organe en éliminant le problème fondamental, qui se manifestera alors autrement par la suite. Car la maladie est très souvent le résultat d'une violation des lois ontologiques qui président à la vocation de l'Homme et à la programmation de son corps, et que nous ignorons hélas trop souvent !

*Si nous les violons sans les connaître, comment en serions-nous responsables ? N'est-ce pas la question que posent les malades lorsqu'ils s'exclament : « Qu'ai-je fait au bon Dieu pour que cela m'arrive ? »*

« Nul n'est censé ignorer la loi », dit-on des choses de ce monde ; il en est de même de celle qui le régit dans ses autres niveaux de réalité. Nous sommes précisément responsables de ne pas les connaître, ces lois auxquelles nous donnent accès nos textes sacrés, et responsables collectivement des effets de cette méconnaissance, c'est-à-dire du déséquilibre tragique du monde dans toutes ses manifestations. Nous sommes les *auteurs* de ce déséquilibre, et avons à nous interroger sur notre chemin personnel, comme sur le chemin de l'Homme dans sa totalité, dont nous sommes partie intégrante, quelles que soient nos vertus individuelles !

Mais, encore une fois, responsabilité n'est pas culpabilité : l'une est tournée vers notre devenir, l'autre vers le poids du passé. Le Dieu qui punit l'Homme par la souffrance et par la mort, qui lui fait supporter le poids du « péché » du premier homme ou quelque autre tare congénitale, ce Dieu-là *n'existe pas !* Par contre, c'est parce que, aujourd'hui, libre de choisir, l'Homme refuse de devenir Dieu, refuse de répondre à sa vocation ultime, qu'il supporte les manifestations de l'« enfer » qu'il crée chaque jour. Être Homme, c'est être « capable de Dieu » ; repousser cette potentialité, c'est donner naissance à l'inhumain.

*Permettez-moi d'insister : il y a des cas où l'être souffrant* ne peut pas *comprendre ce qui lui arrive, et toutes les médecines et toutes les sagesses du monde ne peuvent apaiser sa rébellion contre l'injustice.*

C'est vrai qu'il est des situations où la profondeur de la souffrance dépasse de beaucoup la hauteur de toutes les sagesses humaines. Aussi, pour avoir alors l'intuition d'une « réponse », il faut entrer dans une dimension supérieure à ces sagesses. Tel est le sens de cet admirable récit qu'est le Livre de Job, l'un des plus forts de toute la Bible. Voyez comme le sort de cet homme est injuste ! C'était un homme de bien, « un homme intègre et craignant Dieu », qui

« apportait secours à l'orphelin et remplissait de joie le cœur de la veuve ». La fortune lui avait certes souri, mais il s'était fait lui-même, comme on dit, sans jamais porter tort à ses proches, sans avoir à se reprocher d'avoir construit son bonheur sur le dos des autres. Il avait donc toute raison d'avoir bonne conscience, et, comblé de biens et de bienfaits, il avait aussi toute raison de louer son Seigneur. Ce qu'il faisait d'ailleurs, en homme pieux. Et puis un jour, catastrophe, tout s'écroule ! Il perd tout ! Enfants, biens, fortune, et comme si cela ne suffisait pas, sur cet homme seul et ruiné s'abat « un ulcère malin depuis la plante des pieds jusqu'au sommet de la tête » ! Avouez qu'il n'y a pas plus injuste, et que l'on comprend Job lorsqu'il regrette de « n'avoir pas expiré en sortant des entrailles maternelles » !

*J'admets qu'il est étonnant de voir une religion se confronter aussi crûment au mystère de l'absurde...*

L'histoire du « Juste souffrant » est très antérieure au texte biblique et bien des traditions se sont émues de ce problème que Job illustre d'une façon si poignante.

Or, le nom de Job, *Iyov*, signifie « inimitié » en hébreu. Qu'est-ce à dire ? Qu'il va être l'enjeu de l'inimitié entre YHWH et Satan, l'adversaire...

*... et que nous serions donc le théâtre, ou pour mieux dire les otages du combat entre un dieu du Bien et un dieu du Mal ?*

Votre question nous laisse encore prisonniers des catégories dualistes Bien-Mal !

Comme dans les arts martiaux des Orientaux, l'adversaire n'est pas l'ennemi. Il est une résistance qui nous oblige à accéder à une autre dimension de nous-mêmes, que nous ne connaissions pas. Il nous retarde, il fait barrage, il nous empêche d'atteindre trop tôt ce que nous ne saurions assumer, tant que nous n'avons pas conquis notre véritable nature. L'adversaire ne peut pas être confondu avec l'image simpliste du diable qui a présidé pendant des siècles au moralisme prétendument chrétien. Dieu se fait parfois adversaire pour nous, adversaire ontologique qui a un rôle, et un rôle essentiel, mais que vient dérober le Malin, l'ange déchu. D'ailleurs, le mythe de Job est incompréhensible sans référence à celui de la Chute, où c'est Dieu lui-même qui dit au serpent-Satan : « Je place une *inimitié* entre toi et Ishah, entre ta semence et sa semence. » Évidemment, il ne s'agit pas là de porter une malédiction, mais de révéler, par le langage du mythe, l'inimitié qui va engager un combat entre YHWH et l'adversaire devenu ennemi ; et cela se joue au cœur de l'inconscient humain, appelé par ce combat à devenir conscient.

*Il ne s'agit pas non plus, j'espère, d'insinuer que la femme est plus soumise que l'homme aux forces diaboliques, comme l'Église l'a laissé entendre pendant longtemps...*

Bien sûr que non. Souvenons-nous qu'Ishah est la dimension « féminine » de l'Homme, son potentiel d'énergies inconscientes, ses ténèbres intérieures qui ne sont que de la lumière inaccomplie, et qui ne pourront jaillir comme telles que si précisément l'Homme se confronte à l'obstacle. Celui-ci lui est donc salutaire. Si nous revenons maintenant au récit de Job, le dialogue préliminaire entre YHWH et Satan est très significatif à cet égard : « Est-ce d'une manière désintéressée que Job craint Élohim ? demande Satan. Étends ta main, touche à ce qui lui appartient, et je suis sûr qu'il te maudit en face. » La Bible nous dit par là que, quelles que soient ses raisons d'être, la bonne conscience n'est pas de la conscience. Job, comblé de toutes parts, est à la charnière, au seuil du passage entre l'*avoir* et l'*être*. Tel est le sens, le sens non théorique, non plaqué sur la vie, le sens profond et mystérieux que nous pouvons découvrir lorsque les épreuves nous assaillent : elles sont barrières, et en même temps escalier pour passer de l'avoir à l'être, puis pour intégrer tous les niveaux de l'être, pour habiter en totalité les espaces de la conscience.

*Pour le cas de ce pauvre Job, comme pour celui de tant d'hommes et de femmes sur lesquels le malheur s'abat sans raison, avouez que la nécessité d'un passage aussi cruel est bien difficile à admettre.*

Mais croyez-vous que Job l'admette ? Il se rebelle lui aussi ! Ou du moins il interpelle son Seigneur sans ménagement : « As-tu des yeux de chair ? lui demande-t-il, vois-tu comme voient les hommes ? » N'est-ce pas ce que nous crions, nous aussi, lorsque le malheur nous semble tellement injuste que nous en venons à trouver inutile, absurde, à la limite cruelle toute idée de transcendance ? « Si Dieu existe, pourquoi permet-il ça ? » Et nous n'acceptons aucune consolation, aucune justification, de même que Job invective ses amis qui s'épuisent à élaborer toutes sortes de logiques pour rendre compte du mystère de son malheur. Chacun de ces amis, en fait, représente un aspect de Job, une naissance à une dimension plus haute de lui-même, une étape dans son travail de quête du sens. Mais, il rejette leurs arguments les uns après les autres car aucun ne le satisfait. « Montrez-moi en quoi j'ai failli... je suis innocent dans cette affaire ! » s'exclame-t-il. Et encore : « Vous êtes des gens habiles, et avec vous mourra la sagesse, car vous n'êtes que des charlatans... Vous êtes des médecins du néant ! Vous êtes d'affligeants consolateurs... »

*Il aurait pu ajouter : « Vous êtes l'opium du peuple », ou « Vous êtes les tristes représentants d'une philosophie de la résignation »... ce à quoi les religions instituées ont souvent réduit la foi !*

C'est un peu ce qu'il insinue lorsqu'il s'écrie : « Comme tu t'y entends à conseiller l'ignorant pour qu'il fasse montre d'une abondante sagesse ! » Mais arrive alors le quatrième ami, qui a pour nom Éliahou, Élie en français, ce qui n'est pas un hasard, car après les trois dimensions exposées auparavant, qui toutes restaient prisonnières de la morale et de raisonnements en termes de punition, celui-là entre dans la dimension prophétique. Éliahou ne cherche pas à comprendre, à conceptualiser « le Bien » et « le Mal ». Il trouve le sens, et il ne trouve pas le sens, car il est investi par l'expérience d'un au-delà qui se situe hors de tout langage.

*Il invente avant la lettre ce qu'on a appelé la théologie négative ?*

Sa démarche est effectivement « apophatique » c'est-à-dire que sa réponse est au-delà de toute conceptualisation, elle n'est pas discours mais *expérience.* Expérience de l'Esprit qui l'habite, qui *nous* habite : « L'Esprit qui est en mon sein me suffoque, mon sein est comme un vin bouché, comme une outre pleine prête à éclater. » Cette folie — car une telle habitation, qui est le lot du prophète mais dans laquelle nous sommes *tous* invités à entrer, est pure folie aux yeux des hommes —, cette folie est Sagesse divine, sagesse sans discours philosophique ni théologique, sans même aucune logique humaine. C'est pourquoi Éliahou ne parle pas, il chante, et puis il se tait. Il se retire, tel Jean-Baptiste « le Précurseur » qui dira, en parlant du Messie : « Il faut qu'il croisse et que moi je diminue. » Alors, et alors seulement, « du sein de la tempête » YHWH répond à Job. Et celui-ci pourra dire : « J'avais entendu parler de toi, mais maintenant mon œil te voit. »

Nous avons raison de ne pas nous satisfaire des mille et un discours qui prétendraient élucider le mystère du Mal dans un « ouï-dire sur Dieu ». Mais il nous faut savoir entrer dans la vision, c'est-à-dire dans l'expérience de Dieu, dans cette folie de l'Esprit « qui est dans notre sein ». C'est très important : Il n'est pas « là-haut », suspendu dans les nuées célestes, Il est en nous, Il peut devenir nôtre, ici et maintenant. Il faut savoir entrer dans cette dimension indicible, pour se taire et contempler.

Le récit de Job ne se termine pas là, puisque c'est seulement à ce moment que Job entame, « sous la conduite de YHWH », l'expérience d'une descente dans « les profondeurs de l'abîme... les racines de la terre... les sources de la mer », afin de devenir son Nom. En parlant de ce début du livre biblique, peut-être le plus proche de l'Homme en sa vulnérabilité, je voulais vous dire que la Bible est le contraire d'un recueil de réponses toutes faites aux questions posées par la souffrance.

*J'avais déjà remarqué que Jésus ne donne jamais aucune explication à la souffrance et à la maladie, mais qu'il se contente, si j'ose dire, de remettre les péchés et de guérir.*

Cela est très clair dans le passage de l'Évangile de Jean sur l'aveugle-né. On demande au Christ : « Qui a péché pour qu'il soit né aveugle ? Lui, ou ses parents ? » La question implique la recherche d'une cause, d'une faute dans le passé : pour les juifs d'alors, la faute des parents retombe sur les enfants jusqu'à la quatrième génération...

*... et pour les réincarnationnistes d'aujourd'hui, nos souffrances actuelles s'expliquent par nos propres fautes commises dans des vies antérieures...*

Il y aurait beaucoup à dire sur cette notion de *karma*, souvent mal comprise par les Occidentaux ! Toujours est-il que nous avons tous nos théories pour expliquer qu'un homme soit né aveugle. Et toutes se réfèrent au passé. Or, le Christ, sans rien affirmer, sans rien nier, ne donne aucun poids à *ce qui a été.* En répondant : « Ni lui ni ses parents n'ont péché, mais c'est pour qu'en lui se manifestent les œuvres de Dieu », il ne donne importance qu'au seul but dans lequel peut se transformer tout ce qui a été, il ne donne de poids qu'à l'Instant. Il ajoute : « Tant qu'il fait jour, il nous faut travailler aux œuvres de Celui qui m'a envoyé »... et il passe à l'acte !

*Il est d'autres cas, que j'ai toujours trouvés remarquables, où Jésus demande à celui qu'il va guérir ce qu'il veut... comme s'il ne le savait pas ! Lorsque l'aveugle Bartimée crie vers lui dans la foule, et qu'il se fait rabrouer par les disciples, Jésus le fait appeler, et commence par l'interroger : « Que veux-tu que je fasse pour toi ? » alors qu'il l'a parfaitement entendu le supplier de le guérir ! Même scénario pour le cul-de-jatte qui, sur son chariot, ne pouvait entrer à temps dans la piscine « miraculeuse » lorsque tous les autres s'y jetaient : il doit lui aussi « expliquer son cas ». Jésus n'a-t-il pas là une attitude typique de psychothérapeute ?*

Nommer le mal, c'est déjà donner la résonance extérieure d'une souffrance intérieure. L'homme sait qu'il est aveugle, sans connaître son handicap intérieur. Le simple fait de proférer son mal le fait accéder à une autre conscience. Le thérapeute renvoie toujours à l'essentiel : l'univers des causes profondes. Mais il y a dans l'attitude du Christ beaucoup plus qu'une pratique psychosomatique : au-delà du *soma* et de la *psyché*, il opère sur le *noûs*, l'Esprit, qui nous rend participants au monde d'en haut.

C'est d'ailleurs pourquoi Jésus remet très souvent les « péchés » — c'est-à-dire l'attitude intérieure qui n'est pas juste — avant de guérir le corps, en précisant d'ailleurs certaines fois que cette première « guérison » est d'une autre nature, beaucoup plus exigeante, que la seconde. Qu'est-ce que le péché ? Le mot, j'en conviens, est chargé d'un moralisme désuet. Mais cela ne doit pas nous empêcher d'écouter et de réécouter car, je crois que nous en avons déjà parlé, ce qu'il signifie à l'origine est une déviation, un dérapage, une « erreur de visée », non par rapport aux normes sociales — là n'est pas le propos de l'Évangile — mais par rapport à l'ontologie de l'Homme, à sa nature profonde.

*La rémission des péchés, le pardon sont aussi des mots très lourds, à connotation de bonne conscience, de morale, parfois de laxisme... En quoi le pauvre bougre aveugle ou paralytique a-t-il besoin d'être pardonné ? Pour lui aussi, la question se pose : qu'avait-il fait au bon Dieu ?*

Le pardon des Évangiles n'est pas celui qu'accorde magnanimement un Dieu offensé mettant un frein à sa colère, selon l'image simpliste qui avait cours autrefois. Il est une *libération* de soi. Nous *nous* offensons, nous *nous* enfermons, nous *nous* blessons nous-mêmes en empêchant notre « dieu intérieur » d'advenir. Un potentiel fantastique en nous demeure bloqué, sclérosé, inhibé. Le Christ se manifeste alors comme le libérateur qui vient faire exploser par la grâce nos carcans. Car on n'offense pas Dieu. Infini, Il est inoffensable. Dans les Évangiles, l'épisode du Fils prodigue l'exprime admirablement. Ce fils a quitté la maison paternelle en emportant la totalité de son héritage qu'il a follement dépensé ; il ne lui reste plus rien ; il a faim, froid et connaît le désespoir de la solitude ; il se souvient alors de son père et décide de revenir vers lui. Croyez-vous que celui-ci l'attende comme un offensé attendrait que l'offenseur vienne s'abîmer à ses pieds et implorer son pardon ? Nullement. D'aussi loin qu'il aperçoive son malheureux enfant, le père s'attendrit, se précipite vers lui et l'embrasse ; il le fait revêtir de la plus belle robe, ordonne qu'on lui mette un anneau au doigt, des souliers aux pieds, et que l'on prépare le festin de la plus grande liesse car « mon fils était mort et il est revenu à la vie, il était perdu, et le voilà retrouvé[1] ! »

Quelle exultation ! Tel est le sens du pardon divin : non pas le moment d'indulgence d'un Dieu despotique, mais la joie de la guérison de notre pathologie intérieure. Il est alors naturel que cette guérison essentielle amène celle du corps.

*Que dites-vous de la traduction d'André Chouraqui, qui au lieu du verbe « guérir » emploie « matricier », et au lieu de « miséricordieux », « matriciel » ?*

Elle a le mérite de mettre en lumière ce rapport naturel dont je parlais entre le pardon divin, au sens d'une libération fondamentale de l'être, et l'acte de guérir. Le pardon nous reconduit à la « matrice » de notre personne profonde, pour renaître : *Raḥam*, en hébreu, faire miséricorde, a même

1. Luc 15, 11-24.

racine que *Reḥem*, la cavité utérine, les entrailles, le lieu du don gratuit et de l'engendrement.

*« Ta foi t'a sauvé », dit Jésus à ceux qu'il a guéris. Mais si c'est la foi qui sauve, que dire de tous les « aveugles et paralytiques » de ce monde qui, habités d'une foi brûlante, ne guérissent pas ? Et que dire des guérisons miraculeuses qui s'abattent parfois sur des incroyants endurcis ?*

Tout d'abord, il faut exclure du plan où nous nous plaçons cette notion de croyance. Beaucoup d'incroyants sont plus justes — non seulement sur le plan éthique, mais aussi sur le plan spirituel — que d'autres qui se disent croyants. L'étiquette mentale est bien peu de chose par rapport à la réalité vécue par l'être ! Certains rebelles de l'esprit, qui ont tué en eux ce Dieu mort dont parle Nietzsche, ont plus accès à leurs propres profondeurs que ceux qui se complaisent dans une morne somnolence religieuse. L'horreur, le péché au sens premier, c'est l'homme satisfait qui abandonne toute exigence...

*Mais même si l'on place la barre au niveau essentiel où vous la mettez, la vie vous donne quotidiennement des exemples de dissociation entre la santé du corps et le degré d'évolution des êtres. Nous ne vivons pas dans un monde où tous les saints seraient en bonne santé, et où les incultes du cœur seraient tous malades...*

La seule réponse à ce mystère est la responsabilité collective que j'ai évoquée. L'« intérieur » dont je parle est aussi, que nous le voulions ou non, et même si cette logique nous paraît difficilement accessible, un intérieur collectif : c'est toute l'humanité qui est malade de ne pas répondre à sa vocation.

*Revenons-en aux guérisons de Jésus. N'a-t-il pas dit de ses envoyés, au moment même où il leur demandait d'apporter la bonne nouvelle à toute la création : « En mon nom, ils jetteront dehors les démons... ils imposeront les mains aux invalides, et ceux-ci iront bien » ? Il donnait là les signes qui devraient accompagner ceux qui ont la vraie foi. L'Église, si elle voulait répondre pleinement à sa mission, ne pourrait contourner cette injonction de* guérir. *Or, elle s'est au contraire spécialisée dans le « Salut » des hommes, laissant leur santé aux bons soins des médecins et des psychothérapeutes. Pourtant santé et salut sont le même mot en grec, et il suffit de relire les Évangiles pour voir que la grande préoccupation du Christ — comme de Bouddha, d'ailleurs — est la double souffrance des hommes : celle qui provient de leur aliénation* et *celle qui habite leur corps.*

Vous avez tout à fait raison ! Cet oubli de l'exigence du Christ, que vous rappelez, est très significatif d'une dissociation grave entre le corps et l'âme ; quant à l'Esprit, il est tragiquement écarté, en Occident du moins. Et c'est peut-être là que gît la pire aliénation car, sans la force de l'Esprit, l'Homme ne peut évoluer ni atteindre aux dimensions dans lesquelles il pourrait guérir. Il œuvre dans le cadre d'une « bonne morale » ; il y prépare une « bonne mort » mais ne vit pas. Sa prison devient alors vite tombeau ; elle n'est aucunement matrice de transformation.

Il y a peu de temps encore, les théologiens occidentaux étaient indignés lorsqu'on osait parler de « déification » comme fin de l'Homme. Or ce sont ces transmutations de l'âme animale en âme spirituelle jusqu'à la déification, qui d'une part transfigurent l'être, dans son corps même, et qui d'autre part lui donnent puissance sur les forces cosmiques. C'est alors que l'Homme accompli peut dominer les démons, commander aux animaux sauvages, guérir les malades, etc. L'Histoire de l'humanité est riche de tels êtres qui ont réalisé ces choses, mais ce ne sont pas ceux-là dont on parle !

Au niveau bien peu évolué de l'humanité que nous vivons encore, l'Église a beaucoup fait pour les soins des malades, c'est elle qui est à l'origine des hôpitaux — mais en oubliant peu à peu la maladie de l'âme qui se cache derrière celle du corps ! L'onction aux malades n'intervient plus guère en Occident que dans « l'extrême-onction » !

Il faut toutefois reconnaître que les choses changent aujourd'hui. Si le prêtre redevient parfois thaumaturge, on pourrait espérer que le médecin retrouve une dimension sacerdotale et que tout être priant la revête ! La relation entre le Ciel et la Terre, entre le monde d'en haut qui vit en réalité en nous, et le monde d'ici-bas le plus quotidien, est notre lot à tous. Et si la vraie foi doit se voir *aussi* selon ces « signes », vous mesurez l'exigence !

*... et le danger : car il est bien difficile alors d'éviter de tomber dans la magie ou le pseudo-chamanisme.*

Effectivement, le discernement est très difficile entre la foi, qui implique un engagement et donc un travail intérieur dans la puissance de l'Esprit, et des pratiques qui voudraient prendre puissance sur le monde physique sans se fonder sur la quête spirituelle. Je ne me permettrais pas de critiquer le chamanisme, que je ne connais pas, mais il est certain que l'Occident ayant oublié depuis longtemps les mille relations entre le corps et la nature, dans lesquelles nos ancêtres se mouvaient avec aisance, il convient d'observer la plus grande prudence en ces domaines. Mais être prudent n'est pas nier...

L'important, en tout état de cause, est le pardon, cette libération qui nous donne l'énergie d'effacer le temps. Le plus grand miracle, c'est, par exemple, le « Moi non plus, je ne te condamne pas. Va, ne pèche plus », qu'offre le Christ à la femme adultère. Lumineuse abolition des pesanteurs du passé !

*Ce pardon du Christ s'adresse-t-il à tous ? Et dans ce cas, efface-t-il du même coup notre responsabilité ? N'est-il pas dit que nous serons tenus comme responsables de nos actes ? Excusez-moi de revenir toujours sur cette question de responsabilité, mais le problème « de la pluie qui tombe sur les justes et du soleil qui brille sur les méchants » me semble essentiel... et énigmatique.*

Le pardon du Christ s'adresse à tous, c'est-à-dire qu'à tout instant tout est encore possible pour n'importe quel homme. Mais dans la tradition chrétienne, la vie humaine est un temps unique qui nous est imparti, et qui engage notre responsabilité.

La responsabilité est, étymologiquement, « la chose épousée » ou encore « la chose qui a du poids » — il y a là un jeu de mots dans les racines latines du français comme en hébreu. Cela signifie que nous avons à chaque instant à *répondre* (même étymologie !) de ce qui, en nous, ayant du *poids,* doit être *épousé.* Cette « chose » est notre Ishah intérieure, lourde de l'Image divine.

Nous avons la responsabilité de cette immensité potentielle qui nous habite, des énergies qui constituent cette matrice intérieure, et qui doivent construire l'Enfant divin dans les neuf mois de gestation essentielle qu'est le temps de notre vie.

Nous sommes responsables de notre inconscient, de ses erreurs, de leurs conséquences et des « prises de conscience » qu'elles nous permettent et qui conduisent au pardon ! « Garde ta *Adamah,* cultive-la[1] » dit Dieu à Adam. Cela explique aussi que « la pluie tombe sur les justes et que le soleil brille sur les méchants » car « Dieu désire les mutations des hommes de miséricorde[2] ».

Autrement dit, l'homme de miséricorde, juste devant la Loi, n'a pas commencé pour autant d'épouser son Ishah ; c'est pourquoi il voit se dresser devant lui les événements objectivant ses tares inconscientes afin qu'il les voie, qu'il les nomme et qu'il en retourne les énergies en lumière.

Mais l'homme qui n'a pas le désir de Dieu n'est pas inquiété ! Il est très net dans la Genèse que, lorsque « l'Adam n'est encore rien pour cultiver la terre » parce qu'il y a un manque d'eau, ce n'est pas d'en haut que l'eau vient pour commencer le travail mais des profondeurs de l'Adam. Et

1. Gen. 2, 15.
2. Ps. 115, 16.

cette eau d'en bas jaillissant vers les eaux d'en haut, vers Dieu, c'est le désir que l'Homme a de Dieu ; ce désir au-delà de tout désir, fondateur de l'être avec le Nom divin, est le mot *Ed* dont nous avons déjà parlé et qui constitue le nom d'Adam. À l'homme qui ne fait pas jaillir l'eau de son désir, Dieu ne répond pas. Mais à l'Adam de la Genèse, il répond !

*Et si je vous demande quelle sera la rétribution de cette responsabilité que nous portons tous ? Allez-vous me parler de l'Enfer et du Paradis ?*

Il ne s'agit pas là de *rétribution*, il n'y aura pas de jugement juridique tel que l'Occident chrétien le représente encore trop souvent.

Je crois qu'on ne peut parler de jugement qu'en termes de vérification : l'Image est-elle devenue ou non ressemblante au Modèle ? Nous serons vérifiés par le Modèle.

Celui qui est devenu feu entre dans le feu sans être brûlé. Celui qui est devenu le Saint-Nom YHWH entre dans les épousailles, dans l'Alliance qui est Feu ! Celui qui ne l'est pas devenu souffre comme de brûlures. C'est tout au moins en ces termes que le Christ décrit les souffrances *post-mortem* du « mauvais riche » qui, durant sa vie, avait refusé d'un cœur dur l'aumône au « pauvre Lazare »[1].

Le temps de la vie en ce monde nous est donné, affirme la Tradition, pour tendre au maximum vers notre finalité : la Ressemblance à Dieu ; entrer dès maintenant dans le souffle de ce chemin est important, car cette respiration-là continue de se vivre au-delà du souffle physique ; mais si nous restons non seulement dans le conditionnement de Chute, dans l'« esclavage » qui est le nôtre hors de toute loi et de toute miséricorde, alors on peut penser que le « jugement » sera dur.

*Êtes-vous en train de nous promettre l'Enfer de Dante ?*

Attention ! Les description d'antan de l'Enfer sont à lire à plusieurs niveaux : à un premier degré, elles sont simplistes

1. Luc 16, 19-31.

et périmées, comme reflets de cette conception juridique du « jugement » que j'évoquais ; au niveau symbolique, elles nous parlent souvent de nos enfers intérieurs.

L'Enfer de Dante, par exemple, je crois que nous sommes tous appelés à y descendre. Notre vie même consiste à y descendre consciemment pour remonter à la lumière, à « mourir » pour renaître à notre véritable nature. Lorsque Job est assailli par le malheur et qu'il se refuse à toutes justifications-consolations, il entre dès ici-bas dans ses enfers intérieurs. Telle est notre vocation à tous, que nous soyons « gâtés par le destin » ou non. « J'espérais la lumière, et les ténèbres sont venues... ma peau noircit et tombe, mes os brûlent et se dessèchent. » Quiconque cherche Dieu, ou se cherche lui-même hors de l'ego — ce qui, au fond, qu'on le sache ou non, se rejoint —, passe par cette mort intérieure, cet embrasement de l'être qui fait que l'on change de peau, c'est-à-dire de conscience.

Ce que semble nous signifier la Bible, c'est que celui qui ne vit pas ces enfers-là dans *cette* vie les vivra après le passage de la mort physique, et peut-être dans des conditions plus difficiles... car le corps paraît être le sanctuaire privilégié de ce Grand Œuvre.

*Vous savez bien, pourtant, qu'il nous est rarement proposé de choisir entre le crime et la vie, et que les mille décisions que nous prenons dans notre existence touchent souvent des questions où il est difficile de discerner, de trancher entre le Bien et le Mal...*

Mais *il n'y a pas* de Bien et de Mal en soi !

*Écoutez, j'ai bien compris ce que vous m'avez exprimé sur l'absence d'une « morale » chrétienne, sur la dimension supérieure à laquelle nous appelle le Christ, mais la tradition biblique est tout de même marquée par le discernement entre ces deux pôles ! Que faites-vous de l'Arbre de la*

*Connaissance du Bien et du Mal, planté par Dieu lui-même dans le jardin d'Éden ?*

L'expression que vous employez, et qui est celle que l'on nous a transmise depuis des siècles, résulte d'un grave contresens. Comment voulez-vous qu'un Mal ayant une réelle consistance ontologique fasse partie intégrante de la Création ?

*C'est bien ce qui fait problème à nombre de nos contemporains ! Dans l'ambiance de mépris pour « ce monde », qui régnait encore dans les milieux chrétiens il y a quelques générations, la question ne se posait pas, encore que l'idée que l'on se faisait du « bon Dieu » était difficilement conciliable avec le fait qu'il ait permis l'existence d'un monde à ce point imparfait. Mais en tout état de cause, c'était Adam qui était le coupable de cette « Chute » de la Création, Adam avec Ève comme complice, et même instigatrice. Aujourd'hui, où l'Homme s'est heureusement réhabilité à ses propres yeux, il ne reste plus qu'un seul présumé coupable : ce Créateur... et s'il n'est pas « bon », il n'existe pas ! La Genèse, par ce fait, est un mythe qui ne fonctionne plus, et qui paraît désuet à beaucoup, face aux philosophies non dualistes de l'Orient, par exemple face au taoïsme.*

Il est vrai que parler d'un « Arbre de la Connaissance du Bien et du Mal » revient à faire du Mal une entité autonome, qui plus est, créée par Dieu lui-même ! On comprend que les lecteurs de la Bible ne s'y retrouvent pas ! En réalité, tout cela repose sur des traductions insuffisantes, et sur celle-ci en particulier dont j'ai eu l'occasion de vous parler à propos du symbolisme des deux côtés du corps. L'expression *Tov Wa Ra* signifie bien autre chose que cette dichotomie entre un Bien et un Mal érigés en absolus. *Tov*, c'est le mot que nous rencontrons dès le début de la Genèse et qui qualifie au jour UN, jour divin, la lumière. Il vient ponctuer ensuite chaque jour, au moment où « Dieu voit que cela est bon », comme on le traduit habituellement. Mais traduire *Tov* par « bon », c'est donner conséquemment au Mal une réalité ontologique, tomber dans une contradiction dont on ne peut plus se débarrasser, et fonder une logique binaire qui a donné naissance à notre morale dualiste. C'est pourquoi, dans *Alliance de Feu*[1], je traduis l'expression qui vient ponctuer au jour UN la séparation des Ténèbres et de la Lumière par : « Élohim voit la lumière parce que accomplie. » Je ne vais pas entrer ici dans les détails de cette traduction au plus près du sens littéral, mais elle a le mérite de montrer que tout se joue ici dans une dialectique entre la lumière et les ténèbres ; une dialectique, ou plutôt un dialogue dans lequel les ténèbres ne sont pas le *contraire* de la lumière : elles sont le « non encore lumière », la lumière en tant que non encore accomplie. Rien à voir avec le Mal ! Les deux réalités sont les deux termes d'une même dynamique. En profondeur, elles ne sont qu'une.

*Si je comprends bien, cette traduction en termes d' « accompli » et de « non encore accompli » bouleverse non seulement notre compréhension du Mal, mais aussi celle que nous nous faisons du Bien divin... et du « bon » Dieu.*

Bien sûr, car nous l'entendons habituellement comme une perfection atteinte, immuable. Or, la stabilité, c'est la mort ! Il faut donc changer de perspective, et comprendre qu'en Dieu coexistent, au-delà de notre logique occidentale, et l'immobilité absolue et l'absolu mouvement. Vous aviez raison d'évoquer le taoïsme il y a un instant, car cette dimension de la réalité, non contradictoire mais antinomique pour notre rationalité, est bien connue des Chinois. J'essaie aujourd'hui d'en rendre compte par ma traduction, mais n'oublions pas qu'elle est au cœur même du texte biblique, par exemple dans la vision du Char divin que décrit Ézéchiel : les Quatre Vivants, accompagnant les quatre roues du char, « vont de leurs quatre côtés *et ne se tournent point dans leur marche* ». On retrouve ici la symbolique

1. Cf. *Alliance de Feu*, tome I, p. 111.

orientale, où le point central de la roue, parfaitement immobile, est l'unique source du mouvement.

*Il conviendrait donc, d'après vous, d'entendre « accompli » et « inaccompli », ou « non encore accompli », chaque fois que nous lisons dans les traductions courantes « bien » et « mal » ?*

C'est la seule façon de s'extraire du moralisme étouffant et infantile dans lequel s'est enfermé le christianisme occidental. Et tout concourt à cette interprétation non dualiste. Prenez, par exemple, la première lettre du mot *Tov*. Originellement, son dessin est celui d'un serpent qui se mord la queue. Cette boucle, bien connue du symbolisme sous le nom d'Ouroboros, représente l'accomplissement, auquel on fait référence lorsqu'on dit, dans le langage courant, que « la boucle est bouclée ». C'est pourquoi le mot *Tov* qualifie la lumière au jour UN de la création, et la lumière seulement, non les ténèbres. Prenez maintenant les deux lettres du mot *Ra*, que l'on traduit ordinairement par « mal » : la première, *Resh*, signifie « le principe », et la deuxième, *Ayin*, veut dire « la source ». Le « Mal » n'est autre que « le principe de notre source » ! Il est clair qu'il s'agit, non pas d'une obscure puissance maléfique, mais de ce potentiel lumineux qui nous habite, dont le noyau est divin, et qui reste inexprimé, non accompli dans un premier temps.

Si nous nous penchons maintenant sur le deuxième jour de la Genèse, c'est le seul jour où il ne soit pas dit que « Dieu vit que cela était bon », selon les traductions courantes. Cette absence corrobore elle aussi une compréhension du texte en termes d'accompli-inaccompli : quelle est en effet la caractéristique de ce jour — qui fait partie, inutile de le préciser, non du temps historique mais de celui du mythe qui est d'une actualité permanente ? Il est celui de la séparation des eaux : d'une part, les eaux d'en haut, littéralement les « eaux au-dessus de l'étendue », c'est-à-dire le monde divin, l'Incréé, d'autre part les eaux d'en bas, littéralement les « eaux en dessous de l'étendue », c'est-à-dire le Créé. L'eau symbolise l'inconnu, ce que l'on ne peut pas saisir, voire les ténèbres.

L'Incréé est non seulement inconnu, mais inconnaissable, innommable... Les eaux d'en haut sont les grandes Ténèbres divines. Les eaux d'en bas sont le Créé en tant qu'il n'est encore que ténèbres. Dans notre intériorité ce sont « les cieux » qui sont à l'intérieur de nous et dont le nom hébreu *Shamaïm* est construit sur *Maïm*, les eaux, et sur *Shem*, le Saint-Nom qui les habite. Ce sont les eaux de notre inconscient, qui recouvrent l'Image divine, noyau de tout être; il s'agit de ce même potentiel que nous venons d'appeler *Ra* en tant qu'inaccompli et dont nous avons vu qu'il était la *Adamah* dans sa fonction de terre-mère des profondeurs de l'Adam, et *Ishah*, dans celle d'épouse.

Par la puissance du *Shem*, les eaux sont appelées à devenir du sec, ce qui fera l'objet de l'œuvre divine du troisième jour de la Genèse. En d'autres termes : les ténèbres sont appelées à devenir lumière ; l'inconscient, de la conscience. Mais en ce deuxième jour dont nous parlons les eaux d'en bas ne sont encore que ténèbres ; elles ne peuvent être qualifiées de *Tov*. Il y a donc silence divin sur le mystère de ces eaux ; sur le mystère, mais non sur un mal qu'elles cacheraient !

Je ne crains pas d'affirmer que cette traduction change radicalement toute notre perspective dans l'interprétation de la Bible. D'ailleurs, persister à traduire *Ra* par Mal, c'est se condamner à appeler parfois l'Esprit d'Élohim « l'Esprit du Mal » dans certains textes bibliques !

En effet, il s'agit de l'Esprit de Dieu œuvrant pour nous faire descendre dans notre « inaccompli » pour le nommer, et pour le transmuter par là même en lumière. Ainsi en est-il, par exemple, lorsque Saül est conduit par Dieu dans ses enfers [1].

Après la découverte capitale de ce que signifie l'inconscient, après l'effondrement des préjugés moralistes des générations précédentes, il est grand temps de reconsidérer tout l'enseignement biblique sur ce point.

1. I Sam. 16, 15-16.

*En vous écoutant me revient en mémoire l'expression employée dans les célèbres* Dialogues avec l'Ange *publiés par Gitta Mallasz, sauf erreur peu de temps après la première édition de votre* Symbolisme du corps humain. *Dans cette transcription des paroles transmises par un « Messager » à trois femmes hongroises durant la dernière guerre — transcription qui me semble non suspecte de falsification, quelle que soit l'idée que l'on puisse se faire de l' « événement » dont elle rend compte —, on retrouve maintes fois l'expression « Arbre de la Connaissance de la Lumière et du Pas-encore-lumière ».*

Ça a été en effet pour moi une confirmation très réconfortante, qui m'a d'ailleurs portée à rencontrer Gitta Mallasz et à m'entretenir longuement de tout cela avec elle.

*Une chose me gêne toutefois dans ce que vous dites de l'Arbre de la Connaissance biblique : vous traduisez différemment la deuxième partie de l'expression — « du Bien et du Mal » — mais laissez la première intacte : « Arbre de la Connaissance ». Or, la Connaissance n'est-elle pas la vocation de l'Homme, la voie d'éveil et d'élévation de l'humanité depuis les origines ? Comment se fait-il que le simple geste de cueillir les fruits de son Arbre provoque la « Chute » de l'Homme ? Il n'y avait pourtant rien de plus légitime ! Le mythe d'Adam et Ève chassés du jardin d'Éden à cause de cette transgression ne participe-t-il pas de cet esprit d'humiliation de l'Homme qui imprègne le christianisme depuis tant de siècles ?*

Voilà encore une belle confusion, bien réelle et bien néfaste comme vous le dites, dont il sera difficile de se débarrasser. L'Homme est évidemment un être de connaissance, dont la tâche primordiale est d'élargir et d'approfondir sa conscience. D'approfondir d'abord, car la Connaissance est celle qui nous apprend l'être que nous sommes en profondeur, celle qui nous hisse à des niveaux de conscience supérieurs, où nous faisons l'expérience d'un élargissement et d'une libération infinis. L'élévation, ici, rejoint la pénétration de notre nature intime.

Or, la science profane, celle que nous appelons science tout court tellement elle a imprégné nos mentalités occidentales, se contente d'élargir sans cesse le champ du savoir « objectif », du savoir qui fait abstraction du sujet. La Connaissance véritable, elle, implique totalement le connaissant : en un mot, elle est *amour.* En hébreu, on emploie le même mot pour l'acte de connaître et pour l'acte d'amour de l'homme et de la femme...

Pour répondre à votre question concernant « l'interdiction » faite à Adam, c'est précisément cette identité entre Connaissance et amour qui explique que l'Homme ne peut manger du fruit de l'Arbre... tant qu'il ne l'est pas *devenu.* Il est placé au jardin d'Éden pour opérer une « remontée vers Dieu », pour faire mûrir en lui le germe divin, et devenir le fruit. L'Arbre est le symbole de cette ascension, qui implique une maturation. Le jardin est une matrice, dans laquelle l'Homme doit s'enfanter lui-même. L'interdiction que l'on nous rapporte, comme si elle procédait d'un autoritarisme divin, d'une jalousie de Dieu quant à ses prérogatives, de sa volonté d'enfermer l'Homme dans son inculture, est un pur contresens. Dieu ne fait que prévenir l'Homme de la loi fondamentale de sa destinée, à savoir qu'il devra devenir intérieurement « Connaissance » avant de manger les fruits extérieurs de la connaissance. L'Homme transgresse cette loi parce qu'il veut conquérir puissance et sécurité, jouissance et possession, immédiatement et sans effort, au lieu de laisser mûrir en lui le fruit, de devenir lui-même « Un ». Kafka dit que c'est par impatience que l'Homme a perdu le Paradis, et que c'est par paresse qu'il n'y retourne pas !

*D'accord, tout cela me parle... mais implique un autre problème : si la tradition était, comme vous le dites, porteuse d'une perspective non dualiste à l'origine, comment expliquer que, même avant saint Augustin (dont nous avons dit la confusion qu'il inaugure avec ses notions de « péché origi-*

*nel » et d' « œuvre de chair »), les Pères de l'Église eux-mêmes préfigurent et préparent ces interprétations dualistes, en faisant de l'Arbre de la Connaissance du Bien et du Mal la source de toutes les malédictions qui s'abattent sur l'humanité ? Pour eux, il y a bien eu transgression d'un interdit, et le mal a une consistance telle que les gnostiques ont pu l'interpréter comme un dieu autonome. Comment les premiers grands maîtres spirituels du christianisme ont-ils pu se tromper à ce point ?*

Je pense que l'ignorance progressive de l'hébreu est cause de beaucoup de confusions. Dès lors que le grec, porteur d'une logique aristotélicienne dualiste, a supplanté l'hébreu, une partie essentielle du message biblique a été perdue. Cela dit, nombre de Pères spirituels du premier millénaire étaient sûrement conscients de ce que nous venons de montrer. Par exemple, dans son *Traité du Mal*, Maxime le Confesseur, après qu'il a parlé de l'Arbre de la Connaissance de façon très dualiste face à l'Arbre de Vie, ajoute en substance ceci : « Voilà comment il faut pour l'instant comprendre l'Arbre, selon une méthode déductive qui convient à tous. Sa signification plus mystérieuse est conservée dans l'esprit des mystiques, et honorée de notre silence. » Eh bien, je crois que les temps sont venus de sortir de ce silence !

Je n'ai pas à juger les Pères sur les déficiences de leur anthropologie qui nous paraît aujourd'hui désuète, mais qui avait peut-être sa raison d'être, en fonction du sens commun de l'époque, de ce qui alors « convenait à tous ». Ils ont déjà été si lumineux dans le domaine théologique ! Mais, par contre, il nous appartient maintenant d'aller plus loin et de se débarrasser du carcan moraliste qui nous étrangle.

*Dans la vie de tous les jours, on se demande souvent* comment *agir, que faire pour être juste, pour répondre avec justesse à notre vocation profonde. Qu'est-ce que cela peut bien nous apporter de parler en termes d'*accompli *et d'*inaccompli *au lieu de « bien » et de « mal » ? Y a-t-il une si* *grande différence entre la volonté morale et la volonté d'accomplissement de soi ?*

Votre question pose le problème de ce que j'appelle le passage du psychologique à l'ontologique, ou encore : le retour de l'Homme à ses normes ontologiques. C'est un très grand sujet et je ne peux vous répondre dans l'immédiat que par ma propre expérience intérieure, car c'est cela qui, je pense, vous importe.

J'ai, par exemple, rencontré un jour, touché du doigt, *vu* au sens concret du terme, ma jalousie. Je l'ai vue, car elle est comme un animal qui nous habite, qui a son autonomie ; elle mord, hurle, déchire... Si j'en reste au niveau d'une psychologie morale courante, je dis : la jalousie, c'est le mal ; et je vais entrer dans un processus de refoulement qui sera à la fois déchirant, inhibant et souvent hypocrite. Un beau jour, tel acte non contrôlé révélera dans toute sa splendeur le monstre intérieur que je n'aurai fait qu'entretenir en croyant de bonne foi l'éliminer. Et alors tout s'écroulera, et il ne restera plus que la culpabilisation qui ne fait qu'envenimer les frustrations.

Il peut aussi très bien ne rien se passer, si j'ai une « force morale » suffisante pour brider mes pulsions... mais alors, quelle tristesse, de devoir toujours se crisper pour se maîtriser ! Et puis j'aurai l'orgueil de me croire remarquable et l'illusion d'être accomplie... et quelle illusion, totalement bloquante !

Au contraire, si j'entre dans ma dimension ontologique, dans l'exploration et l'acceptation de ma nature réelle, qui est une nature potentiellement divine, alors tout change : les énergies de mon « animal » intérieur sont en puissance *celles-là même* qui, une fois retournées, me conduisent dans un nouveau champ de conscience. Je vais prendre ce monstre que je suis pour apprendre à le connaître, l'accepter, l'apprivoiser ; je vais travailler sur lui, sur moi à partir de lui... et je pourrai alors, sans me mutiler, quoique je m'arrache une « peau animale », l'immoler sur mon autel intérieur.

Le Dieu d'Israël a appris à son peuple à immoler les

animaux sur les autels extérieurs tant que ce peuple n'avait pas atteint la maturité nécessaire pour retourner ce travail dans l'intériorité ; jusqu'au jour où, par la voix des prophètes, Il dit : « Je hais vos sacrifices. Ce que je veux c'est un esprit brisé[1]. »

Personnellement, j'ai ainsi eu en maintes occasions, dans le « petit quotidien », à briser en moi cet esprit de jalousie en apprenant à faire abandon de mon désir de possession. Le respect de l'autre dans sa totale liberté — qui inclut la possibilité pour lui d'un éloignement, voire de ce que nous considérons comme « errance » selon nos propres critères —, ce respect est quelque chose qui s'apprend, qui s'exerce, qui s'imprègne en nous et nous libère, alors que le refoulement moral nous aliène.

On se réveille un jour et l'on constate cette libération, car l'énergie animale a été « convertie » en force spirituelle ; elle a été retournée, réorientée. Au lieu de se nourrir de nous, elle nous nourrit de sa dynamique, auparavant destructrice, qui est devenue joie. Le non-dit de la « vertu » psychique ne fait qu'envenimer les problèmes que l'on voudrait dépasser. Nommer son dragon intérieur amène à les résoudre, il n'y a plus refoulement, mais transmutation des énergies.

*Tenir un tel discours, dévaloriser les barrières morales au nom de la conversion intérieure, n'est-ce pas courir le risque du laxisme, refuser d'assumer les contraintes du social, et prêter involontairement la main à ce que certains considèrent comme une déliquescence des « valeurs » ?*

Il ne s'agit pas de s'opposer à la « loi », mais de l'intégrer. Après, mais après seulement cette intégration, il est possible de la dépasser. Le discernement en est difficile et l'exigence plus redoutable qu'on peut le penser. C'est le contraire du laxisme.

Le Christ nous en donne l'exemple en proclamant qu'il n'est pas venu abolir la Loi mosaïque, mais l'accomplir. Il

1. Ps. 51, 19.

n'est ni moral ni immoral, mais son enseignement se situe à un autre degré de conscience.

Il existe un passage de l'Évangile de Luc qui a été supprimé depuis le XVI^e siècle, mais que l'on trouve encore dans l'Évangéliaire de Théodore de Bèze à Cambridge, et qui illustre bien ce clivage. Le Christ passe le long d'un champ un jour de shabbat. Un homme est en train d'y travailler. Scandale ! Les disciples s'offusquent de cette transgression de la Loi qui prescrit impérativement le repos total ce jour-là. Jésus ne répond pas à ses disciples, mais il s'adresse à l'homme et lui dit : « Homme, si tu sais ce que tu fais, tu es béni de mon Père ; mais si tu ne sais pas ce que tu fais, tu es transgresseur de la Loi et maudit de mon Père. »

Tout est là ! Autrement dit, la Loi est absolument nécessaire pour l'enfant, ou pour tout être humain resté spirituellement infantile. Mais vient le jour où celui-ci a mûri, où il entre dans le chemin de l'accomplissement parce qu'il est devenu capable d'une écoute intérieure, capable de se libérer de l'autorité extérieure pour trouver en lui sa propre autorité, ou plus exactement celle que lui fait connaître YHWH en lui. Son esprit entre dans le souffle de l'Esprit-Saint. Ce passage si important de l'âge adulte (spirituellement adulte, j'entends !) où l'Homme se retourne, en lâchant toutes béquilles, vers l'au-dedans de lui, est appelé par la Tradition « la Porte des Hommes ».

Celle-ci est très nettement signifiée au niveau du corps et correspond à l'ouverture des hanches. Ce n'est pas par hasard que Jacob, trouvant enfin en lui la force d'affronter son frère qui vient pour le tuer, est blessé à la hanche par l'ange avec lequel il lutte toute une nuit. Ce combat avec l'ange correspond au combat du Christ avec Satan dans l'épisode de la Tentation au désert ; et aussi, à notre niveau, aux combats que nous avons à mener avec nos démons intérieurs. Si nous n'assumons pas ce passage, il est bien certain que nous avons alors à rester soumis à la loi stricte et souvent si réductrice. La refuser alors, sans en être devenu digne par ce retournement, ouvre la porte au laxisme. C'est l'attitude de l'homme de l'Évangile s'il « ne sait pas ce qu'il fait » : celui-là se moque de la loi. Mais celui qui « sait ce qu'il fait » est loin de s'en moquer ; il l'a faite sienne ; elle l'a forgé à un premier niveau, lui a donné en quelque sorte un début de colonne vertébrale — qui correspond réellement aux vertèbres sacrées et lombaires — et il se situe alors à un autre niveau d'être, où le message du Christ construit sa colonne dorsale puis cervicale, jusqu'à la tête...

*Le malheur, justement, vient souvent du fait que nous nous croyons capables d'assumer nos transgressions, que nous nous estimons « assez grands » pour mener notre vie selon nos propres critères. Et souvent, il n'en est rien. Comment discerner ?*

Ce qui vient véritablement de l'intérieur vient du Tout-Autre qui vit au plus profond de nous, de ce dieu qui nous parle et nous fait signe. Il suffit d'écouter. Bien sûr, la chose est plus facile à exprimer ainsi qu'à réaliser dans le quotidien ! Mais à partir d'une certaine qualité d'écoute, cette parole intérieure devient indubitable, elle est un ordre impératif issu d'une sagesse intime qui nous est personnelle, et qui se manifeste autour de nous par des signes qui ne trompent pas. Le fantasme, au contraire, tourne en rond et ne fait que rabâcher : aucune « confirmation » extérieure ne vient l'appuyer. Je crois qu'il faut toujours être attentifs aux événements qui surviennent sur notre chemin, et que nous appelons « hasard » tant que nous n'entrons pas dans la dimension signifiante de leur message.

*Avez-vous personnellement vécu des confirmations de ce genre, dans un dilemme qui vous plaçait entre votre intuition et une éventuelle « transgression » ?*

Je peux vous assurer que mon chemin est marqué par ces jalons qui sont venus m'aider à comprendre au bon moment, au plus fort de mes hésitations, voire de mon désarroi. Il me serait difficile de prendre des exemples dans ma vie privée, car ils toucheraient à des événements trop intimes. Mais prenons-en un, crucial pour moi, qui concerne mes recherches.

Vous savez quelle importance j'attache à la tradition judéo-chrétienne, qui fut toujours la colonne vertébrale de tous mes travaux. Or, un jour, le Nom divin, les quatre lettres du Tétragramme יהוה, m'apparaissent sous la forme suivante — que j'interprète alors comme celle d'une « épée » :

| | | |
|---|---|---|
| י | Cette forme est étayée | 10 |
| ה ו ה | sur les nombres auxquels | 5 —\|— 5 |
| | les lettres correspondent : | 6 |

Dilemme : j'avais intimement conscience que ce « dessin de Dieu » correspondait à une vérité profonde, bouleversante même, car tout à coup de nombreux passages de la Bible s'éclairaient d'une façon fulgurante, l'Épée y jouant un rôle prépondérant, et jusqu'aux Évangiles où le Christ affirme avec force : « Je ne suis pas venu apporter la paix, mais l'Épée [1] » et jusqu'à l'expression ancienne : « mettre l'Épée dans les reins »...

L'Épée dérange, le Saint-Nom exige ; Il oblige tout homme à aller toujours plus loin en lui-même ; Il détruit pour construire plus haut... Il refuse l'installation ! Mais en même temps avais-je le droit de donner ainsi une « forme » au Nom divin ? Qu'est-ce qui me garantissait que je n'étais pas là en plein fantasme, en plein désaccord avec la rigueur de la Tradition ? Et que je n'étais pas en train de « jouer au Qabbaliste » dans le plus mauvais sens du terme ?

Pourtant je voyais aussi dans ce dessin celui du signe de croix ! Celui d'une structure trinitaire, modèle de notre propre structure corporelle, surtout lorsque l'on sait que la lettre ה de valeur 5 signifie le « souffle » et que ces deux « poumons » du dessin se prolongent chacun d'une main qui a cinq doigts ! Je voyais en cette Épée la réduction à l'essentiel, en même temps que l'archétype de l'Arbre des *sephirot* !

1. Matth. 10, 34.

Or, quelques jours plus tard, chez un ami qui possédait le Zohar, alors que je n'avais encore jamais ouvert cette « Bible des Qabbalistes » — c'était il y a longtemps ! —, je touche le livre avec amour et tombe, en l'ouvrant « au hasard », directement sur ceci : « Le Tétragramme est une Épée, le *Yod* en est le pommeau ; le *Vav* la lame, et les deux *Hé* les deux tranchants[1]. » Vous imaginez le bouleversement que cette lecture provoqua en moi, et la force que cet appel a pu m'insuffler ! Le *Livre de la Splendeur*, l'un des cœurs de la mystique juive, venait me confirmer sur la voie en s'introduisant dans ma vie au moment juste.

Cela n'est pas exceptionnel ; le chemin de chacun est jalonné de ces signes, à côté desquels nous passons la plupart du temps parce que nous sommes aveugles et sourds : nous n'écoutons pas le Verbe qui parle en nous, et nous ne voyons pas les signes de l'Esprit, qui viennent confirmer « à l'extérieur » cette parole.

*Revenons-en à cette « perte des valeurs morales », qui chagrine tant certains... et qui n'est pas, je le vois, votre souci premier. Ici et là, surtout en Amérique et en Europe, on voit les institutions religieuses s'ériger en derniers remparts contre l'anéantissement de tous les interdits moraux.*

Remparts, dites-vous. Ces remparts ne font plus le poids ; ils n'ont que trop ressemblé à des murs de prison. Aujourd'hui tous les murs tombent. Peut-être ont-ils été nécessaires, comme je l'ai dit, mais la grande erreur de l'Occident a été d'ériger en absolus leurs valeurs, de les rigidifier, les rendant intouchables et sacrées, alors que le vrai sacré est *ailleurs.* Personnellement, durant toute mon adolescence, je me suis heurtée au moralisme soi-disant chrétien comme à un mur. Un mur à transpercer, à surmonter, à détruire ou à contourner, mais en tout état de cause, un obstacle qui empêchait de vivre. Oui, justement, un rempart entre la vie et l'Homme !

1. Zohar, III, 274 b.

Devant la poussée inconsciente des peuples, le mur *devait* être abattu. Mais que s'est-il alors passé ? N'était-ce pas l'Église qui aurait dû nous préparer à un investissement juste de ces énergies libérées ? Plutôt que de s'accrocher désespérément à elles et de les investir dans le social sur l'Homme extérieur, ne devait-elle pas entrer dans cet écroulement, l'assumer, et préparer le retournement vers l'intériorité ? Je dis qu'elle a failli, et que toute attitude « conservatrice » ne peut plus rien conserver, rien du tout, car le temps avance inexorablement. Cette attitude refuse l'Épée !

*Nous avons déjà évoqué la désintégration de la « morale sexuelle ». Il y avait également, autrefois, une morale qui maintenait la violence dans certaines limites. Elle aussi est en train d'exploser.*

La répression de la violence est absolument nécessaire, mais elle est une autre violence ! Aussi demeure-t-elle œuvre labyrinthique, très insuffisante ; de plus, la violence contenue trouve toujours à se manifester par des voies détournées. Tous les Hitler et autres fous de l'Histoire, que nous parviendrons à détruire a priori, réapparaîtront sous d'autres visages tant que nous n'aurons pas mené la vraie guerre, la seule qui vaille : la guerre de l'intérieur, qui conduit à identifier, puis à convertir, à « retourner » en nous les énergies qui génèrent ces monstres. Non retournées, ces énergies font de nos sociétés, même « pacifiques », des sources continuelles d'injustices et de crimes, et elles génèrent des monstres.

*Vos propos impliquent tout de même que les barrières sont nécessaires, quoique insuffisantes, contre le mal social le plus visible — le crime, le vol, le viol... Mais alors où placer la barrière aux barrières ? La sanction sociale peut-elle légitimement, par exemple, aller jusqu'à la suppression de la vie ?*

Je vous réponds de toute l'énergie de ma foi : non ! Nous n'avons aucun droit de mort, aucun ! Tout ce que nous venons de dire montre la *relativité* des lois humaines, morales et sociales ; elles ne sont qu'un pis-aller, une nécessité qui met le doigt sur notre ignorance et notre impuissance ; tout cela amène à considérer la répression comme devant être étrangère à tout jugement. Or, la peine de mort non seulement est jugement, mais en outre absolutise le jugement : elle est par nature radicalement contraire à l'enseignement évangélique. Il ne s'agit pas de remercier le coupable d'un meurtre, bien sûr, mais de comprendre que nous sommes, en profondeur, autant que lui responsables de son acte ; il est la main, nous sommes le cœur. Nous devons *répondre* à cet acte, ponctuellement, par des mesures sociales appropriées, mais il appartient surtout à chacun d'*en répondre* en tant qu'humains inaccomplis, concernés par tout ce qui arrive du fait de l'inconscience de l'humanité, de son état de férocité animale.

Dans la perspective que nous propose le Christ, qui n'est pas une morale mais une autre conscience, il est impossible, foncièrement impossible d'enlever délibérément la vie du coupable « ponctuel » — j'allais presque dire du coupable apparent. Sans compter que nous sommes très ignorants de ce qui se passe après la mort. Bien des textes bibliques nous permettent de penser cependant que la mort d'un homme ne signifie pas pour autant la disparition de la puissance démoniaque qui l'habitait, qui ne ressortit pas à nos catégories biologiques mais qui a besoin de s'en nourrir !

*Il en va donc de même pour le droit de tuer qu'implique la guerre ?*

Bien sûr ! Nous parlons bien d'une attitude authentiquement chrétienne, n'est-ce pas ? Alors la réponse s'impose d'elle-même.

À ce propos, on dit souvent que le Dieu des Hébreux est un Dieu des Armées. Mais il s'agit des armées angéliques ! On retrouve d'ailleurs leur nom, *Tsabaot*, *Tsaba* (prononcé Tsava) au singulier, dans celui de l'armée d'Israël. De même, nous appelons nos agents de police des « gardiens de la paix »... sans avoir conscience que nous leur attribuons ainsi une fonction angélique !

Ce que je veux dire par là, c'est que tant que nous sommes encore dans le monde de la loi et de la morale, nous avons toujours besoin des institutions de la justice, de la police et de l'armée, qui sont ou qui devraient être l'image terrestre de la Justice divine. Mais le véritable chrétien se situe à un autre niveau, au niveau d'une humanité qui accéderait enfin à sa dimension d'Homme. Et, dans cette dimension-là, que le Christ nous demande d'incarner *dès maintenant ici-bas*, les anges suppléent à notre faiblesse. Qui croit aux anges, de nos jours ? Leur mention même semble ridicule au sens commun, tellement ils nous furent présentés durant des siècles sous des traits simplistes. Mais ils sont en réalité les énergies venues d'en haut, sans lesquelles il est impensable de mener à bien un chemin spirituel, et avec lesquelles on est en contact dès que l'on entre dans l'ouverture de la conscience.

*Le renfort des anges pour appuyer la non-violence... vous me permettez d'être sceptique ! Staline vous répondrait : « Les armées angéliques ? Combien de divisions ? »*

Encore une fois, la tradition populaire nous en a légué une image très anthropomorphique, qui nous semble aujourd'hui désuète. Mais la réalité demeure.

L'épisode de la Tentation au désert dont nous parlions tout à l'heure se termine par une petite phrase qui n'a l'air de rien : « Et voici que les anges s'approchèrent et le servirent. » Cela après que le Christ eut renvoyé Satan qui lui avait proposé exactement ce qu'il avait proposé à Adam : la jouissance, la puissance et la possession. À partir du moment où l'on « divorce » d'avec Satan pour entrer dans les épousailles divines, les anges, ces « messagers », ces canaux par lesquels nous est communiquée l'énergie divine, sont là pour nous soutenir.

Puisque vous évoquiez Staline, je vais vous raconter une histoire qu'un vieil ami russe m'avait rapportée, il y a bien longtemps : ceci se passait avant la Révolution dans un brillant salon de l'entourage du Tsar ; un philosophe russe fut alors interpellé par un général des armées qui venait de clamer ses hauts faits d'arme, l'héroïsme de ses troupes, etc., et qui s'étonnait de ce que le philosophe ne partageât point l'admiration générale. « Mon général, lui répondit le philosophe, vous venez de nous parler d'armées qui tuent, lorsque vous me parlerez d'armées qui ressuscitent, vous m'intéresserez. »

*Belle réponse... mais vous ne m'empêcherez pas de croire qu'il s'agit là d'une utopie.*

Mais le christianisme *est* une utopie ! Une folie, même ! Folie aux yeux des hommes, comme le dit saint Paul, et il suffit de lire trois pages des Évangiles pour comprendre que le Christ ne nous demande pas une demi-mesure ! Il n'est pas un moraliste qui ménage la chèvre et le chou ! Vivre avec la conscience que les « armées divines », que les forces d'en haut sont avec nous, telle est la puissance incommensurable de la non-violence chrétienne... qui n'a rien à voir avec une non-violence « d'enfants de chœur » car, pour devenir capable d'abolir toute violence extérieure, il faut avoir pénétré vraiment sa propre violence intérieure, afin de la transmuter. Alors est tuée la peur, car toute violence a sa racine dans la peur.

Ce que nous dit le Christ, c'est que ce retournement, cette pénétration douloureuse en nous-mêmes, nous fait rayonner d'une énergie fantastique, une énergie qui vient d'ailleurs, de ce dedans de nous qui est plus que nous-mêmes. Si on ne le croit pas, inutile de se dire son disciple !

Et puis je voudrais revenir sur ce mot « utopie » dont vous avez qualifié mon propos : il y a deux formes d'utopies, de « non-lieu d'être » comme l'exprime l'étymologie de ce mot. Il y a d'abord le fantasme, l'idée qui ne se situe pas dans le droit-fil des données archétypielles ; elle porte en elle son germe de mort et tôt ou tard se détruit. Mais il y a aussi l'idée qui « respire », si je puis dire, avec les archétypes, qui est dans leur axe et donc dans un espace juste, mais que l'Homme n'est pas encore capable de vivre parce que cet espace implique un niveau de conscience auquel il n'a pas encore accès. C'est dans cette dernière acception du terme que se situe le message du Christ. Et, comme on ne le comprend pas, comme on ne le *croit* pas, en attendant cette ouverture de conscience qui paraît inaccessible, on justifie « religieusement » la légitime défense...

*Dans notre siècle, ç'aura été un non-chrétien, Gandhi, qui aura manifesté de la façon la plus éclatante l'attitude chrétienne telle que vous la définissez.*

Mais il a été cent fois plus chrétien que la plupart des chrétiens ! Et d'ailleurs il se nourrissait, entre autres textes sacrés, des Évangiles. L'important, et il n'a cessé de le dire, c'est la confiance en la force divine qui nous habite, et qui prend alors en main la situation, si nous savons nous mettre à son diapason.

*Depuis Gandhi, nous avons franchi une étape décisive dans notre course au pouvoir de tuer, en acquérant celui de détruire jusqu'au noyau de l'atome. La question de la non-violence n'est-elle pas déjà dépassée, inutile, hors sujet, lorsqu'on atteint à une telle disproportion entre les pouvoirs de l'Homme et son niveau de conscience ?*

Elle est devenue au contraire de la plus urgente actualité, car nous sommes acculés, sous peine de destruction totale, à entrer dans le noyau de l'Homme pour qu'il devienne vraiment Homme.

La Bible ne cesse de nous enseigner cette loi fondamentale qui veut que l'exploration du monde extérieur sans exploration préalable du monde intérieur débouche inévitablement sur la libération d'énergies meurtrières et incontrôlables. Vous me parlez de ce pouvoir exorbitant qui consiste à être capable de fissurer l'atome, c'est-à-dire, étymologiquement, « l'insécable ». Je ne peux que vous renvoyer à l'épisode de la rencontre de Job avec le Léviathan, ce monstre de l'abîme qui, tel un Cerbère, garde avec Béhémot les profondeurs infernales. Lui aussi est « insécable », car sa peau est comme une cuirasse impénétrable. Lui aussi est le siège d'une énergie fabuleuse, de sa gueule « jaillissent des flammes, des étincelles ardentes, de ses naseaux sort une fumée comme d'une marmite bouillante sur une fournaise... il fait de la mer une bouilloire à parfums... » etc. Lui aussi a un cœur scellé comme le plus secret des trésors, car il est « coulé comme la pierre ».

Ce cœur, en réalité, c'est le noyau de l'être. Et Job, aidé de Dieu, va combattre ce monstre fascinant et le transpercer pour atteindre son Nom, pour toucher à sa propre dimension sacerdotale : le nom de Léviathan contient celui de *Levi*, la classe sacerdotale chez les Hébreux, et le mot *than*, le chacal. Cet animal est par excellence le gardien des enfers ; on le retrouve dans le Livre des Morts égyptiens. Job, au fond de ses enfers, doit accéder à sa nature divine.

Voilà à quoi nous sommes appelés : à cette exploration-là, à cette pénétration-là, à cette explosion-là. Maintenant que nous avons violé le monde extérieur, nous sommes acculés à une telle mutation. Inutile de crier au scandale devant l'inconscience des recherches atomiques, inutile d'attaquer les « méchants » qui développent le nucléaire civil, inutile de nous lamenter sur la folie des apprentis sorciers qui ont libéré l'énergie : cette énergie est aujourd'hui *autonome*. Elle est quasiment devenue une personne en soi, que l'on ne peut plus arrêter. Les moratoires, les traités et la prétendue sagesse des nations n'y pourront rien !

Nous avons franchi un seuil irréversible, et sommes maintenant au pied du mur : muter ou disparaître.

# VII.

## Mûrir et mourir

*Il y a la vie, avec ses joies et ses souffrances, dont nous venons de parler. Et puis adviennent la vieillesse et la mort. Sept décennies vous séparent du jour de votre naissance... et peut-être vous en rapprochent-elles ?*

Très juste ! Elles m'en rapprochent car la naissance est un premier passage, et il y en a d'autres. Les franchir, c'est mûrir. Elles nous conduisent à ce que l'on appelle dans la Tradition « la naissance au Ciel », car la mort physique est une seconde naissance.

*Y pensez-vous souvent ?*

J'arrive à un âge où j'accompagne des parents, des amis, dans cette expérience ultime de la mort. Comment n'aurais-je pas fréquemment à l'esprit l'idée de cette mort qui se tient déjà à la porte, pour moi aussi ? Cela, d'ailleurs, arrive à beaucoup de ceux qui atteignent un âge mûr. Mais une chose est d'y penser, une autre chose est de l'intégrer, « d'accepter l'inacceptable », comme disait si bien Karlfried Graf Dürckheim. C'est là mon chemin, le nôtre à tous.

*Croyez-vous que l'on puisse vraiment se faire à cette idée de devoir mourir ?*

Nous sommes des mutants — ou plutôt, pardon, nous devrions l'être ! — et la mort physique est une de ces mutations auxquelles nous sommes appelés. Vient un temps où le corps ne peut plus suivre les mutations de l'être et doit laisser la place à d'autres dimensions. Si nous n'avons pas bloqué en nous le cours naturel de la vie, si nous nous sommes engagés durant l'existence dans un processus de morts et de résurrections successives, alors nous sommes prêts, ou du moins préparés autant que faire se peut, pour cet ultime et en même temps premier saut dans l'inconnu des dimensions supérieures. Sinon, bien sûr, nous vivons ce passage comme quelque chose d'effroyable.

La mort doit entrer dans la respiration naturelle de l'être.

*Naturelle ?! N'est-il pas plutôt naturel de vivre pleinement ces « divertissements » que fustigeait Pascal, mais qui sont la seule voie possible pour se détourner d'une pensée de la mort impensable ? N'est-ce pas une réaction naturelle, celle qui nous fait fuir l'idée du néant ?*

Ce naturel-là fait partie de l'état de Chute dont nous avons parlé, et qui est aujourd'hui *normalisé.* Je veux dire par là que l'un des fondements de notre société moderne est le rejet, la volonté d'oublier à tout prix, de passer sous silence, d'occulter notre état de mortels. On considère une telle attitude d'évasion et un tel sentiment de peur panique comme *normaux.* En un sens, c'est la réalité la plus courante, bien sûr, mais ce naturel-là est un *sous*-naturel ! Et l'inverse n'est par *sur*-naturel, mais correspond tout simplement à notre véritable nature. Lorsqu'on entre dans celle-ci, on ne peut considérer la mutation qui nous attend tous qu'avec sérénité.

Assurer que j'ai atteint cette sérénité serait bien prétentieux de ma part, mais j'essaie au moins de me laisser apprivoiser par l'approche de l'heure ultime... et de vivre en fonction de cette approche : elle est la mesure par excellence, et nous fait réviser beaucoup de nos comportements !

*Mais, si ce n'est un basculement dans le néant, que peut signifier le verbe « mourir » ?*

Le néant que vous évoquez ne renvoie-t-il pas au « rien » d'où nous venons, lorsque nous disons que « Dieu a tout créé de rien » ? Nous avons déjà parlé de celui-là, *Ayin* en hébreu, qui ne correspond pas du tout au concept intellectuel que nous avons du « rien ». *Ayin*, je vous le rappelle, est un retrait divin, une sorte de *Shabbat* primordial, et dans ce vide c'est de Lui que nous naissons ! Absence-Présence que ce « rien », c'est à Lui que nous avons à « rendre l'âme ».

Rendre l'âme ou rendre le souffle, l'expression courante est bien significative, au-delà de l'image d'une expiration. Elle signifie en fait : Lui *rendre compte* de la gestion du potentiel qu'Il nous a donné. L'Image divine qui nous fonde est notre seule « dette ». Lorsque nous disons dans le Notre Père : « Remets-nous de nos dettes », il ne s'agit pas d'un marché dans lequel nous serions débiteurs vis-à-vis du Père et pourrions marchander en échangeant le poids de nos bonnes actions contre celui de nos péchés. Il est plutôt question de la gestion d'un trésor dont nous sommes responsables : dont nous devons répondre. Ce trésor, c'est la *Nephesh ḥayah* que l'on trouve dans le texte de la Genèse, qui est notre « âme vivante », le potentiel des énergies qui peuvent faire de nous des dieux.

Quant à la notion de mutation, elle est inscrite au cœur même du nom hébreu de la mort, *Mawet*, qui est de même racine que *Mout*, muter. Ce verbe est souvent employé pour la mort physique, mais il est insuffisant alors de le traduire par « mourir » : pour rendre compte de ce que dit la Bible, il faudrait garder l'évocation d'une mutation qui, elle, comporte mort et résurrection. Par exemple, non pas : « Abraham expira et mourut dans une heureuse vieillesse » mais littéralement : « Abraham rend le souffle et mute dans une heureuse vieillesse ». Le *et*, d'ailleurs, est ici important : il traduit bien la succession de deux plans, le fait qu'un retour à l'origine — rendre le souffle — est nécessaire *pour* muter. Nous avons à rendre compte du souffle de vie, de ce que nous en avons fait, pour pouvoir franchir le seuil.

Ajoutez à cela que *Mout*, le « mourir », est constitué des deux mêmes lettres, donc des mêmes énergies que le mot *Tom*, la perfection ! Lorsqu'un niveau est atteint et qu'on en a assumé la plénitude, la « perfection » alors s'opère, une rupture, un basculement, une précipitation à la source de l'être où se libère une nouvelle somme d'énergies. Ces énergies arrachées à l'inaccompli vont constituer un nouveau champ de conscience, nouvel espace totalement inconnu de nous avant d'y accéder. C'est cet inconnu qui fait peur. Mais si on a mis en place ce processus pendant notre vie, la mort fait moins peur parce qu'elle s'inscrit naturellement en lui.

*Dans l'exemple que vous avez pris, on peut penser que les deux lectures restent possibles : Abraham meurt physiquement, ou bien, à un autre niveau, Abraham mute intérieurement. Mais pour étayer votre propos, dites-moi si le même verbe est employé dans la Bible en d'autres sens, je veux dire au titre* seulement *d'une mutation intérieure ?*

Je le crois, car on ne peut séparer la racine *Mout* de l'idée de mutation voire de maternité. Il existe d'ailleurs un autre verbe, *Gavoa*, qui exprime spécifiquement le « mourir » commun, si j'ose dire, celui que n'a précédé aucun accomplissement de l'être — celui, par exemple, des hommes qui meurent dans le Déluge, dans le mythe de Noé. Mais le verbe *Mout* dit bien que la tradition biblique est porteuse d'une connaissance profonde de ce qu'est, ou de ce que devrait être, la mort physique : une mutation parmi d'autres, qui sont métamorphoses de l'être, « brisure de l'esprit » comme le chante le psalmiste, conversions totales de l'homme.

Ce verbe *Mout* apparaît entre autres dans le Livre de l'Exode, lorsque Dieu, après avoir révélé son Nom à Moïse, l'envoie en mission en Égypte pour obtenir de Pharaon la libération de son peuple. Il nous est dit alors que « sur le chemin, à une étape, YHWH s'approche de Moïse et veut le faire muter ». Interpréter ce dernier mot autrement que comme une mort et une renaissance intérieures, le traduire par « mourir » au sens de la mort physique, est un pur non-sens ! Que Dieu veuille *tuer* son envoyé en qui il a placé toute sa confiance, c'est une de ces absurdités auxquelles nous conduisent les traductions réductrices. Par contre, qu'il veuille opérer en lui l'ultime conversion avant l'épreuve, voilà qui est confirmé par l'épisode qui suit immédiatement, où la femme de Moïse lui dit : « Tu m'es un époux de sang », en référence à la circoncision de leur fils. Le lien entre les deux phases pourrait paraître incongru. Il est en effet totalement incompréhensible si l'on ne prend pas cette mutation, la « circoncision » et les « épousailles », au sens intérieur, comme symboles du « mourir pour renaître » qui est notre vocation.

*En évoquant la mort-mutation, vous en parlez comme le bouclage d'un cycle, comme l'aboutissement naturel d'un processus. Vous donnez ainsi beaucoup d'importance au temps, le nôtre, celui qui nous est imparti pour mûrir, afin de restituer son sens à la mort physique.*

*Mais dans notre société « faire preuve de maturité », « être mûr pour son âge », etc., ces expressions n'ont pas du tout cette connotation spirituelle...*

La maturité au sens courant est comprise uniquement au plan psychologique : il s'agit d'avoir suffisamment aménagé ses énergies psychiques pour être en mesure de les dominer, de se dominer. Cette maturité-là ne s'attache qu'au visible et passe sous silence autant la parcelle divine qui nous habite que les démons inconscients qui nous rongent. C'est pourquoi elle est une illusion, car elle mène à une sorte de sûreté prétentieuse quant aux énergies profondes dont nous demeurons les esclaves, quel que soit notre « équilibre » apparent. Elle conduit à une stabilisation de l'être psychologique et social. C'est d'une autre maturité que je parle, une maturité qui est pardon, acceptation du tout possible, voire de l'impossible, de tout ce qui serait susceptible de fragiliser ce psychisme et de le rendre vulnérable. L'intégration qui vivifie ne peut se faire sans cette acceptation.

*Il est un temps très vulnérable pour une femme, celui de la ménopause. Vous avez vécu ce temps-là, subi par beaucoup de femmes comme un amoindrissement de leur être, voire une mutilation génératrice d'angoisse. À la lumière de votre expérience spirituelle, qu'auriez-vous à dire de cet âge crucial ?*

Qu'il est une naissance ! La fin d'un cycle lunaire et biologique pour l'entrée dans un autre cycle, où doit prédominer la vocation du Verbe plus solaire. La femme, alors, ne peut plus procréer par le sexe, mais doit s'ouvrir à sa dimension créatrice par le Verbe, par son « devenir Verbe » dont elle prend plus pleinement conscience.

La même démarche, d'ailleurs, devrait se retrouver chez l'homme, passé la cinquantaine. La femme et l'homme, créés « Homme à l'image de Dieu », sont appelés l'un et l'autre à devenir Verbe. Mais attention ! Ce processus de spiritualisation n'implique aucunement de mépriser, et a fortiori d'abandonner, la relation d'amour, les rapports sexuels et la jouissance au sens le plus physique du terme. Je crois simplement que l'on est amené, dans le deuxième versant de la vie, à centrer ses énergies vers une autre sorte de relation, celle qui nous lie intimement au Divin. De cela aussi nous nous sommes déjà entretenus. Mais je refuse vraiment ce mot de « mutilation », comme je refuse d'avoir à « réparer des ans l'irréparable outrage » !

Il est vrai que c'est « irréparable », mais non un outrage, non une mutilation. À cette étape, c'est bien certain, un deuil est à faire, mais il sera d'autant moins difficile qu'il aura été préparé. Nous mourrons certainement la mort que nous avons préparée. Quand le processus du travail intérieur a commencé, les mutations qu'il nécessite sont si libérantes qu'on n'a plus envie de regarder en arrière.

Je serais tentée de penser, mais je ne peux pas l'affirmer, je ne fais que le sentir dans mon corps, que, s'il y a éveil, nous devons à ce moment-là produire de nouvelles « hormones », peut-être plus subtiles, destinées à assurer l'équilibre de ce nouvel âge et à rendre parfaitement inutile l'administration d'hormones artificielles qui entretiennent l'illusion. Je me sens aujourd'hui, je dois vous le dire, par un côté très important de mon être, plus jeune qu'à vingt ans !

*C'est en référence à toutes ces mutations que vous parlez de « devenir adulte » ?*

L'adulte, étymologiquement, est celui qui « a grandi », après le stade de l'adolescent qui est « en croissance ». Il faudrait tout de même prendre cette racine à un autre niveau que celui de la grandeur physique et même psychique ! L'adulte, en fait, est celui qui trouve en lui sa propre autorité, qui a fait sauter les béquilles de l'autorité parentale... mais aussi toutes les autres béquilles que nous propose la société et qui en sont l'ersatz. L'adulte est l'auteur de ses actes, au sens premier du latin *augere*, « faire croître ». Il est seul responsable de son comportement, et nous avons déjà dit que la responsabilité implique les épousailles (*sponsa*) avec soi-même.

Ces épousailles ne peuvent se faire sans l'intervention de la puissance créatrice du Saint-Nom en nous. Sans elle, les énergies psychiques animales restent animales, même si elles semblent déchargées de leur poids de souffrance. Elles ne peuvent connaître la transmutation spirituelle. Cette zone animale est alors aménagée, bien sûr, et parfois richement aménagée ! Et c'est vrai que la psychologie est là pour dénoncer les parties sombres de l'inconscient construites sur les événements refoulés, blessants, mortifères du passé historique de l'être. Mais cette psychologie, si elle demeure coupée de toute transcendance, est désespérante : elle ignore les couches plus profondes de la « méta-histoire » de l'être, ce que la Bible appelle son « très antique », son « Orient », ce qui devra devenir sa « Terre promise ».

Mûrir, c'est entrer dans une communication de plus en plus constante, de moins en moins discontinue avec le noyau de notre être.

*À ce compte-là, bien peu d'hommes et de femmes peuvent être qualifiés de mûrs !*

Dans l'état actuel de notre société — je dirais même dans l'étape actuelle de l'humanité — c'est sûr, peu d'êtres ont encore atteint à une dimension d'Homme.

L'humanité est encore animale, elle est une « jungle » ! Cependant, même s'il y a eu en elle, de tout temps, des émergences de conscience, je crois qu'il y en a certainement de plus en plus aujourd'hui. Nous arrivons à une charnière des temps, à un passage nécessaire qui concerne le collectif, l'Homme total, et qui correspond à celui dont nous nous sommes entretenus en parlant de l'expérience individuelle dans le dépassement de la loi. Je vous ai dit alors que la Tradition l'appelait passage de « la Porte des Hommes » et nous l'avons illustré par le combat de Jacob avec l'ange, à l'issue duquel Jacob est blessé à la hanche et boiteux.

*Lorsque vous avez évoqué cet épisode, une chose est restée obscure pour moi : que Jacob soit* touché *à la hanche symbole de cette « Porte des Hommes », j'en perçois bien le sens initiatique, mais pourquoi ressort-il* boiteux *de cette épreuve ? La confrontation avec le messager divin, c'est-à-dire avec le « dieu intérieur », serait-elle mutilante ? Devrions-nous en sortir plus faibles et amoindris ?*

Plus forts, au contraire ! Boiteux, nous le sommes dès la naissance, tant que nous n'avons pas épousé la totalité de nous-mêmes, tant que nous ne nous sommes pas confrontés à cette « autre moitié » qui contient en potentiel le Tout-Autre. L'homme de ce récit, que Jacob rencontre dans la nuit, représente ce qui n'est encore que peur de la mort, la puissance terrifiante de la peur...

*Pourquoi dites-vous « l'homme » ? N'est-ce donc pas contre un « ange » que Jacob lutte durant toute cette nuit ?*

C'est la tradition orale qui qualifie d'« ange » cet adversaire, qui est aussi « partenaire » — il lutte non pas *contre*, mais *avec* Jacob, comme dans une danse. Le texte hébreu, lui, emploie le mot *Ish :* l'homme dans sa dimension d'époux. Jacob ressort de ce combat-épousailles marqué d'une boiterie, tout simplement parce qu'il a pris conscience de sa boiterie intérieure, de cet « autre » d'une incroyable démesure. Le voyant, il peut alors « l'épouser » et en conséquence épouser le frère « extérieur », Ésaü, dont il avait peur auparavant, ce frère ennemi qui voulait le tuer... et qui va venir à lui le lendemain pour finalement l'embrasser !

Ayant retourné la situation intérieure, Jacob a retourné la situation extérieure. Là est l'admirable dépassement vécu, vérifié, de la « légitime défense » !

*Le fait qu'il soit précisément blessé à la hanche est donc significatif de la maturité spirituelle à laquelle nous sommes appelés ?*

Bien sûr. Tout est dit également par notre corps, si nous savons le lire : il est significatif que la fracture spontanée du col du fémur, lieu du corps où se situe la boiterie, intervienne précisément assez souvent chez une personne d'âge mûr. Lorsque cet « accident » arrive, il y aurait lieu de s'interroger sur le sens de cet événement, porteur d'une exigence de maturité. Le Dieu intérieur, le Nom que nous portons s'est manifesté dans ce langage. Il questionne et signifie qu'il n'y a plus de temps à perdre pour accéder à l'état d'Homme véritable avant de mourir... c'est-à-dire de muter.

*Vous évoquez là un accident parmi d'autres qui peut survenir au cours de la vieillesse. Mais, d'une façon générale, la vieillesse tout entière est une fragilisation et un épuisement progressifs du corps !*

Je le sais bien ! Mais cela n'invalide nullement le sens de la symbolique : si tous les hommes doivent passer par cette épreuve de la vieillesse, les manifestations en sont différentes pour chacun et ces différences sont significatives.

Et surtout, tout est une question de perspective. Celle dans laquelle la plupart de nos contemporains voient et vivent la vieillesse et la mort, c'est un ralentissement inexorable, un amoindrissement des capacités, un processus d'entropie qui conduit toujours à une fin redoutée.

On met alors tout en œuvre pour lutter *contre* les signes extérieurs du vieillissement, par des moyens eux aussi extérieurs : chirurgicaux, biologiques, etc. Mais la perspective d'une vraie maturité est au contraire celle d'une accélération — qualitative, j'entends — du rythme intérieur, une approche du rythme de l'Esprit. Tout en s'aidant dans une mesure juste des moyens extérieurs, l'Homme continue de lutter *avec* ses épreuves, voire de s'appuyer sur elles pour se rapprocher de Dieu.

La mort, alors, n'a plus la connotation d'absurde et de néant, et la vieillesse est une montée, non une déchéance. Il est même des cas où l'accomplissement intérieur de l'être peut transfigurer son corps, toutes les traditions rapportent de tels événements...

*Que voulez-vous dire ?*

Nous avons déjà évoqué cela à propos du travail qui se fait au niveau de chaque cellule du corps lorsque, sous l'effet des mutations, celle-ci augmente son capital lumière. Je veux donc dire que si le corps physique est effectivement le signe de nos limites, nous ne connaissons absolument pas ces limites, et il peut être aussi le lieu, le creuset, la matrice en même temps que la manifestation de notre accomplissement. Très peu de gens sont capables d'imaginer de quoi est capable leur propre corps, comment il peut se transformer, *ici-bas*, en fonction de leur évolution intérieure. Or, des êtres nous ont montré que tout était possible.

Prenez l'exemple d'un Séraphin de Sarov, ce saint orthodoxe, très proche de nous puisqu'il vécut au siècle dernier. Voilà un homme — un homme, dis-je, il ne s'agit pas d'un ange, ni d'une intervention « miraculeuse » de Dieu telle qu'en rapporte la tradition biblique, mais d'un humain quasi contemporain, comme vous et moi — dont de multiples témoignages concordent pour confirmer sa transfiguration. Il faut lire à ce sujet le récit de l'expérience de Motovilov, que Séraphin prend dans ses bras et qui ne peut supporter l'éclat de ses yeux. Tous les deux sont en pleine taïga sibérienne, et neige et glace fondent autour d'eux !

Il existe beaucoup d'autres phénomènes de ce genre dans le christianisme, y compris dans le christianisme occidental le plus contemporain — et je pense à Padre Pio —, ainsi que dans d'autres traditions — et je pense alors au très beau livre d'Henri Corbin parlant des mystiques soufis, *L'Homme de lumière*. Il faudrait aussi évoquer l'Inde, l'univers chamanique, le peuple tibétain, etc.

C'est dire que dans notre corps actuel, les transmutations sont *déjà* possibles, qui saisissent chacune de nos cellules et nous rendent capables de l'inimaginable.

*L'inimaginable, dites-vous... Il faudrait trouver un mot encore plus fort, un superlatif absolu, pour qualifier ce que le christianisme appelle la Résurrection. Voyez-vous, ce qui est proprement impensable pour les non-chrétiens — et d'ailleurs, pour beaucoup de chrétiens, car ils sont de plus en plus nombreux à avoir éliminé de leurs croyances cette résurrection qui pose trop de problèmes de logique —, c'est que le Christ « relevé d'entre les morts » ait encore un* corps, *et qu'il soit promis aux hommes eux-mêmes une résurrection* des corps. *Si encore on nous disait que les « témoins » de la Résurrection avaient vu un fantôme ! Mais non, il n'est pas question de deux corps, l'un matériel, l'autre éthéré, on nous dit au contraire que le tombeau est vide : le corps visible du Ressuscité est bien* celui *qui avait été torturé, tué, enseveli, et qui avait donc logiquement commencé à entrer en décomposition.*

C'est un grand mystère ! Mais comme tout mystère, il devient accessible à celui qui élargit sa conscience, qui en gravit tous les degrés.

Au départ nul ne voit ni ne comprend. Marie-Madeleine, qui la première vient au tombeau et à qui le Christ se manifeste, elle qui a tant péché, tant aimé, tant pleuré ses fautes, et qui a été totalement restaurée dans sa beauté première, ne reconnaît pas le Ressuscité ; elle croit qu'il s'agit du jardinier et ne l'identifie que lorsqu'Il lui adresse la parole et qu'elle entend Sa voix. Le Ressuscité accompagne aussi ceux de ses disciples qui marchent sur le chemin d'Emmaüs, mais eux non plus ne Le reconnaissent pas, Il est totalement « autre » ; ce n'est que lorsqu'il rompt le pain avec eux que leurs yeux se décillent.

Thomas, l'un des douze, ne peut croire ; Jésus l'amène à le toucher, à poser sa main dans ses plaies — car ses plaies sont là, il s'agit bien en effet de ce même corps, et en même temps ce n'est plus un corps semblable à celui du Crucifié ! Comme Thomas, nous ne pouvons croire sans entrer dans l'expérience directe ; il ne suffit pas d'entendre parler de... mais de voir ! Quand le mental prisonnier de nos logiques accepte de s'effacer, alors nos oreilles s'ouvrent au Logos lui-même, notre main touche et notre bouche témoigne de Lui.

L'Évangile de Thomas — évangile apocryphe, ce qui ne veut pas dire faux — est riche de cette expérience ; il rend compte d'une contemplation d'un très haut niveau de conscience et rejoint ce que nous dit aussi l'apôtre Paul qui, dans ses trois jours et trois nuits de cécité totale (on pourrait presque dire : de participation au tombeau), a tout vu : « semé dans la corruption le corps ressuscite incorruptible ; semé corps animal, il ressuscite corps spirituel[1] ».

Je parle du retrait nécessaire du mental pour approcher du Ressuscité, mais cette démarche n'est valable que lorsque nous procédons par étapes de purification ou, comme nous le faisons en ce moment, par raisonnement sur ce qui dépasse totalement la raison. Tout cela s'anéantit de soi-même lorsque nous sommes soudain arrachés par Lui dans la fulgurance d'une expérience !

*Il ne s'agit donc pas de la reconstitution d'un corps biologique mort et prêt à la décomposition ; et la résurrection*

1. Cor. 15, 42-44.

*qui nous est promise par le christianisme ne s'opérera pas comme si on passait un film à l'envers pour que les hommes recouvrent leur matérialité ?*

Non ! Il ne s'agit pas de retour dans le passé mais de devenir YHWH, l'Instant, « Je suis » accompli. On ne peut parler que d'une ultime transmutation qui reste un mystère absolu. Mais, bien que cet événement soit impensable à notre niveau de conscience, tout nous indique qu'il n'existe pas de dissociation totale entre ce corps que nous sommes, ici et maintenant, et le « Corps » du Christ ressuscité que nous sommes appelés à devenir. Il y a transmutation, rupture d'état mais non de réalité fondamentale. L'implosion qui eut lieu dans le tombeau — si tant est que l'on puisse plaquer un mot sur cet événement — n'a d'ailleurs presque pas touché aux voiles des apparences : c'est à peine si la pierre tombale est déplacée. C'est ce que j'appelle la *logique du voilement*, qui est la grande Loi présidant à la relation entre Dieu et l'Homme, jusqu'à ce que les Écritures nomment « le retour en gloire du Fils de l'Homme ».

*... c'est-à-dire le fameux Jugement dernier, dont la perspective effrayante a servi pendant des siècles à maintenir le bon peuple dans une crainte moraliste du châtiment ultime. Mais nous en avons déjà parlé.*

Oui, chacun se mesurera à l'Épée.

*... et en même temps, ce que vous rappelez concernant la résurrection chrétienne implique qu'elle nous concerne* tous. *À ce niveau, il n'y aura donc ni élus ni damnés ?*

Je ne peux que vous répéter ce que je vous exprimais à propos du pardon du Christ : je crois que nos notions de « bon » et de « méchant » sont complètement infantiles. Chacun de nous est saisi dans le mystère de l'Homme, dans les deux pôles d'une contradiction apparente, pour laquelle le langage est bien peu de chose : chacun est unique, et est en même temps l'Homme total ; il contient toute l'humanité. Dans notre personne unique, nous pouvons être bons ou méchants, saints ou meurtriers, accomplis ou incultes — j'entends par là demeurés en état de friche intérieure. Mais l'Homme total est là aussi. En ce sens, nous portons *tous* la responsabilité de *tout* ce qui se passe sur terre. Dans une certaine mesure, le criminel est un aspect de moi-même — c'est ce qu'ont d'ailleurs compris tous les saints, qui ne se sont jamais désolidarisés des crimes de l'humanité.

Ainsi la Résurrection est ou n'est pas, et si elle est, elle est pour l'humanité tout entière. Ce qui n'évacue en aucune manière la question de la personne, de son unicité et de sa responsabilité individuelle. C'est paradoxal, me direz-vous, mais toute vérité profonde est paradoxale, on ne peut ériger en système logique le mystère de la Résurrection.

*La question de la responsabilité individuelle a amené beaucoup d'Occidentaux, rejetant les paradoxes de la Résurrection chrétienne, à s'intéresser à la notion indienne de* karma. *Les thèses réincarnationnistes disposent à leur actif d'une série impressionnante de témoignages, dont on peut certes éliminer une très grande partie pour manque de sérieux évident, mais dont un reliquat, répondant aux critères occidentaux de crédibilité, pose malgré tout question. Ces thèses ont aussi le mérite, aux yeux de leurs défenseurs, d'aborder le scandale du mal impuni ou celui de la souffrance innocente, avec une certaine logique : ce que nous commettons ou ne commettons pas dans cette vie, nous en serons redevables dans une autre existence.*

Attention ! Ce sont les Occidentaux orientalisants qui rationalisent la réincarnation de cette façon-là, pas les Indiens ! Encore une fois, je crois qu'il faut se méfier terriblement de nos logiques. En fait, c'est parce que le mystère de l'Incarnation est un mystère perdu que l'on assiste chez nous à la floraison de ces thèses. Celui qui ne se sent pas incarné, qui ne perçoit pas combien ses racines profondes plongent dans la terre aussi bien que dans le Nom qu'il est, celui à qui l'on n'a jamais transmis la vérité — ou plutôt le mystère — de sa nature à la fois terrestre et divine, celui-là a naturellement tendance à projeter son incarnation inaccomplie dans un autre temps, dans une autre vie, dans un autre corps. Un corps réduit au statut de véhicule, un corps considéré comme « prison de l'âme », alors qu'il est le lieu véritable de notre naissance : il est notre creuset, notre matrice, et en même temps la « matière » de nos métamorphoses !

En définitive, ce courant, tel qu'il se manifeste souvent en Occident, participe de ce mécanisme omniprésent dans le comportement humain qui consiste à transposer à l'extérieur ce que nous ne sommes pas capables de vivre dans nos « terres intérieures ». Lorsque nous fuyons les morts et les résurrections immédiates que le chemin spirituel devrait nous amener à passer, nous avons tendance à en plaquer l'idée, le concept, sur notre vision extérieure du monde avec son prolongement dans l'au-delà. L'Occident a connu très souvent de tels processus de projection, avec des descriptions simplistes de l'Enfer et du Paradis, etc.

*Mais, au-delà de la question des « vies antérieures », ne croyez-vous pas que l'intuition d'une répercussion de chacun de nos faits et gestes dans des dimensions que nous ne connaissons pas et ne maîtrisons pas est intéressante ?*

Certainement ! Vous savez, la réincarnation n'est pas retenue par la tradition chrétienne, mais cela n'empêche pas qu'il y ait à apprendre de chaque tradition de l'humanité qui, si elle n'est pas polluée par les rapports de pouvoir et la théorisation à outrance, contient sa part de vérité.

La notion de *karma*, par exemple, c'est-à-dire du poids de nos pensées et de nos actions au-delà de nous-mêmes, reflète à mon sens quelque chose de juste quant à l'existence humaine. Pour ma part, je la relie non aux « vies antérieures », mais aux rapports avec les ancêtres.

*Vous voulez dire que l'expérience humaine dans le domaine de l'accomplissement spirituel de soi-même pourrait se transmettre de génération en génération ?*

Il semble que oui. La Tradition nous le laisse entendre de façon subtile. Mais une fois de plus, je ne peux que témoigner de *mon* expérience. Il y en a une que j'ai faite à ce sujet alors que j'étais toute jeune mère, et qui m'a beaucoup marquée : tout en vaquant à mes occupations cette journée-là, je me suis trouvée saisie par un proverbe que le monde de la Bible connaissait, puisque Ézéchiel (18,2) en parle : « Les parents ont mangé des raisins verts et les enfants en ont eu les dents agacées. » Je mâchonnais cette phrase toute la journée et pris soudain conscience, alors qu'on m'avait appris que je devais tout à mes parents, que je devais tout en fait à mes enfants ! Je leur devais de m'accomplir — moi et mon mari bien sûr ! — pour qu'ils n'héritent pas notre « inaccompli » et ne s'en alourdissent pas dans leur propre chemin. Redoutable ! Terrifiant ! Quelle responsabilité, tellement au-delà de celles plus ordinaires et déjà difficiles que nous connaissons tous !

Nécessité de l'accomplissement ! Tout ce que je commençais de découvrir prenait soudain une dimension de concret immédiat, d'urgence.

Le soir, avant de m'endormir — mon mari était absent ce jour-là — je fis ce que nous faisions souvent tous les deux : ouvrir une page de la Bible « au hasard » et la méditer. C'est alors que se produisit la merveille car, en quelque sorte, le ciel me répondit. Je tombai sur Jérémie (31, 29-30) qui parle d'un temps d'éveil de l'humanité dans une montée de conscience telle que, « à ce moment-là, on ne dira plus : les parents ont mangé les raisins verts et les enfants en ont eu les dents agacées, mais chacun mourra pour son propre péché ; et si quelqu'un mange du raisin vert, ce sont ses propres dents qui en seront agacées ».

J'ai vécu cette expérience, en effet, comme une réponse « en direct » à mes interrogations : je devais donc, vis-à-vis de mes enfants, ne pas les encombrer de mon « inaccompli ».

Chaque pas que je ferais sur le chemin, même si les conséquences n'en étaient pas visibles a priori, seraient autant de « gagné » pour eux... et, en même temps, ils étaient comme moi pleinement responsables de leur chemin. Voilà donc ce que, pour ma part, m'a appris la vie : le poids des vies pleines de « fautes » de nos ascendants pèse sur nous, que nous le voulions ou non — appelez cela le *karma* si vous voulez. Mais la fatalité n'existe pas : nous sommes justement responsables d'alléger ce poids pour nos descendants, jusqu'à l'avènement d'une humanité où le passé ne sera plus une pesanteur.

*Pensez-vous qu'il soit possible que nos ancêtres décédés, dont vous dites qu'ils nous transmettent la qualité ou le manque de qualité de leur vie, nous transmettent aussi des « messages », ou cherchent à communiquer avec nous « de là où il sont » ?*

Écoutez, je ne vous en aurais pas parlé de moi-même, mais votre question me pousse à préciser ce qui s'est passé pour moi peu de temps avant la lecture de Jérémie que je viens de vous relater. J'étais venue visiter une amie orthodoxe pour prendre le thé avec elle. Je m'apprêtais à la quitter et me trouvais déjà sur le seuil, lorsqu'elle referma la porte brusquement en me disant : « Annick, ne pars pas, on me parle pour toi. » Et j'ai assisté là à quelque chose qui ne m'était jamais arrivé — mis à part l'expérience dont je vous ai parlé et qui m'a amenée à l'église orthodoxe — et qui ne m'est jamais arrivée depuis, car je ne recherche vraiment pas ces émotions !

On m'avait dit que cette femme était douée de facultés de voyance hors du commun, mais je fus tout de même bouleversée de voir son regard et sa voix changer en une seconde. Habitée par quelque chose d'autre, par quelqu'un d'autre qu'elle-même, elle se mit tout à coup à me parler au nom... de ma grand-mère paternelle ! Je la reconnus très vite. J'étais là, sur le pas de la porte, et ma grand-mère me parlait ! Ce fut alors une véritable confession, dont certains événements m'étaient connus, mais d'autres totalement insoupçonnables — et a fortiori inconnus de cette femme. Et cette grand-mère, décédée depuis plus de trente-trois ans, termina par ces mots : « Tu me libères, et moi je te protège. » Or, à cette époque, je vivais dans mon intimité des choses très dures, des épreuves qui, je le compris tout de suite, étaient conséquences directes des erreurs qui venaient de m'être confessées.

Dans un événement comme celui-là, voyez-vous, les explications psychologiques sont totalement insuffisantes, car il y a bien, je vous en donne ma parole, une objectivité du phénomène, avec un changement du timbre de la voix, avec la venue au jour d'éléments pour certains connus de moi et pour d'autres strictement inconnus de cette femme et de moi, etc. À la limite, si l'on veut absolument parler de psychologie, il faudrait évoquer une psychologie qui impliquerait, qui restituerait sa place à la dimension spirituelle.

Je vis là l'indication du fait que, par mon cheminement, je « purifiais » mon aïeule de son passé en même temps qu'elle m'aidait à vivre mon présent. Je ne peux donc répondre à votre question que par l'affirmative, mais sans imaginer de théorie sur le sujet. Simplement, telle est mon expérience. Je crois que nous sommes encore dans une humanité très apesantie, très lourde de nos ancêtres, et que notre tâche consiste à libérer de ce poids notre descendance. C'est là tout le sens de l'évolution de l'Homme... car l'Homme est encore à construire.

*Le moins que l'on puisse dire, au vu des événements de ce siècle, c'est que nous sommes mal partis pour mener à bien cette tâche.*

Je n'en suis pas sûre ! Le crime est présent de tout temps. Certes, il se manifeste de façon de plus en plus monstrueuse. Mais précisément, il y a peut-être là un signe : notre siècle a touché plusieurs fois à la monstruosité absolue, et malgré les apparences de la « civilisation », le crime et l'injustice ne font que croître comme des cancers. Mais cela nous amènera, c'est inéluctable, à prendre conscience de notre « dragon » intérieur, à le nommer et à le « retourner ». Telle est peut-être la didactique divine, qui nous conduit jusqu'au bout de nous-mêmes.

*Mystérieuse didactique qui, en quelque sorte, pousserait l'Homme au crime...*

Décidément ! Heureusement que vous m'avez prévenue de votre « mécréance » ! Pernicieuse question...

Voyez-vous, c'est toujours l'Homme qui choisit, mais il essuie toutes les conséquences de son choix, qui peuvent l'amener jusqu'au crime, afin de pouvoir le nommer et d'opérer son retournement. C'est très bouleversant, j'en conviens volontiers, mais c'est ce que la Bible ne cesse de nous enseigner.

Qu'arrive-t-il à David, par exemple ? Il est à la fois un criminel et le « bien-aimé de Dieu ». Il paiera cher son acte dans la chair de sa chair, puisque son fils premier-né périra... mais le second, c'est le sage Salomon, le constructeur du Temple ! Dès qu'advient la confession du crime, c'est-à-dire son identification, sa nomination, alors intervient le « pardon divin » qui structure le retournement de l'Homme. C'est pourquoi, au niveau personnel comme en ce qui concerne l'évolution de l'humanité, plus nous sommes près de toucher le fond, plus nous sommes proches de trouver le véritable chemin vers nous-mêmes.

# VIII.

# Relire la Bible... Pourquoi ? Comment ?

*Depuis le début de ces entretiens, vous ne cessez de prendre appui sur tel ou tel épisode des récits bibliques pour étayer vos propos. Et je ne peux que reconnaître, à chaque fois, la pertinence de ces références. Mais je dois vous avouer que cette adéquation de la Bible à la vie, à* notre *vie, ne laisse pas de m'étonner parfois. Car enfin, a-t-on déjà vu un livre — ou plutôt un corps de livres, en l'occurrence — plus vulgarisé et « récupéré » au sens le plus péjoratif ? Au point que l'on est en droit de se demander aujourd'hui si son sens profond est encore accessible.*

*Je connais, certes, l'importance de la Bible, et je sais qu'elle demeure, comme elle le fut de tout temps, le best-seller mondial incontesté. Mais ce phénomène relève plus, à mon avis, de l'influence socioculturelle du christianisme dans les pays occidentaux, qui eux-mêmes dominent le monde, et de la puissance institutionnelle des Églises chrétiennes, que d'un véritable intérêt pour l'étude de ces textes qui ont perdu une grande partie de leur charisme, de leur pouvoir de contagion spirituelle. Bref, ce succès est plus affaire de société que de foi, plus dû au poids du passé qu'à une vraie quête du sens.*

*Dans ces conditions, la question se pose : pourquoi la Bible ? Pourquoi aller chercher des réponses dans ces textes lourds de confusions, d'interprétations moralistes et desséchantes, lourds en outre de tous les crimes qu'au cours de l'histoire on a pu leur faire justifier...*

... en les falsifiant !

*... en les falsifiant, peut-être, mais falsifiez les plus beaux textes, il en restera toujours quelque chose !*

*Vous le savez, beaucoup pensent aujourd'hui que, même si nos Écritures recèlent encore quelque vérité* décelable, *il vaut mieux s'intéresser à des traditions moins compromises historiquement avec le pouvoir et le crime. D'autres vont plus loin et n'hésitent pas à évoquer l'avènement prochain d'une sorte de « religion universelle », qui rassemblerait le plus petit commun dénominateur de toutes les religions. Sans aller aucunement dans leur sens, je comprends leurs critiques et ne peux que me sentir concerné par leurs réserves. Alors, pourquoi la Bible ?*

Je crois profondément que lorsqu'un peuple a perdu le souvenir vivant de ses mythes fondateurs, même s'il se met en quête du sens en allant puiser à d'autres traditions, aussi louables soient-elles, quelque part il perd son âme. Car on ne peut occulter ses racines : chaque génération arrive au monde avec une sorte de « code génétique spirituel ». J'emploie cette expression paradoxale à dessein car, même si l'on considère la tradition spirituelle d'un peuple comme du « culturel » — ce qui est, à mon sens, une erreur eu égard au caractère révélé du récit biblique —, même dans cette optique réductionniste on peut considérer cet acquis comme tellement enfoui dans nos racines que, maintenant, « nous l'avons dans le sang », comme disait Jung : il nous est devenu quasi génétique.

Lorsque j'ai rejeté moi-même l'Église romaine, je me suis tournée vers l'Inde, au point d'être prête à y partir définitivement. Il ne s'agissait nullement là d'un caprice mais de la reconnaissance réelle d'un sens que j'avais perçu dans « l'autre », parce que je désespérais de le trouver « chez moi », considérant l'Évangile que l'on m'avait enseigné comme trop dégradé, aliéné par les siècles, incapable d'être purifié pour redevenir nourriture.

Il a fallu, je vous l'ai dit, des circonstances exceptionnelles pour que je découvre l'existence d'un christianisme vivant, d'un christianisme des profondeurs, incomparable avec celui que j'avais refusé. Cette expérience, qui m'a amenée à une certitude non conceptualisée, à cet élan de tout l'être que l'on peut éprouver lorsque l'on se retrouve enfin « chez soi », je tente aujourd'hui de la partager. Car je suis convaincue que beaucoup, qui cherchent ailleurs parce qu'ils n'ont pas conscience de ce que contient « l'ici », seraient guéris de leur tendance à fuir et à se fuir s'ils découvraient la richesse de leurs propres racines.

Voyez-vous, je crois qu'il ne nous est pas donné de choisir sa tradition comme l'on choisit sa voiture ou ses vêtements. Il est, bien sûr, des vocations particulières que je ne discute pas, mais qui demeurent ponctuelles. Il me semble que chaque peuple a son génie, que les ancêtres vivent en nous, et que, malgré les difficultés, il importe de retrouver leur message, qui nous est *personnellement* destiné.

*La question qui vient alors n'est plus « pourquoi la Bible ? » mais :* quelle *Bible ? Comme elle consiste à la fois en un recueil de récits symboliques et en un livre d'histoire, on peut hésiter sur le point de vue à privilégier : lecture symbolique,* ou *critique historique. Vous vous insurgez, je crois, contre l'attitude de certains biblistes contemporains qui considèrent les Écritures comme des « documents », objets presque exclusivement d'investigations philologiques et historiques.*

Avant de vous dire mon sentiment concernant la critique historique en cette matière, j'aimerais vous raconter une petite anecdote significative.

J'arrive un jour en Belgique dans une abbaye bénédictine réputée pour ses travaux bibliques, dans le but de m'entretenir avec quelques moines, spécialistes en cette recherche. Dans la pièce prévue pour la réception des visiteurs, le moine qui m'accueille est complètement interloqué lorsque je lui fais part de mon désir d'échanger des idées au sujet des textes bibliques. Coincé dans son corps, fuyant mon regard, il est incapable d'un contact simple et immédiat. Lorsque je précise ma demande, il soupçonne une « nouvelle gnose » sentant le soufre et me dit que « ce sont là des questions très graves, qu'il ne se croit pas compétent pour en débattre, et qu'il va quérir le père Untel, grand érudit, et certainement plus qualifié pour me répondre », entendez « pour me juger », alors que je cherchais à dialoguer ! Au bout d'un certain temps, entre un vieux père très respectable, avec quantité de livres et de dictionnaires sous chaque bras, qui commence par m'interroger : « Madame, quelle est votre question ? Que puis-je vous apporter ? » « Rien, mon père, lui dis-je simplement, je suis seulement venue dans l'espoir d'un libre échange à partir des textes de la Bible ; je pense que le temps est venu d'une autre dimension de leur lecture. » Eh bien, cela paraît invraisemblable, mais *il ne comprenait pas !* Louvoyant, ergotant, s'emmêlant dans des explications et références emberlificotées, il en était à vouloir aller chercher d'autres livres et dictionnaires lorsque je lui dis directement : « Mais, mon père, ce que je viens chercher auprès de vous, c'est un cœur à cœur. » « Madame, vous n'y pensez pas, s'exclame-t-il alors. Vous ne voulez tout de même pas que je fasse de l'exhibitionnisme ! » Alors je me suis levée et je suis partie.

Voyez-vous, il existe ainsi beaucoup trop de biblistes distingués, qui, parce qu'ils ne sont nullement libérés, nullement heureux, se réfugient dans l'intellect et se perdent dans la critique historique et la recherche philologique pour savoir si réellement telle ou telle partie de tel livre appartient bien à telle époque, ou si, conformément à l'hypothèse d'Untel, elle n'a pas été surajoutée par tel auteur, etc. Ceux-là n'ont pas compris l'exigence de notre époque ; ils n'ont pas davantage lié — ce qui est indispensable en ce qui concerne le sacré — travail intérieur et travail extérieur. Ils fuient leur féminin, leur tendresse, et au cœur d'elle, leur toucher des archétypes.

*Pourtant, vous ne pouvez nier que Jésus le Galiléen, pour ne prendre qu'un exemple, est un juif du Ier siècle élevé dans la tradition juive, dont la biographie n'est compréhensible qu'en fonction du contexte politique, social, culturel dans lequel elle s'inscrit. Comment appréhender le sens des textes sans connaître leurs différentes couches rédactionnelles, leurs auteurs, l'intention de ceux-ci, le public auquel ils s'adressaient ?*

Question d'Occidental ! L'Occident a compensé par l'étude des sciences de l'Histoire ce que le regard du cœur aurait acquis en rencontrant le *sens* de l'Histoire !

Ces sciences sont un outil de recherche nécessaire et respectable mais qui ne touche qu'une très faible dimension des textes lorsque ceux-ci, en tant que récits révélés, appartiennent au patrimoine sacré des nations. Les investigations scientifiques traitent alors ces textes comme « objets », dont le connaissant et le connu restent totalement étrangers l'un à l'autre ; or, ils sont objets de connaissance, d'une part *écrits* à l'extérieur de nous dans la Tradition, et d'autre part *inscrits* au-dedans de nous dans le germe qui fonde chacun de nous. Écrit au-dehors et inscrit au-dedans, le message est voilé et ne peut être dévoilé que par la croissance de l'Arbre issu du germe, c'est-à-dire essentiellement par le travail intérieur. Dans cette optique, l'approche exclusivement intellectuelle est inadéquate et desséchante !

Ces bons pères, ceux de mon exemple, passent à côté, dans un tel comportement, de la *Présence*, ils ignorent la « nudité » nécessaire pour y atteindre (le dévoilement !) et parlent alors inconsciemment d' « exhibitionnisme ». Certainement ma présence féminine n'était pas étrangère à leur malaise d'être si coupés de leur féminin intérieur !

J'illustrerai ce que je viens de vous dire de cette approche intellectuelle par les commentaires que nous pouvons lire de ces mêmes pères, concernant le Livre de Job. Celui qui n'a pas fait de descente aux enfers ne peut entrer dans l'intelligence de ce récit, il ne peut reconnaître en lui ses propres dragons intérieurs ; il ne peut découvrir les épousailles de Job avec l'humide-féminin de ses profondeurs si lui-même n'est pas descendu dans le plus fangeux de son être et s'il n'a pas hurlé le hurlement de ses propres monstres.

Le monde masculin n'est en général que trop ignorant de l'œuvre mâle qu'est sa vocation et plus encore du féminin qu'est son autre « côté » ! Alors, les derniers chapitres du Livre de Job, qui décrivent sa descente aux enfers, sont dits « surajoutés » et étrangers au corpus du livre, lorsqu'ils ne sont pas purement et simplement passés sous silence.

*J'ouvre effectivement ma Bible d'Osty, et constate que ce passage est qualifié, sans autre commentaire, de « partie suspecte », comme d'ailleurs le discours d'Éliahou dont vous m'avez parlé et que vous avez placé dans une cohérence d'ensemble que j'ai bien perçue. Je dois reconnaître que l'approche du sens, ici, est bien pauvre.*

*Mais, dites-moi, lorsque des conclusions de ce genre s'avèrent exactes sur le plan de la science historique, ou du moins recueillent un certain consensus, vous les considérez toujours comme secondaires ?*

Oui, très secondaires. Si donc elles retiennent par trop notre attention, elles peuvent faire obstacle à l'épanouissement d'une démarche spirituelle. Car celle-ci ne relève pas du discours mais de la jubilation d'un enfantement, intimement mêlée aux gémissements de la naissance du connaissant et du connu qui partagent là le même berceau.

*En somme, vos réserves vis-à-vis de ce qu'on nomme la méthode historico-critique de lecture des Écritures tient au fait qu'elle passe à côté du caractère* personnel, *et donc transformant, de la relation qui peut nous unir à la Parole.*

*Mais insister sur ce rapport de personne à Parole, c'est-à-dire de personne à Personne, n'est-ce pas courir le risque d'une subjectivité excessive ? Si l'on se refuse à adopter une vision critique sur ces textes, on met de côté l'intellect, et toute interprétation tourne autour du sentiment, de l'émotionnel propre à chacun.*

Je n'ai pas dit que la critique est totalement inutile, je dis qu'elle n'est pas féconde. Ses lumières éclairent l'écorce du fruit, non le fruit. Elles sont l'érudition du bibliothécaire, non l'éblouissement du Verbe !

*À vrai dire, je vous posais cette question en pensant tout spécialement aux manifestations d'un certain sentimentalisme, et aux risques d'anti-intellectualisme que l'on peut trouver parfois dans les mouvements dits « charismatiques ». Ils ont peut-être eu le mérite de mettre le doigt sur l'oubli de l'Esprit dans les Églises occidentales, mais leurs discours sont souvent pleins de méfiance vis-à-vis de l'histoire et de la science en général, et ils ne laissent pas d'inquiéter lorsqu'ils prônent une certaine mise entre parenthèses de l'intellect.*

Il y a, en effet, dans ce cas, le grave danger de se perdre dans une subjectivité non vérifiée. Il existe une confusion fréquente entre le spirituel, d'une part, et l'émotion ou le pur sentiment d'ordre psychique, d'autre part. La dimension psychique n'est certes pas négligeable mais devient dangereuse si elle tourne en rond, coupée du spirituel et donc aussi du « principe de réalité ».

Autrement dit, l'objet de cette subjectivité doit devenir réelle « objectivité » pour ceux qui participent du même niveau de conscience — ce que seule la confrontation à la Tradition peut vérifier. Car la dimension de la Tradition est en soi une *dimension reliée :* elle a sa logique interne qui ne déprécie en rien l'intelligence, une intelligence qui a épousé celle du cœur et qui en est éclairée et vivifiée.

Vous avez employé le terme de « charismatique », mais on oublie souvent que parmi les charismes qui nous sont offerts, parmi les dons de l'Esprit-Saint, le *discernement* n'est pas le moindre : il existe un esprit critique inspiré par l'Esprit, qui vérifie, authentifie nos interprétations, ou au contraire les conteste, les rectifie. En un mot, un discernement qui nous dit si nous sommes dans le *juste*, au sens de la justesse. Si le sens donné est réellement inspiré, il ne se manifeste pas seulement par la voie de la raison ou du jugement propre à chacun, mais il nous fait signe également dans nos rêves, les divers incidents de la journée, les rencontres que l'on peut faire, etc. ; il n'est pas coupé de la vie, il en est la moelle !

Enfin, la tradition judéo-chrétienne elle-même nous est d'un précieux secours lorsqu'on travaille à en saisir le sens : plus on avance et plus on comprend qu'elle est d'une extraordinaire cohérence, d'une rigueur quasi mathématique.

Vous le voyez, il existe de multiples moyens de se garder d'une subjectivité excessive dans notre lecture de la Bible. Il faut d'ailleurs en ajouter un autre, essentiel : on ne devrait jamais œuvrer seul sur ces sujets. C'est là justement une de mes souffrances, car j'ai souvent désiré confronter en toute ouverture mes propos à ceux de théologiens, par exemple, et je dois dire que je n'ai reçu en retour que silence ou critiques sur des « on-dit » en coulisse, ou sur un texte isolé lu en diagonale, non sur la réalité de l'œuvre. Le dialogue, je l'ai eu quotidiennement tout au long de mes années de recherche, et je le continue régulièrement, avec des praticiens, des thérapeutes, des acuponcteurs, etc., qui m'apportent les lumières de leur propre savoir ou savoir-faire. Également avec de nombreux prêtres, religieuses, pasteurs qui, à titre individuel, ont poussé loin l'étude dans la contemplation, en silence. Mais j'aurais aimé l'engager aussi avec ceux qui « font autorité » dans les institutions ecclésiales...

*Vous vous insurgez contre le manque d'ouverture des exégètes et autres spécialistes. Mais vous-même, lorsque vous explorez les données de la Qabbale ou celles de l'hébreu de l'Ancien Testament, ou a fortiori les racines hébraïques trop méconnues des textes du Nouveau Testament, ne faites-vous pas œuvre de spécialiste ? Peu, très peu d'exégètes ont fait un tel travail, très peu de chrétiens savent ce que vous savez, qui résulte d'une démarche quasi scientifique.*

Oui, c'est en partie vrai. Mais seulement « en partie », voire pour une très petite part. Je ne suis pas sûre de pénétrer le sens du message biblique aussi profondément que ne l'a fait une paysanne cévenole que j'ai eu la grâce de rencontrer, il y a une quinzaine d'années.

J'ai envie de vous raconter ce beau jour d'été : mon mari et moi avions gravi la montagne où cette femme gardait ses chèvres, dans le but bien précis de la connaître et d'interroger sa solitude ; on nous avait dit en effet, quelques jours auparavant, qu'une vieille femme vivait encore seule là-haut dans le village abandonné que l'on apercevait de la vallée, à environ mille mètres d'altitude.

Accrochée à sa terre, à ses bêtes, à la présence subtile de son mari qu'elle sentait là, bien qu'il fût décédé depuis cinq ans, elle n'avait jamais voulu « descendre à la ville » comme le lui avaient demandé ses enfants. C'est ce qu'elle nous dit après nous avoir « reconnus », car notre abord l'avait rendue dans un premier temps très méfiante. Que venaient faire là ces Parisiens en vacances ? Pourquoi venaient-ils troubler son silence ?

Nous ne voulions pas troubler son silence, mais le prolonger d'un échange sur l'essentiel, l'unique essentiel ; elle le sentit très vite. « À vous, je peux parler », nous dit-elle. Puis, se tournant vers moi : « Madame, je ne suis jamais seule, je vis avec la Parole de Dieu. » Elle sortit alors la Bible de sa poche, une Bible vivante, je vous l'assure ! Accrochée à sa terre cévenole, elle l'était aussi au Ciel, cette amoureuse de Dieu ; elle ne connaissait pas la solitude, et qui sait si l'Époux divin ne la conduisait pas, elle, jusqu'au « secret » ? Je vous parlerai peut-être du secret, tout à l'heure, mais ce que je veux vous dire tout de suite, c'est qu'il y a plusieurs voies pour atteindre au Verbe. Celle qu'avait empruntée mon amie cévenole est la voie directe, sans détour, celle que plante d'emblée la Sulamite du Cantique des Cantiques quand elle ouvre son chant sur ce gémissement de désir : « Ah, qu'Il me baise des baisers de Sa bouche ! » L'humble femme que je rencontrai, sans doute illettrée, cueillait chacun des mots de la Bible comme les fleurs de ses montagnes ; elle en goûtait le suc, en respirait le parfum... N'est-ce pas la part la meilleure ?

C'est vrai que j'ai beaucoup travaillé, et c'est une autre voie. Mais ce fut dans le flot d'une telle joie que je ne l'ai jamais senti comme un « travail » au sens rude de ce terme. Et ce travail m'a bien obligée à rejoindre en parallèle le chemin de notre Cévenole. Car les énergies qu'il éveille n'ont de place que dans le cœur qu'elles transmutent, sinon elles nous cassent dans notre esprit, voire dans notre corps.

J'ai raconté cela dans l'introduction à mon étude de la Genèse, *Alliance de Feu ;* si vous le voulez bien, je vous le rappelle brièvement :

Les Hébreux savent que la Torah peut être contemplée sur soixante-dix niveaux de lecture, le nombre soixante-dix ouvrant sur l'infini. Ils condensent alors cette vision dans les quatre étapes auxquelles président les quatre lettres du mot PaRDèS ; celui-ci signifie le « verger ». Nous allons tenter d'aller vers ce verger, de cueillir ses fruits.

Dans le premier que définit le mot *Pshat* — ce qui est simple — on ne trouve que les fruits d'une lecture au premier degré, qu'elle soit commune et ignorante, ou qu'elle soit étayée par des savoirs historique, linguistique, psychologique, sociologique, etc. Cette lecture banalisante procède d'un regard qui reste chosificateur : le texte est une « chose » extérieure à celui qui en prend connaissance.

À un deuxième stade, *Remez* disent les maîtres juifs, on commence à percevoir comme des lumières qui « clignotent » : la polysémie de l'hébreu nous oblige à entrer dans une dimension symbolique, vivante et vibrante, où chaque mot et chaque lettre paraît s'éveiller, sortir de l'état figé, de la pétrification qui était la sienne au premier niveau, lorsqu'on abordait le texte dans une lecture unidimensionnelle, donc réductrice.

Mais l'important est d'entrer dans un troisième niveau d'interprétation, *Darash*, celui de la « recherche ». *Darash*, en fait, veut dire : scruter, examiner, et aussi exiger. Au fur et à mesure qu'elle se dévoile à notre regard, la Torah exige que nous vivions ce qu'elle annonce. On n'entre pas impunément dans cette troisième voie d'approche des Écritures, car l'on comprend alors que leur sens ne se révèle que dans la stricte mesure où nous nous engageons sur le chemin d'une métamorphose intérieure. Le texte, qui était « chose » au premier niveau, devient alors « Verbe ».

Là encore, la langue hébraïque nous enseigne l'essentiel : « chose » et « Verbe », sont le même mot hébreu : *Dabar.* Mais attention ! Ce mot, *Dabar,* peut se prononcer *Deber ;* il est alors la « peste ». Qu'est-ce à dire ? Que Dieu, par Son Verbe, a créé toute chose, et que toute chose, par sa dimension de symbole, a pour vocation de retourner, à travers la lecture qu'en fait l'Homme, à sa véritable nature, qui est Verbe. Par contre, si nous n'entrons pas nous-mêmes dans notre nature profonde, nous projetons sur le monde et sur les Écritures un regard qui scinde chaque « chose » de son archétype divin... et nous allons droit à la peste !

L'engagement personnel qu'implique l'écoute de la Parole divine est donc un engagement à haut risque. Vous le voyez, nous sommes loin de la notion de spécialiste !

*Et qu'en est-il du dernier des quatre niveaux de lecture que vous évoquiez ?*

Il a pour nom *Sod,* le « secret »... et je ne peux donc vous en parler ! Il faudrait, pour en percevoir l'essence, être soi-même entré dans le secret de son identité profonde, dans celui du Nom divin qu'est en puissance chaque homme comme chaque femme. Ce secret, c'est le sacré par excellence, du latin *secernere :* séparer, mettre à part « l'Unique » à l'intérieur de nous. À ma mesure, j'ai seulement tenté de faire en sorte que les outils qui m'étaient impartis ne soient pas stériles, sachant qu'ils ne deviendraient des *clés* qu'en exacte proportion de mon évolution intérieure.

*Vous employez là un mot que d'autres emploient à moins bon escient.*
*Ne pensez-vous pas que cette notion de « clés », connotée à celle d'ésotérisme, est difficile à manier ?*

Dans mon esprit, vous l'aurez compris, ces clés ne nous ouvrent les portes du sens qu'après avoir ouvert les portes qui demeurent bouclées à double tour à l'intérieur de nous. Il ne s'agit en aucun cas d'un ésotérisme de mauvais aloi, compris comme une compilation de savoir dissociée de la vie, qui conduit toujours à des élucubrations complexes et confuses. Cet ésotérisme-là, qui demeure dans le domaine du mental et qui relève, lui aussi, mais dans un autre sens, d'une mentalité de « spécialiste », ne m'intéresse vraiment pas.

Il existe par contre un véritable ésotérisme, qui correspond à ce que nous disions de la Connaissance : la profondeur de la Tradition ne se dévoile qu'en fonction de la qualité du connaissant, de ses morts et résurrections intérieures, et donc, finalement, de sa capacité à aimer. Ce n'est malheureusement pas ainsi qu'est pris, la plupart du temps, ce mot d'ésotérisme, mais plutôt dans le cadre d'une dissociation dangereuse entre connaissance et amour, entre spiritualité et éthique, entre savoir et acte.

Pour moi, la seule chose qui m'importe, c'est ce qui transforme la vie et lui donne sens et beauté.

*Puisque nous parlons d'interprétations et de clés, nous ne pouvons contourner celles que beaucoup, aujourd'hui, considèrent comme les seules valables pour lire le monde et l'Homme, et pour relire la Bible : les clés de la psychanalyse. Vous connaissez le succès des livres de Françoise Dolto sur ce sujet, et vous n'êtes pas sans savoir qu'actuellement un prêtre catholique allemand, Eugen Drewermann, est en train de bouleverser le petit monde de la théologie par son interprétation psychanalytique des Écritures. Par certains côtés, ces démarches semblent proches de la vôtre.*

Par certains côtés seulement, car le grand danger en ce domaine est, une fois encore, de réduire le texte à la petite échelle de nos propres critères, de l'enfermer dans un système. *L'Évangile au risque de la psychanalyse* de Françoise Dolto est à mon avis un parfait exemple de ce dévoiement (au sens propre) de l'interprétation, malgré tout ce que cette femme de si grande qualité a pu apporter par ailleurs. Quelle qu'ait été sa bonne volonté, ses critères — ceux du freudisme — étaient inadéquats. Le hiatus est trop énorme entre sa foi d'une part — que je ne mets évidemment pas en doute — et ses outils intellectuels. Certes, elle a eu l'audace d'extirper le récit évangélique des deux carcans de l'historicité pure et d'une dimension de lecture qui se croit religieuse, mais qui n'est souvent qu'émotionnelle, pour essayer d'entrer dans un autre regard. Mais elle ne disposait pas des données qui auraient été nécessaires pour articuler sa foi et sa raison.

Lorsqu'elle suggère, par exemple, l'existence d'une relation de type homosexuel entre Jésus et Lazare, vraiment, je m'insurge ! Il y aurait eu tant à dire sur Lazare, en partant peut-être de la même intuition, mais dans une tout autre dimension ! Car Lazare symbolise l'humanité en tant qu'épouse ; il est au Christ ce qu'Ishah est à Adam et ce que l'Adam est à Dieu. Le nom de Lazare, *Éliézer* en hébreu, est littéralement *Ezer*, « l'aide », *El*, « de Dieu » et renvoie à Ishah, l'aide donnée à Adam afin que celui-ci communique avec lui-même, comme nous en avons déjà parlé.

Voici pourquoi Lazare, « aide de Dieu », symbolise son épouse, et pourquoi Lazare, mort et déjà puant dans le tombeau, suscite les larmes de l'Époux et son désir de résurrection pour l'Épouse. Marie-Madeleine, sœur de Lazare, dans sa prostitution et son repentir, en est un autre aspect... La puissance érotique infinie qui joue ici pour l'un et l'autre échappe totalement aux catégories freudiennes, me comprenez-vous ?

Je n'ai pas moins mal lorsqu'on interprète l'attitude de Jean « se penchant sur la poitrine du Seigneur », dans l'épisode de la Cène, comme la métaphore d'une relation très trouble entre le disciple et le maître ; « l'amour » dont il est question dans l'Évangile est ouvert à la dimension de l'Esprit et ne peut se réduire aux concepts d'une psychologie étroite.

*Le domaine de la sexualité, vous le dites vous-même dans tous vos ouvrages, est pourtant fondamental pour comprendre le mal-être de l'Homme.*

Il l'est, mais il l'est comme signe, comme langage saisi dans le souffle de sa finalité qui est divine !

Le mal-être de l'Homme, en profondeur, procède de son divorce intérieur, d'une rupture avec sa propre nature. Tel est l'enseignement essentiel de la Bible à travers le récit de la Chute et tous ceux qui en sont le prolongement. L'erreur fatale de ces interprétations psychanalytiques est de réduire le souffle et de vider l'éros de la puissance de l'Esprit. La carence de cette dimension implique un refoulement spirituel qui est à dénoncer aujourd'hui avec non moins de vigueur que le refoulement de la plus élémentaire sexualité, il y a cinquante ans.

C'est, à mon avis, cette répression inconsciente du divin en l'Homme qui, plus que le défoulement sexuel, génère le pansexualisme des sciences psychologiques et celui qu'elles ont introduit dans notre monde.

Si nous reprenons l'image de l'arbre s'appliquant à l'Homme, nous pouvons ressentir la misère de cette sève érotique, brisée dans sa montée lorsque le blocage à l'amour divin, sa finalité, l'oblige à se rabattre à l'horizontale dans des branches secondaires, voire des rejets. Nous assistons alors, dans ces multiples compensations, à une sorte de déluge qui se veut amoureux mais qui ne fait que noyer les cœurs désenchantés.

L'Homme est fondamentalement mobilisé par la puissance de l'éros puisque c'est elle qui détient le secret de ses dépassements, lesquels sont une nécessité ontologique liée à sa vocation de mutant. Le tout premier dépassement se vit dans la force déjà mutante de l'orgasme — ou bien il brise l'être dans le rire ! Mais il est rarement atteint dans la suffocation de l'étreinte divine. Et pourtant ce n'est qu'au regard de ce saisissement de l'amour que l'amour peut se vivre et se dire.

Autre exemple : j'ai beaucoup d'affection pour Marie Balmary et sa belle sensibilité, mais je lui en veux de ne faire de l'histoire de Ḥam regardant Noé nu dans sa tente que celle du fils jetant un œil indiscret sur le sexe de son père. Qu'en est-il en fait ? Noé, sortant de l'Arche, est l'Homme totalement accompli. Il est, dans l'Ancien Testament, comme le disent les Pères de l'Église, ce que sera le Christ ressuscité dans la Nouvelle Alliance. Il s'enivre alors de l'ivresse de la Connaissance analogue à celle des apôtres au jour de la Pentecôte.

Ivre de l'Esprit-Saint de Dieu, il entre dans sa tente et se dénude. Or, le mot qui désigne la « tente », *Ohel*, a une résonance certaine avec le nom de Dieu, *Élohim*. Qu'est-ce à dire ?

Que Noé, *Noaḥ*, celui qui se laisse « conduire » par Dieu, s'est construit dans l'arche en tant qu'épouse et qu'il entre maintenant dans le secret de la chambre nuptiale. Ḥam, dont le nom a rapport à la « puissance », en jetant un regard dans la tente, contrairement à ses deux frères, cherche à découvrir le mystère de ces épousailles, à s'approprier le secret divin avant d'être devenu capable de le vivre lui-même. Son attitude de « voyeur », de voleur de secret, en fait l'archétype du magicien : il existe en nous une propension à vouloir sans cesse dévoiler, mettre à nu l'essence du monde pour en exercer les pouvoirs, sans être devenu connaissant, sans s'être dévoilé soi-même.

Vous comprenez combien cet aplatissement outrancier du texte me navre !

*Tous les psychanalystes ne sont pas aussi réducteurs. Eugen Drewermann, en Allemagne, est assez éloigné de ce que l'on pourrait appeler ce « sexocentrisme » : d'une part, il mêle l'histoire des mythes aux données de la psychanalyse, et surtout il comprend celle-ci dans un sens large, en ne se limitant pas aux enseignements de la seule école freudienne, et en incluant dans ses outils d'interprétation les recherches de Jung.*

Je parlais d'aplatissement en visant surtout l'école freudienne, et il est vrai que Jung a développé des recherches qui réservent une ouverture à la transcendance, et cela change tout. Je pense, nous en avons déjà parlé au début de nos entretiens, qu'aucune approche sérieuse de la psyché ne peut faire l'économie de la présence de l'Esprit en l'Homme, de la marque vivante du divin dans l'humain.

*Je voudrais donc vous citer quelques lignes qui résument assez bien la démarche de Drewermann, dont les ouvrages, malgré leur volume et parfois leur difficulté, connaissent un réel succès populaire outre-Rhin — fait remarquable par les temps qui courent !*

*« Mon propos est simple, dit-il : je demande de lire les textes, j'entends les textes religieux importants, comme si nous les avions nous-mêmes rêvés la nuit précédente, comme si ces histoires nous permettaient de dire ce qu'il y a de plus fondamental en nous... (Il nous faut) lire la Bible non plus comme un livre historique, mais comme un ouvrage nous révélant symboliquement ce qui vaut pour tous les temps. »*

Je ne peux a priori que me rallier à de telles paroles et qu'être attirée par cette démarche ! Effectivement, si l'on considère les rêves autrement que comme simples reflets de nos complexes et de nos refoulements, si l'on entend en eux la voix du dieu intérieur, la Parole au cœur du corps, qui nous parle moins de notre passé que de notre vocation profonde, alors l'analogie avec la Parole de la Bible est tout à fait justifiée : les Écritures expriment en quelque sorte le songe universel de l'humanité, qui lui révèle sa finalité, à chaque instant. La Bible parle à Adam — l'humanité — et à chacun dans l'immédiateté de son Histoire. J'entends Dieu me demander comme à Adam après la Chute : « Où es-tu ? » redoutable question ! Je l'entends me dire, comme à Abram quittant la maison de son enfance : « Va vers toi », vers la totalité de toi-même ! Et même, comme à Lazare dans la puanteur du tombeau : « Annick, sors ! » Chacun de nous est concerné jusqu'au plus archaïque, au plus « antique » de ses entrailles !

Eugen Drewermann me semble-t-il, d'après le peu que j'ai

lu de lui ou sur lui, a bien redonné au christianisme sa force vivante et percutante de l'Instant, cet instant qui seul nous ouvre au « Je suis » de l'ÊTRE que chacun sent plus ou moins confusément ; le succès de cet auteur est évidemment lié au dialogue qu'il instaure ainsi entre l'Homme et ce « plus que lui-même » en lui. Certainement, il rend un immense service au christianisme occidental polarisé presque exclusivement depuis de longs siècles sur une lecture extérieure, historique et passéiste de la Révélation, et non sur cette réalité essentielle, intérieure et immédiate dont nous venons de parler. Félicitons-le de redonner ses lettres de noblesse au « mythe », dans le sens de ce que nous avons déjà évoqué aussi.

Mais dans ce que j'ai lu de Drewermann, j'ai eu l'impression que, d'un énorme coup de barre donné pour redresser le bateau de la Tradition qui allait se briser sur des récifs, il renvoyait ce bateau vers un autre écueil, celui qui le vide alors totalement de l'essentiel de sa charge, le mystère proprement chrétien de l'Incarnation : la Personne du Christ dans ses deux natures, divine et humaine, est tout simplement gommée ; tel Bouddha, Zoroastre ou Krishna, Jésus reste au plan des grandes figures mythiques. Du coup, le message essentiel de la révélation chrétienne : « Dieu qui se fait Homme pour que l'Homme devienne Dieu » disparaît complètement de cette pensée par ailleurs si intelligente. Le Ressuscité n'a pas vie !

Pour moi, Drewermann est devenu en quelque sorte le grand prêtre d'un mythe antique, bien sûr présent en chacun, mais qui ne serait plus présent de personne à personne !

*C'est bien ce qui lui est reproché ! Pourtant, à le lire, on est frappé par les concordances très troublantes qu'il établit ou qu'il rappelle — car la plupart étaient connues depuis longtemps des spécialistes — entre les mythes de telle ou telle tradition et les récits bibliques. Et l'on se prend alors à penser que le « songe de l'humanité » s'est dit de tout temps en plusieurs langues et en plusieurs cultures, sans qu'il soit possible d'établir entre elles une quelconque hiérarchie.*

*Lorsqu'on compare, par exemple, le mythe de Dionysos — dont le corps est déchiré, bouilli et mangé par les Titans, des cendres desquels naîtront plus tard les hommes — à la Passion chrétienne et à l'Eucharistie, qui est censée nous emplir elle aussi de la vie de Dieu dont on « mange le corps », on se dit qu'il y a là d'étranges similitudes. Et puis l'on songe à Osiris, dont le cadavre est également dépecé et dispersé aux quatre vents avant qu'il ne ressuscite, et à tous les récits sacrés qui fondent le cannibalisme... autant de mythes qu'il s'agit évidemment, pour être sérieux, de prendre au sérieux.*

*N'êtes-vous pas troublée par ce qui pourrait justifier une relativisation du judéo-christianisme, et n'êtes-vous pas gênée par la façon condescendante avec laquelle la plupart des théologiens chrétiens contournent ces questions par des pirouettes dialectiques ?*

*Pour prendre un autre exemple, Drewermann a provoqué bien du scandale en mettant en évidence maints parallèles entre « la naissance des dieux et la naissance du Christ », entre toutes les mythologies de la Vierge-Mère et les récits évangéliques racontant la conception miraculeuse de Jésus.*

Souvenez-vous de ce que je vous ai répondu lorsque vous m'interrogiez sur le *Symbolisme du corps humain*, au sujet du crâne, espace matriciel et sanctuaire du mystère central du christianisme : le Golgota, le « lieu du crâne ». En cette matrice du crâne dont nos termes anatomiques gardent la mémoire, Jésus meurt et ressuscite. Lui, YHWH, l'Instant de chaque instant de l'Histoire, meurt et ressuscite. C'est donc en un présent rigoureux — temps de tout mythe — que la Chine célèbre la naissance du Tao par le sommet du crâne, et la Grèce, celle de Pallas Athéna jaillissant éblouissante du crâne de Zeus, auparavant pourfendu par la hache du divin forgeron, Éphaïstos. Et la Vierge-Mère, vous avez raison, est aussi présente dans toutes les traditions. C'est vrai, les mystères d'Éleusis offraient en nourriture le corps et le sang d'Hermès sous la forme du grain de blé et du vin. Et

Dionysos, et Osiris !... et tant d'autres dont les similitudes avec notre Tradition sont indéniables.

Tous ces mythes sont porteurs de ce que j'appelle « la mémoire du futur ». Aujourd'hui, nous pouvons préciser qu'il s'agit en même temps de la mémoire de *l'éternel présent* enfoui au cœur de l'Homme, dans ce lieu secret que l'hébreu appelle le « très antique » ou, je vous l'ai dit, « l'Orient » de l'être, mais qui est aussi la « Terre promise »... Notre temps linéaire est ici totalement dépassé ! Et cette mémoire du présent en « Je suis », YHWH, s'accomplit dans la Personne du Christ !

Nul autre homme que le Christ ne s'est révélé en « Je suis ». Beaucoup y ont tendu dans leur intériorité, comme Moïse dans un « Je serai ». Mais le Christ *est* cet Instant du monde ! Dans cette contemplation intérieure, on ne peut suivre totalement Drewermann ; il a le mérite de relier le christianisme aux mythes antiques, mais pour en faire un mythe parmi les autres, en perdant totalement de vue que le Christ, « Je suis », est l'objet fondamental de ces mythes.

L'Histoire qui, en cet Instant, vit le baiser du ciel et de la terre, le baiser de l'intérieur et de l'extérieur, et de toutes les antinomies résolues sur la Croix dans le triomphe de la Résurrection, cette Histoire, dans son réalisme le plus tangible, disparaît de sa plume... et avec elle l'Incarnation.

# IX.

## Les hommes du passage

*Nous reviendrons plus tard, si vous le voulez bien, sur cette notion d'Incarnation qui est peut-être* la *question essentielle. Pour l'heure, avouez qu'il est bien difficile, concrètement, de maintenir en équilibre ces deux dimensions de la lecture que vous évoquez, historique et symbolique, dans les cas où il est patent que le texte biblique* ment *au regard de l'histoire.*

Mais un récit historique ment *toujours* ! Il n'est jamais qu'*une* interprétation de l'événement ! La Bible hébraïque et les Évangiles eux-mêmes sont pleins de contradictions, criblés de détails qui sont à l'évidence, soit anachroniques, soit impossibles logiquement. Les critiques sceptiques et athées se sont fait un plaisir de relever et même de brandir comme autant d'arguments tous ces détails a priori « gênants ». Mais ce qui n'est presque jamais dit, ni par eux ni par les « défenseurs » des Écritures, c'est que chacune de ces anomalies est le signe d'une dimension symbolique, d'une respiration du mot écrit avec le Verbe qui l'a inspiré. Ce sont ces détails, précisément, ces oublis, ces ajouts, ces contradictions historiques ou logiques qui peuvent nous conduire à une intelligence plus pleine du texte.

*Je veux bien admettre qu'à la lumière de l'hébreu, et grâce aux mille jeux de lettres, de chiffres, de mots et de sens dont l'hébreu est le support, vous puissiez déceler des significations vivantes et vivifiantes dans un texte a priori truffé de contradictions ou d'erreurs historiques. Soit, vous me l'avez maintes fois montré depuis le début de notre échange.*

*Mais il est des anomalies autrement plus gênantes que celles qui vont à l'encontre de la « vérité historique » ou de la rigueur logique : ce sont celles qui violent les règles élémentaires de l'éthique... en tout cas de* notre *éthique. L'Ancien Testament, en particulier, est parfois sidérant de violence, de nationalisme, de misogynie, de manichéisme, etc. Ce que je veux dire, c'est qu'au fond l'histoire des Hébreux n'est pas si différente de celle des autres peuples de la même époque. Le « peuple de Dieu » n'a pas fait mieux que ses voisins, en s'opposant à l'étranger par la violence, comme si la guerre était la loi naturelle des hommes... Si encore il s'était donné un Dieu totalement transcendant à ce monde, qui se serait maintenu dans une sorte de « politique de non-intervention » vis-à-vis des guerres humaines ! Mais non : Dieu* ordonne *la conquête de la Terre promise — on en voit encore les conséquences désastreuses dans les revendications de certains extrémistes qui sévissent aujourd'hui en Israël et qui prêtent un caractère religieux, et donc absolu, à ces revendications. Dieu* appuie *les armées de son peuple, il* s'engage, *j'allais dire : il se salit les mains dans les sanglantes polémiques humaines.*

C'est là qu'il faut impérativement aller plus loin qu'une lecture banalisante pour comprendre la dimension symbolique de ces récits, et la véritable nature des rapports entre Israël et les autres nations. Sinon, je vous l'accorde, tout cela est absurde, et l'on a beau retourner les textes dans tous les sens, on ne peut s'empêcher de penser que les Hébreux n'ont fait que « récupérer » leur Dieu dans le sens qui leur convenait et justifiait leurs actes.

Il semble que nous soyons obligés ici de vraiment distinguer entre, d'une part, Celui que nous nommons Dieu — bien qu'il soit l'Innommable — et, d'autre part, Son Image qui fonde tout être créé, et qui se repère dans le texte biblique par le Saint-Nom YHWH. C'est Lui, le Dieu personnel de chaque être humain et de chaque peuple, qui intervient dans l'Histoire en « épousant » l'Homme au niveau de réalité où celui-ci se trouve.

C'est ainsi qu'il fut un temps, par exemple, où le peuple d'Israël pratiquait les sacrifices d'enfants, à l'instar des autres nations. La dimension symbolique de cet acte — qui bien sûr, nous paraît horriblement barbare aujourd'hui ! — réside dans cette connaissance inconsciente dont toutes les traditions sont porteuses : l'homme sait secrètement qu'il doit mourir en lui-même en tant que « fils », pour renaître... et pour mourir encore, jusqu'à ce qu'il atteigne à la pleine dimension de Fils, dans la Ressemblance à Dieu. L'épisode du Sacrifice d'Isaac nous apprend qu'Israël, alors, n'avait pas conscience de cette dimension intérieure et avait besoin d'extérioriser le symbole par cet acte terrible qu'est le sacrifice humain. Remarquez que nous ne sommes peut-être pas plus évolués que ces premiers Hébreux, nous qui régulièrement, au nom de telle ou telle juste cause, envoyons nos fils à la tuerie de la guerre en espérant, plus ou moins confusément, nous transcender par ce sacrifice !

Le Dieu d'Israël va donc arrêter les sacrifices sanglants des enfants, mais son peuple ne pouvait passer immédiatement du rite extérieur au geste symbolique qui implique de « faire le sacré » à l'intérieur de soi. Aussi la didactique divine va-t-elle instaurer, à la place des immolations d'enfants, celle des animaux. Le Livre du Lévitique règle — d'une façon difficile à lire pour nous, je le reconnais — la ritualisation de ces offrandes animales, qui ne sont que la préfiguration de ce que nous avons à vivre dans le retournement de nos « animaux intérieurs ». « Ça crie, ça mord, ça hurle à l'intérieur de nous », nous disent les Pères des premiers siècles du christianisme, en nous parlant de ces énergies que nous avons à ramasser, à nommer, à immoler, c'est-à-dire à transmuter sur nos autels intérieurs. Là encore, le peuple ne peut entrer dans cette dimension symbolique, seuls les prophètes en ont conscience et Dieu parle par leur bouche en disant : « Ce n'est pas des sacrifices sanglants que je veux mais un esprit brisé », c'est à dire un esprit accueillant le Tout-Autre, acceptant l'inacceptable.

Parallèlement à cette ritualisation des sacrifices animaux, le Dieu d'Israël ritualise aussi les guerres, l'Homme se comportant lui-même en animal. J'ai à ce sujet une expérience qui me semble très éclairante, à vous raconter. Si l'on comprend que chaque être rejoue dans sa croissance celle de l'humanité, on peut être attentif à ce qui se passe au moment de l'enfance d'un homme pour comprendre celle de l'humanité. Je me souviens d'un jour où mon fils est rentré de l'école en pleurnichant parce qu'il avait été battu par ses petits copains — il avait alors sept ou huit ans à peine. Et moi, bonne mère chrétienne, de lui dire : « J'espère, mon chéri, que tu n'as pas rendu les coups ? » Mais lui, aussitôt et avec force, de me répondre : « Mais, maman, si je ne rends pas les coups, c'est peut-être de la peur ou de la lâcheté ! » J'ai rarement reçu une aussi pertinente leçon. Eh bien, l'humanité jusqu'à aujourd'hui est encore dans cette enfance qui doit faire l'expérience de sa violence avant de pouvoir y renoncer en l'investissant dans son intériorité. Le Dieu d'Israël dirige cette violence à l'extérieur, avant de faire entrer son peuple dans la conscience du travail intérieur : œuvre qui sera celle du Christ, mais que nous sommes aujourd'hui encore à peine capables d'entendre !

Voilà pourquoi « Dieu se salit les mains ». Il se salira... jusqu'à s'immoler lui-même : le Christ se fera « Agneau du sacrifice » pour l'Adam total qu'est l'humanité. Il met ainsi un terme aux sacrifices sanglants, en montrant à l'Homme le chemin de sa dimension d'Homme, en laquelle sa violence sera le matériau même de son accomplissement. Mais nous n'avons pas encore compris l'immense travail intérieur que cela implique, aussi le sang continue-t-il de couler dans les tragédies que nous connaissons de l'Histoire, et dont nous sommes tous entièrement responsables.

Mais revenons aux Hébreux : leurs guerres décrivent nos futures luttes intérieures car le rapport de ce peuple avec les nations environnantes est symboliquement celui d'un peuple en marche, avec toute son inconscience, vers la conscience, vers la dimension messianique. Chaque peuple « conquis » est, dans ce processus, une acquisition de lumière sur les ténèbres. Il n'est pas question ici de bons et de méchants, mais de lumière et de ténèbres. Et ceci, non dans un rapport d'opposition manichéenne, malgré les apparences, mais dans une perspective où les ténèbres sont, comme nous l'avons dit, de la lumière en gestation. Ce combat symbolique est évident dans la relation des Hébreux avec les Moabites et les Ammonites par exemple, descendants de Lot et symbolisant les ténèbres (et non le mal !) destinées à un retournement en lumière. Une autre nation, l'Égypte, est aussi symbole de ténèbres, mais dans une vocation matricielle...

*Parlons-en, justement, de cette Égypte ancienne, porteuse incontestablement d'une des plus riches traditions sur le plan mystique ! Cette pierre précieuse dans le trésor spirituel de l'humanité, pourquoi fait-elle si mauvaise figure dans le Livre de l'Exode ?*

L'Égypte pharaonique est certainement un pays porteur d'une des plus admirables traditions, dont les Hébreux ont justement été nourris pendant quatre cent trente ans. Car votre question touche à ce qu'a été l'Égypte par rapport à Israël, il me semble. Or le nom hébreu de l'Égypte nous en donne la clé : *Mistraïm.* Dans ce mot nous entendons *Maïm*, les eaux, eaux matricielles en lesquelles se fait sentir un resserrement, *Tsr*, qui est « le fœtus ».

Dans une expérience prégnante d'esclavage, depuis quatre cent trente ans, les Hébreux ont grandi tel un fœtus dans le sein de l'Égypte. Au moment des contractions de l'accouchement, Moïse se dresse et libère son peuple de la servitude ; il le fait sortir des eaux matricielles qui s'ouvrent et qui donnent alors naissance au peuple de Dieu désormais prêt à sa grande marche vers la Terre promise. La mer Rouge devient du « sec » ; c'est le « conscient » qui émerge du monde de la sécurité infantile. L'Égypte est le symbole d'une quiète inconscience primordiale, et Pharaon n'est autre que le pouvoir extérieur, l'autorité qui nous sécurise, nous maintient dans cet état et en fin de compte nous rend « esclaves ». Il n'y a donc, dans ce récit de la sortie d'Égypte, aucune commune mesure avec, disons, un mauvais western hollywoodien. Aucun manichéisme, même si les Hébreux, sur le coup, ont interprété leur propre histoire de cette manière, comme n'importe quel peuple. Le fond de ce récit, c'est l'aventure d'un passage, d'une naissance. Une naissance d'ailleurs à la fois espérée et redoutée par les principaux intéressés, qui disent à Moïse : « Laisse-nous servir les Égyptiens, car nous aimons mieux servir les Égyptiens que mourir au désert. » Même si le Dieu de la Bible a été « récupéré », comme vous dites, le texte lui-même, dans sa profondeur, ne nous parle absolument pas d'un Dieu partial, mais d'un Dieu qui met au contraire son peuple à l'épreuve pour le faire accéder à un autre niveau de conscience — pour *nous* y faire accéder, car il s'agit aussi de notre propre naissance. Si l'on refuse cette perspective didactique, comment comprendre qu'après chacune des dix plaies qui s'abattent sur l'Égypte, il soit dit que « Dieu durcit le cœur de Pharaon » ? Tout cela serait parfaitement absurde, si l'on avait affaire à un Dieu nationaliste, car Il semble travailler là contre son peuple ! Et comme beaucoup de chrétiens ont encore à l'esprit l'image d'un Dieu partial, on conçoit qu'ils puissent être déconcertés par de telles phrases — elles sont nombreuses ! — et qu'ils renoncent finalement à se pencher sur l'Ancien Testament.

*À travers les tribulations d'un peuple particulier, et pas « meilleur » que les autres, il faudrait donc voir la révélation du destin spirituel de l'Homme... Et j'imagine que c'est la même logique qui préside au récit de la conquête de la Terre promise ?*

Bien sûr, et il est intéressant de préciser alors notre interrogation concernant ces nations contre lesquelles Israël ne va pas cesser de lutter jusqu'à son arrivée en Terre promise : elles descendent de Lot, ce personnage très énigmatique dont j'ai commencé de vous parler tout à l'heure ; elles sont même issues d'un inceste de Lot avec ses deux filles !

*Vous allez me dire qu'il n'y a là aucune caricature, aucune falsification de l'histoire destinée à discréditer l'étranger ?*

C'est beaucoup plus subtil que cela ! Remontons à la source : qui est Lot, en réalité ? Par rapport à Abraham, père fondateur d'Israël, conscience naissante, Lot, « le voilé », est l'inconscience... *notre* inconscience, ne l'oublions pas. Sarah est le féminin personnel d'Abraham, mais Lot en est le symbole sur le plan collectif. Après qu'Abraham eut entendu l'appel divin : « Va vers toi », ils partent ensemble, leurs biens confondus — ce qui signifie l'immaturité de cette cellule naissante d'Israël. Mais, à un certain moment, enrichis tous deux, ils doivent se séparer ; il s'agit d'un processus de différenciation qui se met en place : Abraham s'installe à l'ouest de la « mer de Sel » (aujourd'hui mer Morte), Lot à l'est.

J'ai tenté de montrer dans le *Symbolisme du corps humain* l'importance du sel, en ce qu'il sépare la lumière des ténèbres — avec sagesse ! — et aussi en ce qu'il les unit. Car sitôt cette différenciation posée, la fécondité d'Abraham éclate. Son épouse Sarah, stérile jusque-là, devient enceinte ; et les terres de Lot se voient purifiées par le feu (Sodome et Gomorrhe), Lot lui-même devant reculer les frontières qui le séparent d'Abraham et qui sont alors marquées par la statue de sel que devient son épouse arrêtée dans sa fuite. Dans son nouveau retrait, Lot, le voilé, l'inconscient, reste seul avec ses filles. Celles-ci, pour avoir une descendance, saoulent leur père, couchent avec lui et deviennent enceintes. L'inceste est exactement l'envers des épousailles divino-humaines dont nous avons déjà parlé. Et la fille enceinte de son père, c'est la parodie du mystère le plus sacré, celui de la Vierge-Mère. Les ténèbres de Lot s'épaississent alors ; et l'on comprend pourquoi la vie du peuple d'Israël sera, à l'extérieur, par les luttes qu'il mènera pour faire entrer dans « la terre du Saint-Nom YHWH » les terres des descendants de Lot, l'objectivation de ses victoires sur ses propres ténèbres intérieures.

Ce ne sera d'ailleurs pas seulement par la guerre que s'opérera cette « intégration », mais aussi par l'amour !... Car l'histoire de Ruth la Moabite, épousée de Booz, l'Hébreu de Bethléem, en est la plus belle illustration. Ancêtres du roi David, Ruth et Booz le sont aussi de Jésus qui naîtra pour cette même raison à Bethléem — la « ville du pain » ! Entendons bien, derrière l'histoire de tout Hébreu qui épouse une étrangère (tel Moïse), celle qui scintille des mille feux d'une conquête intérieure. N'oublions pas que les trois patriarches eux-mêmes iront chercher une épouse dans le pays de leur mère, la Chaldée, restée dans les ténèbres par rapport à la percée de lumière que fait Israël jusqu'à la Terre promise.

*Je commence à comprendre le fil conducteur qui relie chacune de vos interprétations, si lointaines de ce qui nous a été appris au catéchisme ! Est-ce toujours cette même intuition d'une réintégration du « féminin intérieur » qui vous fait considérer aujourd'hui le judaïsme comme le « féminin du christianisme » ?*

J'ai en effet dit cela dans l'introduction à *Alliance de feu.* « Féminin » en tant que mère-épouse, oui. En tant que racines de l'Arbre judéo-chrétien, le judaïsme est lié à une terre nourricière dans laquelle nous, chrétiens, nous devrions aller puiser. Cette terre est la Bible ; elle constitue une immense réserve d'énergies qui ne sont pas encore révélées.

Il ne s'agit nullement dans mon esprit, en vous parlant ainsi, de rechercher la conversion religieuse du judaïsme au christianisme, chez les hommes — cela est le secret de Dieu et de chacun. Je peux même dire que, par le biais de mon enseignement, plusieurs de nos frères ou sœurs juifs sont revenus à leur Tradition oubliée en découvrant la profondeur de ses merveilles. Je ne parle que de l'urgente nécessité pour nous, chrétiens, de prendre conscience de l'unité de l'Arbre judéo-chrétien et de la soif intense qu'il a de ses sources pour lui permettre de vivre une nouvelle et plus haute dimension de lui-même. Bien sûr les théologiens chrétiens me diront que le Christ est la source ! Mais je crois pouvoir ajouter que la Bible tout entière est le Verbe de Dieu et qu'il n'est nulle parole, nul geste du Christ qui ne se réfère à ce que nous appelons l'Ancien Testament. Ils s'éclairent alors l'un l'autre pour une lecture plus profonde du message. Nous priver de cette information me paraît aujourd'hui relever du même blocage de suffisance que manifeste un homme lorsqu'il refuse de descendre dans ses profondeurs — d'épouser son féminin — pour monter vers la lumière. Refuser cette partie secrète de l'hébreu, c'est nous priver d'une grande lumière.

*Vous considérez donc que le phylum inauguré par Abraham se continue, depuis deux mille ans, à travers le christianisme ?*

Bien sûr... ou du moins à travers ce que le christianisme *devrait* être !

*Alors à quoi correspond pour vous ce « refus » du peuple juif vis-à-vis de Jésus-Christ ? Vous dites qu'il est « le Messie qu'il attendait », — mais manifestement il ne correspondait pas à ce que la majorité des juifs attendaient à cette époque ?*

Je dirais qu'Il ne répondait pas à ce que beaucoup croyaient devoir attendre, et pourtant Il correspond à Celui qui était annoncé par leurs textes sacrés. Pourquoi ce refus ? On est en droit de se demander si Dieu ne « durcit pas le cœur » de nos frères juifs à cet égard comme Il a durci le cœur de Pharaon afin que :

> « écoutant, ils ne comprennent pas,
> voyant, ils ne connaissent pas,
> de peur qu'ils ne se convertissent
> et qu'ils ne soient guéris [1] ».

1. Isaïe, 6, 8-10.

C'est Isaïe qui parle ainsi, transmettant un ordre de Dieu très énigmatique, mais que nous pouvons peut-être appliquer à notre problème. Dieu se fait souvent résistance à l'Homme, dans nos vies personnelles aussi, pour que nous mûrissions plus longuement et plus profondément avant une naissance ! Ainsi, il suffit de réfléchir un instant pour prendre conscience de ce fait capital : sans cette résistance du monde juif à la révélation du Christ, nous serions très probablement aujourd'hui privés du Trésor d'Israël : l'hébreu, cette langue sacrée dont le peuple juif est gardien.

Peut-être même que l'Histoire attend notre regard sur elle pour que se dénoue la résistance divine ? Qui sait ?

*Cette langue, qui n'était plus parlée en dehors des liturgies, depuis cinquante ans est redevenue vivante au sens concret du terme : parlée couramment par des millions de gens. Phénomène unique au monde !*

Unique au monde ! Et je suis sûre qu'il y a là un événement d'une force inimaginable à l'échelle de l'humanité et du cosmos, un événement dont nous ne pouvons aujourd'hui mesurer la portée. En retournant à l'oralité, une oralité vécue quotidiennement par des millions d'êtres, l'hébreu, qui véhicule l'Esprit-Saint, emplit l'univers de sons, de vibrations qui, répercutées dans des dimensions que nous ne connaissons pas, sont en train de transformer l'Homme.

*D'où, peut-être, la violence inouïe des passions et des luttes qu'a provoquées la création de l'État d'Israël ?*

Certainement, d'autant plus que la langue arabe est sœur de l'hébreu, et que le rapport entre ces deux langues et ces deux peuples ne fait que manifester le rapport symbolique de « l'arabe » et de « l'hébreu » en l'Homme. L'Humanité a mal au Proche-Orient parce que chacun de nous vit mal en lui ce que représente le conflit qui se déroule là-bas depuis cinquante ans.

*Que voulez-vous dire par là ?*

Les Hébreux sont descendants d'*Eber*, qui signifie « le passage ». Et arabe, en hébreu, se dit *Ereb*, qui signifie « le soir ». Le Soir, c'est ce moment de la Genèse où tout s'obscurcit, mais où commence la gestation d'un jour nouveau. « Il est un soir, il est un matin, jour Un... » Le Soir, c'est la nuit matricielle que nous avons chacun à vivre dans notre intériorité, pour renaître.

Or, *Eber* et *Ereb* sont deux mots structurés par les mêmes lettres, c'est-à-dire par les mêmes énergies : ils nous disent qu'au plan personnel, pour opérer notre « passage » à une dimension d'accomplissement, il nous faut entrer dans notre « soir ». Et qu'au plan planétaire, le monde occidental, c'est-à-dire judéo-chrétien, ne pourra s'épanouir sans « épouser » un jour ou l'autre le frère arabe.

*Vous prêtez aux mots des résonances qui vont loin...*

Je ne les leur prête pas, objectivement ils les ont, et veulent dire beaucoup plus que ce que nous entendons habituellement ! Si nous, Occidentaux, ressentons inconsciemment le rapport au monde arabe comme une plaie, c'est que nous ne supportons pas la confrontation avec le « soir » qu'il symbolise, avec *notre* soir qui est porteur de l'Esprit. Je vous dirai encore que la guerre des Six-Jours, qui marqua une étape déterminante dans le conflit israélo-arabe, est le signe que l'humanité refuse ce « passage au sept » dont nous avons déjà parlé et qui est pourtant sa vocation profonde. Et que la guerre du Golfe — du grec *kolpos* qui signifie le « sein », le « repli intérieur » — est une manifestation du mythe des deux frères jumeaux qui s'entre-déchirent dans le sein maternel. Car, au-delà de la multitude des nations impliquées, cette guerre était bien, en profondeur, un épisode du face-à-face Babylone-Jérusalem. Et il se peut que pour s'engendrer elle-même, l'humanité doive réconcilier les grands symboles que sont Babylone et Jérusalem, et *Ereb* et *Eber*. Il n' y a pas de jour nouveau sans qu'un soir ne le précède.

*Cette langue hébraïque, qui est littéralement ressuscitée au cours du XX^e^ siècle, et qui est pour vous la « langue du passage » à une autre dimension dans l'interprétation des textes et même des événements de ce monde, vous la considérez comme sacrée. « L'hébreu conduit au Verbe divin », avez-vous écrit. Qu'est-ce à dire ? Pourquoi l'hébreu, plus qu'une autre langue, aurait-il une fonction de médiation entre l'humain et le divin ?*

Je ne dis pas que seule la langue hébraïque ait cette qualité médiatrice. Lorsque j'en parle, c'est toujours en référence au mythe de la langue-mère universelle, dont chaque langue particulière aurait gardé la mémoire secrète. À l'origine, nous dit la Genèse, les hommes parlaient tous une langue *une*, ce qui en hébreu signifie « langue divine », et ce, jusqu'à la construction de la Tour de Babel. C'est à ce moment que, selon la loi de la dispersion mise en lumière dans ce mythe, la diversification des langues apparaît. Chaque langue est alors fondée sur une étincelle du Verbe premier. Ainsi, il n'est pas un seul peuple au monde qui ne recèle dans sa tradition orale, dans ses mythes, dans ses symboles, le secret d'une parole à la fois humaine et divine.

Certaines langues, toutefois, sont plus aptes que les autres à devenir médiatrices et icônes du Verbe, peut-être parce qu'elles furent un jour, comme l'hébreu, réservées ou consacrées à la vie religieuse, et furent ainsi moins sujettes aux variations profanes. Je crois que le chinois ancien et le sanskrit, par exemple, le bantou peut-être, doivent posséder aussi ces qualités. Je ne connais pas ces langues, mais j'ai idée qu'elles ressortissent à l'ordre des grandes héritières de la langue-mère.

Pour moi, c'est l'hébreu qui a joué, et joue encore chaque jour, le rôle de relais magistral sur le chemin. Parce que cette langue « informe » tout le monde sémite qui, avec le grec, a façonné l'Occident. Parce que c'est elle qu'a employée le Christ : même s'il est vrai qu'Il parlait l'araméen, l'araméen est très proche de l'hébreu, et les Évangiles, nourris de l'Ancien Testament, sont pour le moins très marqués par la langue des liturgies synagogales — Claude Tresmontant soutient même la thèse selon laquelle ils auraient été écrits originellement en hébreu. Enfin, parce que en l'étudiant depuis plus de trente ans, je vais de découvertes en découvertes, ou plutôt d'émerveillements en émerveillements, et j'ai le sentiment que toutes les lois de la vie sont inscrites dans cette langue. Non les lois d'un moralisme quelconque qui fonctionnerait en termes de « feu rouge-feu vert » — nous avons vu combien les expressions *Tov* et *Ra* sont éloignées de nos notions de Bien et de Mal —, mais les lois qui régissent la structure profonde de l'Homme et de l'univers. Les lois, en un mot, qui président à l'ontologie de l'Homme et du monde.

L'hébreu est l'icône la plus proche du Verbe de Dieu qui fonde le créé.

*La richesse de cette langue n'est-elle pas due au fait qu'elle est celle dans laquelle s'est dit pour la première fois le monothéisme ?*

Je vais peut-être encore vous étonner, mais je ne crois pas que l'originalité profonde des Hébreux de la Bible réside dans ce qu'on a appelé « l'invention du monothéisme », mais plutôt dans l'*affirmation*, rare jusqu'à eux, du monothéisme. À mon avis, *toutes* les grandes traditions mystiques de l'humanité sont monothéistes ! Dès que l'on entre, par l'une ou l'autre, dans la conscience de la Transcendance, on ne peut que dépasser les dieux cosmiques qui restent magiques, archaïques et populaires, et l'on contemple très vite le Dieu unique, quel que soit le vocabulaire employé. Même le polythéisme hindou, qui est peut-être le plus élaboré et qui multiplie à l'infini les figures divines, n'est qu'un polythéisme *apparent*. Imaginons qu'un étranger à notre Tradition jette un regard superficiel sur la Bible, il pourrait aussi taxer de polythéisme ce peuple adorateur des différents Noms divins. Il pourrait confondre Dieu et les multiples énergies divines, qui cependant ne rompent en rien l'unité de l'essence. Il verrait dans les dix *sephirot* de la Qabbale un pluralisme archétypiel alors que chacune d'elles signifie l'unique Lumière, en tant qu'elle se transmet à nous selon un mode propre à chaque *sephirah.* Et que dirait-il du mystère de la Tri-unité divine que contemplent les chrétiens ? Les chrétiens eux-mêmes, dans de nombreux cas, ne propagent-ils pas une forme larvée de polythéisme à travers leur culte des anges dont ils font des êtres divins, increéés, ou celui des saints avec lesquels ils entretiennent une relation plus magique que sainte, dans l'ignorance qu'ils sont de leur propre tradition ?

Je crois que tous les peuples ont une connaissance secrète du Dieu unique, mais que très peu d'hommes y accèdent. Et les rites qui en rendent compte dans le visible sont souvent écorchés par un penchant populaire à faire Dieu image de l'Homme, plutôt que l'Homme image de Dieu ! Le Christ-copain chanté au cours des semblants de liturgies « modernes », ces dernières décennies, l'a bien prouvé en Occident !

*S'il en est ainsi, si le monothéisme n'est pas le monopole de notre tradition, qu'ont-ils donc inventé, ces Hébreux dont nous disions qu'ils ne furent pas meilleurs que leurs voisins ? Ces « hommes du passage » ne le sont-ils que grâce à l'étymologie de leur nom, ou bien nous ont-ils fait vraiment franchir un seuil ? À quoi tient, en fait, cet étrange qualificatif de « peuple élu » ?*

D'abord, ne projetons surtout pas sur ce qualificatif notre concept actuel d'« élection » ! Ce peuple n'est pas plus « aimé de Dieu » que les autres, comme on a tendance souvent à l'interpréter de façon simpliste et absurde... et comme certains Juifs eux-mêmes l'interprètent parfois, je dois le dire.

Je me suis vue être reçue un jour à la porte d'une *yeshivah* (école talmudique) en Israël, et ne pas pouvoir y entrer parce que j'étais non-juive et femme. Mais surtout, je me suis entendu répondre par le maître venu vers moi, alors que j'évoquais l'essentiel de ma requête — à savoir la recherche du Saint-Nom comme relevant de l'essence même de l'Homme, donc appartenant à tous les peuples, aux femmes comme aux hommes, à tous : « Oui, Madame, la recherche oui ; mais nous seuls pouvons y atteindre ! »

Il est bien certain que ces acceptions exclusivistes de l'« élection » sont absurdes et qu'elles ont porté une ombre regrettable sur les relations judéo-chrétiennes ; elles n'ont pas manqué non plus d'influencer un certain courant de la pensée chrétienne dont l'expression : « Hors de l'Église point de salut » n'était que le prolongement, la récupération de cette « élection » arbitraire et détestable.

En fait, les vrais mystiques, qui sont toujours ouverts en même temps que profonds — l'un ne va pas sans l'autre —, considèrent cette notion comme ressortissant au domaine de l'indicible : il y a bien un « choix » de Dieu sur un peuple donné et cependant c'est la totalité de l'humanité qui se trouve ainsi informée. Mais pour aller plus loin, il faudrait évoquer maintenant la vraie novation du peuple hébreu, le seuil radical qu'il introduit au sein de l'histoire humaine : l'Incarnation.

# X.

# La Parole incarnée

*L'originalité profonde de la Bible, son irréductibilité et son unicité dans l'histoire de l'humanité tiennent donc non pas au monothéisme, mais à l'Incarnation du Verbe ?*

Le Dieu biblique n'est ni le résultat d'une déification de l'Homme et des forces de la nature, ni une entité étrangère à l'Homme, « suspendue » en quelque sorte dans sa transcendance, cantonnée dans le domaine des Cieux. En Lui coexistent transcendance et immanence. Il s'inscrit dans l'histoire humaine, et dans la nature humaine elle-même. Telle est la révélation fondamentalement nouvelle donnée aux Hébreux, que l'on trouve dès le premier verset, dès le premier mot de la Genèse : *Bereshit*, voire dans la première lettre *Beit* dont l'idéogramme exprime « la maison habitée par Dieu », le Créé habité par l'Incréé. D'emblée, l'Homme est « Vierge d'Israël » qui doit enfanter.

*Ce mariage intime du divin et de l'humain n'est pas pour me déplaire... Mais le Dieu de la Bible, n'est-ce pas par excellence le Tout-Autre ?*

Il est un seul et unique Dieu qui Se révèle dans le texte biblique de deux façons : par le nom d'Élohim, et par le Tétragramme imprononçable YHWH.

*Élohim* est le Transcendant, le Tout-Autre, le Créateur qui, dans le premier chapitre de la Genèse, pose l'altérité absolue, acte primordial qui est rendu par le verbe « créer », *Bara* en hébreu. Soit dit en passant, cet *Élohim* est un pluriel, et même le pluriel d'un pluriel, si l'on peut s'exprimer ainsi, puisque *Elah* veut déjà dire : « ceux-là ».

*... ce qui nous donne à méditer sur la signification du monothéisme !*

Bien sûr ! Il n'y a là aucune contradiction avec l'unicité du Très-Haut — le verbe dont *Élohim* est le sujet est d'ailleurs au singulier — mais ce pluriel superlatif, démonstratif et... singulier est une bonne leçon pour qui prétendrait conceptualiser, enfermer dans des mots l'unicité de Dieu. Les Pères grecs, d'ailleurs, voyaient déjà là un signe nous révélant le mystère de la Trinité.

Mais revenons à notre propos : si le premier chapitre de la Genèse est celui du « créer », le deuxième est celui du « faire », où Dieu se révèle comme YHWH, c'est-à-dire comme intérieur à cet « autre » créé par lui qu'est l'Homme. Le verbe *Assoh,* « faire », exprime ici le Grand Œuvre de Dieu en l'Homme et le travail de l'Homme sur lui-même, en qui l'inaccompli doit devenir accompli. Là se situe précisément le mystère de l'Incarnation : l'Homme est fondé sur l'Image divine, germe organisateur, créateur, une « Présence » qui le rend capable de renverser la loi de l'entropie, capable de s'élever jusqu'à Dieu, *capax Dei.*

YHWH est Dieu en tant qu'il se manifeste dans le monde de la dualité : c'est lui, par exemple, qui guidera les Hébreux dans le désert par une colonne de nuée durant le jour et une colonne de feu durant la nuit. Isaïe pourra dire en parlant des temps accomplis : « Vous n'aurez plus ni soleil ni lune, car YHWH sera votre Lumière pour toujours. » Il est donc l'UN qui se fait Deux, pour habiter la Création et pour habiter l'Homme.

*Cette distinction entre, si j'ose dire, un Dieu Très-Haut et un Dieu Très-Intérieur n'est-elle pas une forme de « bi-théisme » ?*

Ne confondez pas l'objet de la révélation : Dieu UN, et le langage employé pour être entendu de l'Homme qui, créé, est impérativement dans la dualité du dedans et du dehors ! C'est *en cela* précisément que l'information transmise par la Bible est fondamentalement unique. Ceux qui n'ont pas compris ce nœud central, qui donne sa cohérence à l'ensemble de la Genèse et qui fait que YHWH et Élohim sont UN, ceux-là vont nous parler des « documents yahviste et élohiste » comme issus de rédacteurs différents, comme inspirés par deux visions divergentes du monde et du divin, etc. Mais ils n'ont rien compris, car ils se cantonnent à l'histoire, à une histoire qu'ils conceptualisent à leur manière, de façon en grande partie arbitraire, et sans voir l'essentiel : un seul et unique Dieu se révèle par deux noms indissociables.

Bien qu'Il ne se manifeste qu'au deuxième chapitre de la Genèse, YHWH est présent dès le premier verset du premier chapitre. Il est sussuré dans le tout premier mot de la Bible, puisque le *Yod* de *Bereshit*, dit la Qabbale, contient dans un non-dit le Saint-Nom de *Yod-Hé-Vav-Hé.*

*Si ces noms nous mettent sur la voie d'un mystère essentiel, ne trouvez vous pas que nous aplatissons complètement cet enseignement en nommant Dieu... « Dieu » ? Ne faudrait-il pas rejoindre André Chouraqui lorsqu'il s'insurge contre l'emploi banalisateur et fantastiquement réducteur de ce nom de « Dieu », qui, dit-il, dérive de* Théos, *et donc indirectement de Zeus ? Zeus, ce dieu païen tout-puissant, capricieux et effrayant, qui a si bien été récupéré par l'Empire romain...*

Je suis de tout cœur avec André Chouraqui sur ce point... encore qu'il ne faudrait peut-être pas réduire ainsi le Zeus des Grecs, qui est certainement beaucoup plus profond que l'image que nous en avons aujourd'hui. Et, d'autre part, l'étymologie qu'il propose me semble incertaine : d'autres auteurs enracinent ce mot dans le sanskrit *Div*, la lumière.

Mais qu'importe, il nous faut bien un consensus de communication ! Il est vrai toutefois que les noms hébreux, que j'emploie le plus souvent possible, sont beaucoup plus porteurs de sens que ceux conventionnels dont nous usons dans nos langues communes, et qui dérivent souvent — comme *God*, par exemple — de noms de dieux païens. Ceux-là occultent le plus grand mystère de notre Tradition. Prononcer *Adonaï-Élohim* — puisque le lecteur juif de la Bible n'épelle même pas les lettres de YHWH et dit *Adonaï*, « Mon Seigneur » —, c'est faire vibrer ce qui constitue le propre de la révélation biblique : l'unité essentielle du monde d'en haut et du monde d'en bas.

La langue hébraïque est icône divine, nous l'avons vu, et tout en elle nous enseigne. Les maîtres juifs, par exemple, jouent sur la désinence *im* de *Élohim*, qui, renversée, donne *Mi*, racine qui désigne l'Incréé, et sur la désinence *am* de *Adam*, qui, renversée elle aussi, donne *Ma*, désignant l'humain, le monde créé (en outre, le mot *Adam* a symboliquement pour valeur numérique 45, qui s'écrit *Ma*). Or, *Mi* et *Ma*, le monde d'en haut et le monde d'en bas, se traduisent aussi respectivement par les pronoms interrogatifs Qui et Quoi. Ainsi la tradition hébraïque pose-t-elle deux questions : « Qui (*Mi*) est ceux-là (*Élohim*) en haut ? Qui a fait quoi (*Ma*) en bas ? » C'est une façon de résumer le fait que les noms de l'Homme et de Dieu sont intrinsèquement liés, qu'ils sont tous deux « pure interrogation », et que l'Homme d'en bas est à l'image de « l'Homme d'en haut ».

Cette intuition géniale est à l'origine de tout ce que nous avons dit sur les correspondances subtiles entre le corps de l'Homme et le « corps divin » révélé par la structure des *séphirot*. N'y a-t-il pas là une richesse sémantique mille fois supérieure à ce que disent nos pauvres dénominations de Dieu ?

*Cette interpénétration de la transcendance et de l'immanence de Dieu que vous évoquez, n'est-ce pas aussi ce que les Indiens entendent par leur « Tu es Cela » ?*

On peut faire le lien, en effet, entre le Verbe incarné qui habite l'Homme, et le « Tu es Cela » des Védas : à travers toutes les traditions, l'Homme apprend que sa véritable nature est celle d'un vecteur qui porte en lui un germe transcendantal — ce que les Indiens appellent *Atman*, qui participe de l'essence même de l'Absolu, *Brahman*. Mais, à mon sens, les spiritualités orientales insistent presque exclusivement sur ce « Tu es Cela », à tel point que leur « Dieu » n'est à la limite qu'un prolongement de l'Homme. Alors que la tradition biblique, par la dualité des noms de *Adonaï-Élohim*, nous fait vraiment entrer dans l'indicible réalité de l'Incarnation du « Je suis » divin, qui en soi dépasse Être et Non-Être dans un au-delà inconceptualisable.

*« Je suis » : c'est ce que signifient les quatre lettres* Yod-He Vav-Hé*?*

Oui, si tant est que l'on puisse les traduire, puisque l'hébreu ne connaît pas de présent au verbe être, et que ces quatre consonnes sont dépourvues de voyelles, et donc restent mystérieuses et imprononçables...

*Les prononcer « Jéhovah » ou « Yahvé » n'est donc pas correct ?*

Ces noms sont simplement le produit d'une combinaison des quatre consonnes du Tétragramme YHWH avec les voyelles d'*Élohim* ou celles d'*Adonaï*. Mais cette pratique, inventée par les chrétiens et refusée par les juifs, nous fait passer à côté de l'indicibilité très féconde du Nom par excellence.

Dire que YHWH, que « Je suis » nous habite, qu'il s'est incarné, c'est dire que le noyau de notre être est l'Être qui fut, qui est et qui sera, ou mieux (car Il ne connaît ni passé, ni présent, ni futur) : c'est reconnaître à l'Homme un statut potentiellement divin, c'est affirmer qu'il est participant de la divinité et que sa nature peut devenir participable à la nature divine ! Plutôt que le « Tu es Cela » des Védas, le chrétien dirait : « Tu es Celui-là. »

*On est ici bien loin, je suppose, d'une acceptation de l'être au sens du « Je pense donc je suis » de Descartes...*

Il s'agit même d'inverser les termes de cette affirmation par trop théorique, qui a réduit l'Être aux catégories de la pensée, aux limites étriquées du mental, alors qu'Il est le « pur impensable » !

C'est au contraire *parce que* « Je suis », parce que l'Homme est partie intégrante de la Transcendance, qu'il lui est donné d'aimer, d'exister et de penser. Toute religion au sens propre a pour but de libérer ce « Je suis » que nous entravons, que nous étouffons à l'intérieur de notre existence banale. Le cartésianisme, lui, oublie ce grand « Je suis » qui nous relie à Dieu, et ne traite que du petit moi, un « je suis » qui est en fait l'expression de notre aliénation essentielle.

*Ce verbe être si puissant et si mystérieux à la fois, est-ce bien lui qui se révèle à Moïse dans l'épisode du buisson ardent ?*

Oui, mais il se révèle alors sous un autre mode, non sous la forme du Tétragramme YHWH... et ce détail est capital.

Remarquez tout d'abord que *Moshé*, le nom hébreu de Moïse, est constitué exactement des mêmes lettres — *mem, shin, hé* — que le mot *Hashem* qui signifie... le Nom ! L'ordre de ces trois lettres est simplement inversé, ce qui est évidemment une invitation à nous « retourner » intérieurement, à nous « convertir », à revenir à notre origine : au Nom que nous sommes en profondeur.

Lorsque Dieu se révèle à Moïse par une voix qui sort du buisson ardent, Il se manifeste en tant que Dieu d'Israël qui n'est pas encore « accompli ». C'est pourquoi le verbe être intervient ici dans une forme hébraïque dite « inaccomplie » : non pas comme YHWH, mais comme אהיה, « *Eyieh Asher Eyieh* », que l'on peut traduire par « Je serai qui je serai »

*Un Dieu... inaccompli ?*

Simple façon d'exprimer que Dieu, en tant qu'Il s'incarne, est en devenir à l'intérieur de l'Homme ; Il est, comme je le disais à l'instant, prisonnier, ligoté par notre existence aliénée, par notre état de Chute. Nous sommes en servitude, comme le peuple d'Israël l'est au moment où Dieu se révèle ainsi à Moïse. Tout à coup, à travers les premières pages du récit de l'Exode, s'exprime une sorte de mobilisation générale de toutes les énergies en vue d'une libération... comme en l'Homme peuvent se déployer toutes les forces intérieures pour qu'il devienne ce qu'il doit devenir. C'est alors que le Dieu d'Israël se révèle non comme « Je suis », mais comme « Je suis-en-attente-d'accomplissement ». Cette nuance essentielle est admirablement rendue par la structure des temps de l'hébreu, qui ne connaît pas notre linéaire passé-présent-futur, mais qui dit le monde en termes d'accompli et d'inaccompli. Je crois que nous en avons déjà parlé ?

Il est bien sûr très difficile de restituer ce mode de pensée en français, et c'est pourquoi on trouve parfois : « Je suis qui je suis » ou « Je suis celui qui était, qui est, qui sera ». Le futur simple est à mon sens le moins inadéquat, mais l'on devrait toujours garder en mémoire cette notion d'un devenir en acte, d'une éclosion en train d'advenir. Et ce qui advient, c'est le « Je suis » a-temporel.

*Vos propos me rappellent une phrase lue chez le grand écrivain juif André Néher : « Ce qui importe au judaïsme, c'est l'inachevé. »*

*Mais ce souvenir me renvoie à une question sur laquelle votre réponse est restée... inachevée, celle de l'« élection » du peuple hébreu. La Bible elle-même nous dit que l'Incarnation est de toute éternité, ou du moins qu'elle est intrinsèque à la Création, qu'elle concerne donc toute l'humanité et chaque homme, chaque femme en particulier. Pourtant, cette même Incarnation va se révéler dans* un *peuple parmi d'autres, dans le « peuple de Dieu ».*

Vous savez, mes réponses resteront toujours « inachevées », elles ne prétendent nullement clore ma quête, ni la vôtre !

S'il y a intersection entre l'histoire de l'humanité et la vie divine, il faut bien que cela se manifeste à un moment donné, en un lieu donné, en telle partie de l'humanité. Je crois que c'est là le rôle que joue le peuple hébreu dans le corps de l'humanité. On pourrait faire la comparaison entre ce qui se passe en vous, en moi, en chacun de nous, où vit une semence divine destinée à germer et à croître jusqu'à venir informer la totalité de chacune de nos cellules. C'est ainsi que l'Homme, dans son intégralité, s'accomplit.

Dans ce Grand Œuvre, nous avons évoqué le rôle du corps et de chacun de ses organes comme vecteur, selon sa fonction propre, de l'accomplissement du Germe divin. De même, c'est toute l'humanité sans exclusive qui est concernée par l'Alliance du peuple hébreu et de Dieu. Il se trouve en nous ce que j'appelle « le filon d'or », comme un gisement aurifère dans une terre charbonnière. Eh bien, au plan de l'humanité considérée comme un seul corps, ce filon d'or est assumé par le peuple juif. Et il ne faut voir là aucune supériorité, aucune « préférence » divine !

Pour les chrétiens, c'est en la Personne du Christ que ce filon d'or va véritablement prendre corps, « se faire chair », cet événement étant annoncé et préparé par les prophètes d'Israël : « Voici, je fais venir mon Serviteur, le Germe », proclame Zacharie au nom de son Seigneur. Le Christ est Homme, qui participe du temps historique, et il est simultanément YHWH, Dieu.

*Et que faites-vous de Khrishna, de Gautama Bouddha et de tant d'autres qui représentent aussi, pour des millions de gens, l'intervention de la Lumière sur la terre ? Pourquoi ne seraient-ils pas d'autres « fils de Dieu », ou bien d'autres incarnations du « Fils unique de Dieu » ?*

Par leur sainteté, ces hommes dont vous me parlez ont atteint à une haute dimension de fils intérieur ; en ce sens ils se rapprochent plus de Marie, la « mère de Dieu », que du Christ lui-même. Aucun d'eux ne l'est devenu ; aucun n'a porté sur lui la plénitude de l'Adam ni la plénitude divine. En aucun d'eux le mystère archétypiel de la mort et de la résurrection du Fils en Dieu n'a ouvert la porte aux mutations de l'Homme en renversant radicalement son état de mort.

Il y a un abîme entre les sagesses humaines les plus hautes auxquelles ont accédé ces hommes et la sagesse divine. Si cette dernière est incarnée dans l'enfant de la crèche, les autres le sont dans les personnes des mages qui abandonnent tout, terre, culture, richesses, puissance, sagesse, pour venir s'incliner devant l'enfant. Le ridicule apparent de ce geste résonne avec votre interrogation, mais la réponse n'est que là.

Tout homme est appelé à la déification : vous, moi, nous tous ! Nous sommes « programmés » dans cette finalité. Sa réalisation portera notre nature humaine à une dimension telle qu'elle deviendra participable à la nature divine, dans des noces ineffables... mais non confondue avec elle.

*Avouez que la nuance est subtile : la personne de Jésus est divine par nature, celle des autres grands fondateurs de religions et des grands saints n'est divine que par participation... N'y a-t-il pas là un argument à la limite du juridisme, qui ne sert qu'à légitimer la supériorité du christianisme ?*

J'aimerais pouvoir ne plus rien vous répondre ! De ce « rien » qui rejoindrait le « point » originel en lequel nous ne serions que contemplation... Dans l'unité conquise, nous aurions un sourire pour ces différentes expressions religieuses ressenties comme supérieures ou inférieures les unes par rapport aux autres ! Les grands mystiques qui parviennent à cette union n'ont que faire d'une quelconque supériorité, ils sont en communication totale entre eux !

Aussi, je n'ai pas d'argument à avancer, je n'ai que ma foi à partager. Seuls les théologiens s'excluent mutuellement lorsqu'ils veulent rationaliser leur discours sur Dieu et sur cette union possible.

Or, ma foi me dit ceci : le christianisme n'exprime plus la potentialité d'une union à Dieu mais, dans la personne du Christ, la réalise. C'est en ce sens que l'évêque Jean Kovalevsky ne comptait pas le christianisme parmi les religions, dans le sens où les religions relient l'Homme à Dieu : dans l'espace auquel il accède, l'union est *accomplie.* Mais je crois que l'on pourrait ajouter : malgré cette singularité fondamentale, le christianisme *se fait* religion pour nous aider à accéder à cet espace d'accomplissement.

Prenons la question autrement : en vous, disions-nous, est une parcelle divine, une Parole au cœur de votre être qui fonde votre humanité. Vous êtes le Nom divin dans votre personne profonde et unique, que vous ne connaissez pas encore, mais en résonance de laquelle vous pouvez entrer. Cette incarnation est *unique ;* l'étincelle divine qui est votre vrai « moi », lorsqu'elle est allumée, n'éclaire que vous, jusqu'au bout de vous-même, dans la dimension de Fils accompli une fois pour toutes. Eh bien, au niveau de l'Homme total pris dans son histoire, on peut dire la même chose : il serait absurde de parler de plusieurs Incarnations.

*Précisez encore, car il y a là un point d'achoppement majeur pour beaucoup — y compris de nombreux chrétiens en recherche — qui ont peine à admettre cette unicité radicale de l'Incarnation. Loin de moi l'idée de tomber dans le nivellement facile, façon Nouvel Âge, et de clamer à tout va que « les religions du monde entier disent la même chose », que « tous les grands sages de l'humanité se valent », et autres banalités qui ne nous font pas avancer d'un pouce sur le chemin de la vérité, de* notre *vérité. Mais tout de même, j'hésite à placer l'Absolu en un homme... et surtout en un seul !*

Vous hésitez... La Foi, c'est ne plus hésiter et se jeter dans l'abîme de ce que notre mental nomme l'Impossible... Je vais encore essayer de m'approcher un peu de Lui par des mots, mais il y a un moment où il n'y a plus de mots, et cela, vous le savez bien !

Je viens de vous parler de la dimension de Fils qui est appelée à grandir en vous. Celui-là est « Fils de l'Homme », nettement distingué du fils biologique que le Christ a appelé en parlant de Jean-Baptiste, « Fils de la femme ». Celui-ci, en effet, relève d'une reproduction d'ordre animal dans le monde extérieur, inhérent au stade « femelle » du sixième jour de la Genèse. Le Fils de l'Homme relève des stades ultérieurs qui commencent avec le septième jour, où le retournement vers l'intériorité s'accomplit. Il est le fruit des épousailles de l'Homme (homme ou femme bien sûr) se faisant *Ish* avec la *Adamah*-mère des profondeurs, appelée *Ishah* dans cette fonction. Ce qui se joue en vous, lorsque vous donnez le feu vert à ce Grand Œuvre, se joue de la même manière en l'Adam total, celui qui réunit l'ensemble de l'humanité depuis le commencement jusqu'à la fin des temps. Cet Adam total est une « personne morale » au sens que nous donnons à un collectif au-delà du *stricto sensu* de la personne ; nous avons beaucoup de mal à nous représenter cet Adam, mais il n'en existe pas moins, chacun de nous en étant une cellule qui le récapitule tout entier.

Ce grand Adam existe donc et le Christ, Fils de l'Homme, en est le Fils intérieur. Il a grandi dans une sorte d'ontogenèse spirituelle de l'humanité se manifestant dans des émergences de sainteté chez *tous* les peuples de *tous* les temps dans les cellules privilégiées du grand corps de l'Adam. Chacune d'elles, tendant à l'unité, tend aussi à rejoindre l'universalité du grand Adam.

Mais dès le « cinquième mois » de cette ontogenèse, une cellule privilégiée, celle d'Abraham, est appelée à aller « jusqu'au bout ». Abraham dit oui. C'est dans ce phylum d'une nation, celle d'Israël ; d'une tribu au cœur d'elle, celle de Juda ; d'une famille illustrée par « l'arbre de Jessé » ; puis dans un des fruits de cet arbre, Marie, que cet aboutissement est atteint. Nous sommes alors à l'aube du « sixième mois » de cette ontogenèse, où le grand Adam reste pour le collectif totalement inconscient de ce qui se passe en lui, incapable donc de reconnaître le mystère de ses propres entrailles, lequel ne va être reconnu que de quelques personnes !

Marie, Miryam en hébreu, entre dans une telle dimension de sainteté qu'elle donne totale maturité à son Fils intérieur. C'est en ce vase d'élection que Dieu se propose à l'Incarnation en pleine chair de l'Adam. Marie dit oui. En Miryam le *Mi* et le *Ma* dont nous parlions tout à l'heure s'épousent. Et, dans la puissance de Celui que j'appelle « l'Éros divin », l'Esprit-Saint, le Verbe de Dieu s'unit au Fils de l'Homme devenu Verbe, comme les deux gamètes archétypiels de l'union du Ciel et de la Terre, si j'ose m'exprimer ainsi !

Le Christ est le fruit de cette union, et Il naît biologiquement du corps de Marie, car en Lui intérieur et extérieur, haut et bas, droite et gauche... ne font plus qu'un. Fils de Dieu et Fils de l'Homme, Il est le seul espace de ce double et unique mystère.

*Si l'Incarnation est ainsi « datée » aussi précisément, que faites-vous...*

Oui, je sais ce que vous allez me demander : que faites-vous des millions d'hommes qui vécurent *avant* cet Instant ?

Le Christ est « Je suis ».

Par sa naissance, il s'inscrit dans le temps, mais il transcende aussi le temps. L'événement de l'Incarnation informe l'humanité tout entière, j'allais dire : il est un Instant de l'Histoire qui « bombarde » tous les instants du temps historique. Chaque moment de l'humanité, dès lors, est riche de Sa Présence et de la puissance du Ressuscité. L'essence de toute religion est là, et chacune est l'expression singulière d'une même mémoire essentielle. Mémoire du futur pour les uns, mémoire du passé pour les autres ; mais pour les uns et les autres, Présence si prégnante qu'Elle donne actuellement force irrépressible à la poussée triomphale de l'ontogenèse humaine vers ses septième et derniers mois d'accomplissement. Ceux-ci sont déjà accomplis dans l'Instant, signés du Sang du Christ ; mais l'Histoire doit... soussigner !

# XI.

# La manducation de la Parole

*Si le Verbe divin est entré dans l'histoire avec la naissance du Christ, était-il nécessaire que sa mort fût violente ?*

Il était nécessaire qu'Il meure pour ressusciter. L'incarnation du Verbe, sa mort et sa résurrection sont ontologiques ; elles ne sont pas liées au péché de l'humanité.

Par contre, la violence et l'ignominie de cette mort sont, elles, liées à l'état de Chute de l'humanité, cet état dont je vous ai dit que nous l'avons normalisé alors qu'il n'est pas celui de notre vraie nature ; car si nous mourons aujourd'hui de tant de souffrances, c'est faute de mourir à nous-mêmes, avec le Christ, dans notre intériorité, et pour ressusciter avec Lui ! Le Christ, dans sa mort, assume totalement cette situation douloureuse qui est conséquence du choix de l'Adam et que décrit le troisième chapitre de la Genèse : « Tu accoucheras dans la douleur. »

Il ne s'agit pas là du conditionnement d'une naissance au monde extérieur — encore que celle-ci soit soumise elle aussi aux lois de la Chute, mais secondairement — car c'est de la naissance *intérieure* qu'il est question dans le Livre de la Genèse, elle seule importe. Et la mort du Fils de l'Homme est cet accouchement dans la douleur, une douleur qui se voit totalement transcendée dans l'éclatement triomphal de la naissance ; car telle est la Résurrection, l'ultime naissance qui donne ouverture à toutes nos naissances intérieures désormais possibles.

*Est-ce si évident que cette mort soit une naissance ? L'Incarnation du Christ passe par la Passion. Vous le savez, on a souvent reproché à la Passion chrétienne son caractère morbide...*

La mort du Christ et Sa Passion sont inséparables de la Résurrection ! La foi chrétienne *n'existe pas* sans ce lien. Séparer les deux mouvements de ce même événement, c'est effectivement obéir à une pulsion de morbidité propre à notre nature si fondamentalement blessée. À la limite, on en arrive au dolorisme proprement insupportable d'un certain catholicisme à l'espagnole, voire à un doute porté sur la Résurrection. Lorsqu'on se distancie des habitudes masochistes héritées des siècles passés, on s'achemine dans le mystère... et aussi dans le silence. La Résurrection est centrale dans toute l'Église indivise du premier millénaire ; elle l'est demeurée dans l'orthodoxie, tandis que l'Occident a mis de plus en plus l'accent sur la phase de souffrance et de violence qui aboutit à la Crucifixion et à la mort du Christ, comme si cette phase était un but en soi. Petit à petit, on en est arrivé à cette atmosphère malsaine et étouffante que j'ai connue dans ma jeunesse et qui a éloigné tant de gens du christianisme : la « Bonne Nouvelle » était devenue d'une tristesse effarante !

*Que veut-on dire lorsqu'on affirme que le Christ est mort « pour les hommes » ? N'était-ce pas suffisant de vivre pour eux et de les enseigner ?*

L'enseignement est un vécu, et vivre, c'est accepter de mourir pour ressusciter : mourir à un état de conscience pour renaître à une lumière plus grande... jusqu'à la mort du corps qui devrait être éclatement de la totale lumière. Si Dieu ne vit pas cela en archétype en Son Fils, l'Homme-Image de Dieu ne peut entrer dans cette respiration en lui-même.

Dans la Personne du Christ s'accomplit ce double et unique mystère. Là seulement est l'enseignement : « Si tu ne renais d'en haut, tu ne pourras pas connaître le Royaume[1] », dit Jésus à Nicodème, docteur en Israël, qui ne comprend rien à ces choses bien qu'elles lui soient intellectuellement enseignées par sa tradition judaïque. Jésus est l'enseigneur dans son être total. À quelque tradition que nous appartenions, le chemin passe par cette voie pour atteindre au Tout-Autre.

*Mais avouez que cette mort justifiée par la notion de « rachat des péchés » est proprement inacceptable, sauf à adhérer par avance à tout ce que l'on a inventé pour culpabiliser l'Homme...*

Ce terme de « rachat » est effectivement empreint d'un juridisme totalement déplacé, lorsqu'on prétend parler des liens d'amour entre Dieu et l'humanité. Pour la Tradition, le Christ est essentiellement *libérateur*. Il épouse notre condition jusqu'au bout et doit porter jusqu'à ses conséquences extrêmes le poids de notre violence, pour nous en libérer.

Il est un moment extraordinaire dans le déroulement de la Passion, celui où Pilate propose à la foule en furie de choisir entre la libération de Barabbas et celle de Jésus. C'est la première que réclame la foule, et c'est donc le Christ qui sera livré au supplice. Or, que veut dire le nom de *Barabbas* ? Le « fils du père » ! Le Christ, qui est le véritable Fils du Père, libère par sa mort ce criminel, ce brigand qu'est Barabbas... et que nous portons tous en nous en tant que fils du Père nous aussi !

Cela dit, le mot de « rachat » — que je n'aime pas, comme le mot de péché, parce qu'il a prêté à tant de confusions — a tout de même à mon sens une certaine légitimité qui est la suivante. Le mythe de la Chute, c'est l'histoire de l'humanité, à la fois « fille » et « fiancée » de Dieu, future épouse enceinte de Lui, qui Lui est devenue infidèle en épousant Satan. Elle s'est en quelque sorte prostituée, d'où l'image de la grande Prostituée dans l'Apocalypse de Jean, et chez tous

1. Jean, 3, 3-6.

les prophètes qui la dénoncent. Or, l'époux-Satan dévore l'épouse, alors que l'Époux divin la nourrit. Le Christ vient remettre l'humanité sur le chemin des véritables épousailles, il vient la libérer de sa condition servile et mortelle pour la réintégrer dans sa condition de fiancée. Il se trouve que, dans le monde hébreu, le fiancé « achetait » son épouse par un geste symbolique et que, dans le monde romain, il y avait des cas de rachat de la liberté d'un esclave. Ce terme de « rachat », qui signifie donc libération, émancipation, et aussi mariage, est l'héritage direct de ces coutumes.

*Je ne voudrais pas entrer dans les détails du récit évangélique — cela ferait l'objet d'un autre livre ! — mais puisque nous parlons de la Passion, j'aimerais aborder un point, un seul, qui ne laisse pas d'intriguer : que faire du personnage de Judas ? Est-il le traître par excellence, un possédé de Satan, un « initié »... ?*

Oui, je sais, il a pu être suggéré que Judas, « initié », entré dans les arcanes du dessein divin, aurait compris qu'il fallait faire obstacle au Messie pour lui permettre d'accomplir sa mission...

Tout d'abord, vous savez, je n'aime pas ce terme d'initié dont on abuse tant. Certains emploient ce qualificatif pour le Christ lui-même, arguant du fait qu'il connaît des vérités théologiques paradoxales eu égard à son état de charpentier. Rappelez-vous effectivement ce passage où, à douze ans — nombre, d'ailleurs, qui est le symbole de l'Incarnation, du Trois divin qui s'inscrit dans le Quatre du monde manifesté —, où à douze ans, donc, il fait l'admiration des docteurs du Temple par son aisance dans les vérités les plus profondes des Écritures... Mais restons simples ? Il les connaît certainement, ces vérités, d'une autre connaissance que celle que lui aurait transmise un enseignement secret ! De sa jeunesse, aucune tradition authentique ne retient autre chose que le peu qu'en disent les Écritures. Alors, inutile d'aller imaginer des voyages initiatiques en Inde ou en Égypte, ou des séjours dans des sectes comme celles des Esséniens. Il montrera plus tard qu'il sait tout de l'intérieur !

Quant à Judas « initié », la Tradition ne nous en dit pas plus que pour Jésus, et nous montre au contraire celui-ci ne choisissant pas du tout ses disciples en fonction de leur érudition ou de leur connaissance spirituelle... Il est même amené maintes fois à les vilipender pour leur lenteur à comprendre la profondeur de ses propos !

Cela dit, il est des choses très intéressantes dans le nom même de Judas. Tout d'abord, il signifie... « louange » ! Et surtout, *Yehuda* n'est autre que le Nom divin lui-même, YHWH, auquel s'ajoute la lettre *Dalet*, qui signifie « la porte ». *Dalet*, en outre, correspond au nombre quatre, qui est celui de l'incarnation, celui de la matière et de la manifestation dans ce monde-ci. On pourrait donc traduire *Yehuda* par « la Porte de YHWH », celle qui introduit YHWH dans le manifesté.

Or, il y a deux Judas dans l'Évangile : le Christ est issu de la tribu de Juda, fondée par le quatrième (encore ce chiffre quatre !) des fils de Jacob — celui dont il est question lorsque le Christ, en référence à une prophétie de Jacob, est appelé « Lion de Juda ». Puis il est conduit à la mort par le « baiser de Judas », qui le dénonce aux soldats venus le capturer. Ainsi, l'Incarnation du Verbe s'inscrit entre ces deux Judas, comme entre deux « portes » qui président à la naissance et à la mort du Messie — tout cela dans un contexte de « louange » !

*Judas le traître a donc lui aussi sa place dans le dessein libérateur de Dieu...*

Le nom des hommes et des femmes de la Bible signifie toujours quelque chose dans le jeu divin.

J'ai tenté d'éclairer ce rôle symbolique des deux Judas dans *Le Symbolisme du corps humain :* la colonne vertébrale qui soutient les deux côtés du corps symbolise YHWH, « Je suis », qui est l'Instant crucial saisi entre le passé et le futur, et qui nous en libère. Elle est la colonne du Milieu, lieu du mariage en nous entre le masculin et le féminin, entre l'inaccompli et l'accompli, entre les Ténèbres et la Lumière. En tant qu'Axe du monde, dans l'Évangile, le Christ-YHWH est entouré de différents couples de personnages unis par le même nom. Ainsi des deux Joseph : celui qui veille sur Marie, sur la « matrice » de Jésus, et Joseph d'Arimathie qui veillera sur son tombeau, matrice d'une autre naissance. Ainsi des deux Jean : celui qui annonce l'avènement du Sauveur, et celui qui annoncera la Bonne Nouvelle dans toute sa profondeur... Et puis Judas ! Je crois qu'au départ des événements Judas l'Iscariote est moins le traître que l'adversaire, non au sens de l'ennemi, mais au sens dont nous avons parlé au sujet de Satan : l'Évangile de Jean rapporte qu'au moment de la Sainte Cène « Satan entra en Judas ». L' « adversaire » est celui qui représente « l'autre versant » de l'Homme, qui le fait se mesurer à cet « autre » pour l'inviter à entrer dans une autre dimension de lui-même. Il est donc aussi un *partenaire*... Il *fallait* que le Christ meure pour ressusciter, et c'est là ce que les Pères nomment « le grand mystère d'iniquité ».

Judas, lui, est dit « fils d'iniquité », mais il échappe complètement à notre critique morale. La Tradition s'accorde à dire que ce n'est pas parce qu'il a vendu le Christ que celui-ci prononce des paroles sévères à son égard — « Il aurait mieux valu pour cet homme qu'il ne fût jamais né » — mais parce qu'il s'est pendu, et qu'il a ainsi désespéré de l'amour divin. Il y a un moment où, dans le cœur de l'Homme, lorsque celui-ci prête à Satan le pouvoir du Christ, une inversion tragique s'opère qui le diabolise. Lorsqu'au cours de son procès Jésus rencontre l'inconscient collectif, diabolisé, dans cette foule hurlante qui le condamne, il commence dès ce moment sa descente aux enfers du Golgota pour y rencontrer le Satan diabolique et le vaincre.

Je crois que nous ne pourrons entrer dans ce mystère qu'en participant d'un tout autre niveau de conscience...

*Le rite central institué par Jésus avant de mourir, c'est l'Eucharistie — encore cette « institution » est-elle absente de l'Évangile de Jean...*

*Quelque chose me gêne dans l'obstination des catholiques à affirmer, contre les Églises réformées, la « présence réelle » du Christ dans l'Eucharistie, au lieu de parler tout simplement de symbole. N'y a-t-il pas là une forme d'idolâtrie ?... à laquelle, d'ailleurs, personne ne croit plus aujourd'hui !*

Je vous ai déjà exprimé mon sentiment sur un sujet semblable, à propos de Marie : il y a idolâtrie dès que le sens profond du symbole est perdu. Alors ne reste plus que l'aspect extérieur du rite, qui s'apparente à une adoration idolâtre... et qui ne résiste pas plus qu'un château de cartes à la critique de la raison.

Mais lorsqu'on vit véritablement le symbole, alors *en lui* est la présence de l'archétype. Toute parcelle du monde, en tant que porteuse d'un archétype, est habitée réellement par lui ! La rose est le réceptacle de l'énergie divine qui fait qu'elle est rose : les poètes savent ces choses-là... Dans le langage courant, on aurait tendance à dire que l'Eucharistie n'est que symbolique. Elle l'est, mais ce « ne... que » est de trop : dans le symbole, il y a déjà tout !

Mais allons plus loin, et je voudrais vous dire ici mon expérience personnelle. Je me suis trouvée un jour en Israël à partager le *kiddoush*, le repas rituel qui se vit le vendredi soir pour l'ouverture du Shabbat. Et j'ai été bouleversée par la présence avec laquelle chacun, dans la famille où je me trouvais, vivait le symbole : le père bénit le pain, bénit le vin, les fait passer à toute la famille, dont chaque membre boit à la coupe et partage le pain. Il me semble essentiel de réarticuler la Cène à ce rite juif : le Christ est l'archétype par rapport au symbole du pain, Il est *Bar*, qui signifie « grain de blé ». Le grain de blé est semé en terre pour y mourir et y germer, puis pour lever et donner l'épi qui est nourriture. De même, le Fils, *Bar* également (considérez la résonance que peut avoir cette homonymie dans la langue hébraïque !), est semé dans la terre intérieure de chacun pour y mourir et y germer aussi. Le Christ *est* le pain ! Ce n'est pas un hasard s'il est né à Bethléem, qui signifie « la maison du pain »...

Nous ne pouvons appréhender cette réalité que dans la dualité : le Christ-Fils, d'une part et le pain-grain de blé, d'autre part. Mais en Christ-Dieu, c'est-à-dire dans la Réalité suprême vers laquelle nous tendons, il n'y a plus de dualité ; extérieur et intérieur ne font plus qu'un ; l'espace et le temps qui sont nôtres sont alors dépassés ; le pain est chair du Christ et le vin, son sang. Chaque instant de notre temps est lourd d'éternité et de cette Réalité UNE.

Vous avez tort d'affirmer que personne ne croit plus à cela aujourd'hui, ne serait-ce que parce que j'y crois !... L'Église, qu'elle soit catholique orthodoxe ou romaine et même protestante pour une grande part, y croit. C'est l'ignorance, la déculturation de ces mystères fondateurs du monde qui font s'éloigner d'eux bien des chrétiens..., mais, je vous assure, pas tous !

*J'entends bien... mais n'a-t-on pas perdu tout contact avec la puissance efficiente du symbole, dès lors qu'on l'a concrétisé par un objet bizarre, sans beauté ni saveur, que l'on appelle « hostie » ?*

Là encore, on a souvent oublié les origines, qui se situent dans la tradition judaïque. L'hostie est censée rappeler la *matsah*, le pain azyme consommé lors de la Pâque juive qui est appelée « fête des azymes ». Cette fête commémore la sortie d'Égypte et symbolise donc la libération essentielle de l'esclavage du péché. L'a-zyme est un pain non fermenté, car tout pain levé en pays de servitude n'a pu que fermenter dans la violence et les querelles. Dans les familles juives, un nettoyage radical des maisons a lieu durant les jours qui précèdent la Pâque, pour supprimer toute source de fermentation. Ce nettoyage est l'élimination de ces « graines de violence » qui sont les nôtres, et qui signifient notre état d'esclavage intérieur. La *matsah* est donc un pain de pureté.

*Mais le levain n'est-il pas aussi un symbole positif ? Un bon pain naturel et levé n'est-il pas tout aussi porteur symboliquement que cet azyme ?*

Bien sûr ! Voyez-vous, non seulement nous avons souvent perdu les traces de nos sources judaïques, mais le catholicisme romain a aussi perdu le sens spécifiquement chrétien de ce symbole !

Les orthodoxes communient par le vrai pain, levé et vivant, et par le vin distribué à tous. Pourquoi ? Parce que le pain eucharistique est précisément celui qui ne fermente plus dans la violence des querelles, mais qui est « levé » par le Souffle de l'Esprit-Saint et dans la réalité de la Résurrection.

Qu'est-ce que le levain ? Il est une partie de la pâte qui a été mise à part, pour être réincorporée, une fois fermentée, à la nouvelle pâte. Le « levain » est un « reste » et ces deux mots correspondent au même terme hébreu, prononcé l'un *Sor*, l'autre *Shaor* qui intervient maintes fois dans la Bible.

Dieu prélève toujours, sur son peuple qui est comme une pâte, un reste destiné à « recevoir une couronne éclatante, une parure magnifique » (Is. 28,5), ou « qui sera au milieu des peuples comme une rosée » (Mi. 5, 6-7). Ainsi Noé, l'homme accompli, « reste » après le déluge pour devenir le levain de l'humanité. Le salut de l'humanité réside dans son « reste », dans les saintes exceptions qui sont le levain du monde.

*... dans ceux qui se lèvent pour devenir « le sel de la terre » ?*

Vous ne croyez pas si bien dire ! Car le sel, *Melaḥ* en hébreu, est formé des trois mêmes lettres que *Leḥem*, le pain. Je vous rappelais tout à l'heure que dans *Le Symbolisme du corps humain*, j'ai montré que le sel est moteur de l'accomplissement et que son métabolisme dans le corps, qui joue un rôle déterminant pour notre équilibre physiologique, est le symbole charnel du « métabolisme spirituel », si j'ose dire, lorsque nous nous nourrissons de Dieu.

*Dites-moi, nous sommes bien loin ici du « pain quotidien » que nous sommes censés demander à Dieu dans le « Notre*

*Père » ! J'ai toujours vu quelque chose d'étrangement païen dans cette demande très pragmatique et très intéressée faite chaque dimanche à Dieu le Père, dispensateur de nourritures tout à fait terrestres...*

C'est là une erreur bien regrettable de traduction ! Les chrétiens d'Occident ont tellement perdu leurs racines bibliques qu'ils n'ont même pas su ou voulu traduire le *épiousion* ou *hyperousion* que l'on trouve dans les manuscrits grecs des Évangiles. De ce pain « substantiel », c'est-à-dire « celui qui se tient sous les apparences », ils ont fait le « pain de chaque jour », réduisant ainsi la prière de Jésus à une réclamation vulgaire de seule nourriture du corps, de type magique et païenne ! Or, il est manifeste que Jésus reprend ici une expression bien connue de ses contemporains et que l'on trouve dans le Livre des Proverbes : *Leḥem ḥouki*, le pain qui nous « construit » intérieurement, le pain qui fonde la structure de notre être. Avant d'opérer la multiplication des pains, Jésus a nourri les foules de ce « pain essentiel », et c'est ce dont il parle dans la prière qu'il transmet aux disciples. Il est vrai que *ḥouki* est aussi intraduisible que *Amen*, mais cette paresse spirituelle nous a amenés à des traductions catastrophiques qui nous éloignent grandement de la prière de Jésus.

*Pourquoi, dans l'Eucharistie, cette dissociation entre le pain et le vin, entre le corps et le sang ?*

Je crois tout d'abord qu'il ne s'agit pas tant du corps que de la *chair*, au sens plein où nous l'avons évoquée : la chair est le fondement ultime de la personne, bien sûr portée et manifestée par le corps, mais qui est en elle-même d'essence divine.

Ensuite, il n'y a pas dans l'Eucharistie de dissociation, mais au contraire une association de deux termes inséparables : le sang est symbole de l'Esprit-Saint et là où est le Fils est aussi l'Esprit. Là où est le pain — ou la chair — doit être aussi le vin — ou le sang — qui nous investit du Souffle divin et nous fait grandir, nous arrachant à notre pesanteur pour nous porter jusqu'à la totalité de nous-mêmes. D'où l'importance essentielle de communier « sous les deux espèces » ! D'où aussi l'importance de l'invocation de l'Esprit-Saint dans la célébration des Mystères pour que, par sa puissance, le temps devienne l'Instant et l'espace, celui de Dieu... Cette invocation s'appelle « l'Épiclèse » ; elle a disparu elle aussi des liturgies occidentales !

Précisons encore ceci : qui sommes-nous, sinon des Adam qui doivent retrouver leur origine à travers l'histoire du « premier homme » ? Or, dans le nom d'Adam, il y a le sang, *Dam*, précédé de la lettre *Aleph* qui est *Élohim.* « Dieu dans le sang », ainsi pourrait-on lire le nom d'Adam. Ce n'est d'ailleurs pas seulement dans les textes judéo-chrétiens, mais dans toutes les traditions que l'on connaît l'essence spirituelle du sang de l'Homme. Ce qui me fait dire, dans *Le Symbolisme du corps humain*, que le sang, doté du Souffle divin, pulse l'énergie ; et le cœur obéit à cette pulsion.

*C'est le sang, dites-vous, qui fait battre le cœur, et non l'inverse ?*

De par l'origine des globules rouges nés dans la moelle des os, et de par leur fonction d'oxygénation, le sang a un rapport étroit avec notre essence profonde et avec le souffle. Je dis effectivement que le « cœur divin » bat dans notre sang, et que celui-ci, lourd de cette pulsion, fait battre le cœur. En affirmant cela un jour devant des cardiologues, je croyais bien soulever un tollé ! Mais pas du tout ! Il est bien certain, m'ont-ils répondu, que le battement du cœur demeure un mystère, car lorsqu'on fait passer du sérum à la place du sang dans la circulation du cœur, celui-ci ne bat plus...

*Nous venons d'échanger quelques paroles sur un sacrement, celui de l'Eucharistie... mais à vrai dire, y a-t-il réellement sacrement dans nos églises ? Quelle que soit la confession dans laquelle on se trouve, et quelle que soit parfois la bonne volonté de l'assistance, on s'y ennuie terriblement... sauf, évidemment, exceptions. Mais pour moi, elles sont rares.*

*À propos de l'icône, vous dites que la présence de l'archétype divin dans l'image dépend beaucoup de la qualité d'être de l'iconographe, de la densité de sa prière, et de sa connaissance au sens spirituel... Que dire du sacrement ? Personnellement, je serais tenté de n'adhérer à la Présence du Christ dans une assemblée que si la qualité des participants et du « véhicule » qu'est le prêtre n'est pas complètement déficiente...*

Je vous comprends, je conçois qu'il soit difficile de percevoir le divin dans un sacrement s'il n'existe aucune communion — autre que conventionnelle, mentale ou sentimentale — et si le prêtre est « absent ».

Mais, à mon sens, la question est un peu différente de celle de l'icône car, de toute façon, l'homme demeure « image de Dieu ». Même s'il paraît trop lourd, trop ignorant, trop superficiel, trop « opaque » pour laisser passer ce qu'il a à transmettre, il reste homme, et cette qualité le dépasse. Je crois qu'il y a ainsi sacrement, même si l'officiant et si l'assistance semblent en être indignes.

Cela dit, je ne cesse de clamer l'urgence d'une pénétration plus profonde des symboles à travers la symbolique de la langue hébraïque, puisque c'est elle qui structure notre Tradition. Elle nous ouvrirait, entre autres, à la véritable dimension de la « chair » dont on ne connaît que l'état « dévoyé », non l'ontologie. Elle nous apporterait une dimension nouvelle de l'anthropologie laissée vraiment en souffrance dans les écrits des Pères. Elle nous conduirait à ce que le Père Marcel Jousse appelait « la manducation de la Parole », cette pénétration du Verbe en nous qui peut aller jusqu'à l'identification : « manger » Dieu pour s'enrichir, se nourrir de Lui afin de grandir vers notre condition de « fiancée » destinée aux noces divines.

Là encore, l'hébreu nous dit tout : *Okhel*, « manger », peut se lire : *Élohim se donne en totalité !*

# XII.

## L'ère de l'Esprit

*Au cours de cet entretien, vous m'avez maintes fois répondu par des propositions qui pouvaient paraître a priori paradoxales. Réflexion faite, cela ne m'étonne pas, car je crois que toute pensée profonde est paradoxale et que toute vérité essentielle se situe sur un autre plan que notre bonne vieille logique aristotélicienne.*

*D'ailleurs, n'est-ce pas précisément* cela *que l'Église a toujours refusé d'admettre ? Proclamer des dogmes qui figent la Vérité et la rendent univoque, uniforme, unidimensionnelle, n'est-ce pas tuer toute spiritualité en excluant le paradoxe ? Sous prétexte de doter la foi d'une structure solide et universelle, on l'a enfermée dans des mots qui sont incapables de rendre compte des visages multiples de la vie... et a fortiori de la vie intérieure.*

Encore une fois, ne confondons pas le premier et le deuxième millénaire, ne chargeons pas le christianisme en général de toutes les erreurs de l'Église romaine ! Pour ce qui est de l'Occident, hélas, vous n'avez que trop raison...

Mais qu'est-ce que le dogme en réalité ? Pour les Pères de l'Église, loin d'être une affirmation plate, le dogme répond précisément à cette dimension paradoxale de toute vérité divine. Rien à voir avec ces inepties que l'on nous enseignait autrefois au catéchisme ! Tenez, j'ai gardé le vieux « Catéchisme du diocèse de Paris » de mon enfance, constitué de questions-réponses. À la question : « Qu'est-ce que le dogme ? » nous devions répondre cette phrase proprement aberrante, apprise par cœur : « Le dogme est une vérité qu'il faut croire... » Comment accepter le christianisme lorsque vous êtes d'une génération élevée dans cette vision humiliante de l'intelligence humaine ? Et que pouvez-vous alors transmettre à vos enfants ? Vraiment, il est urgent de sortir de cette ornière !

*Et ce n'est pas en publiant un nouveau Catéchisme en 676 pages et 2 875 chapitres destinés à souder, à bloquer l'homme et le divin dans des formules, sans un seul point d'interrogation, sans un seul point laissé en suspens, c'est-à-dire laissé à la libre conscience spirituelle des fidèles, que l'on va sortir de cette impasse !*

La seule voie, je crois, est d'en revenir aux Pères du christianisme. Or, on est obligé de constater qu'ils se *taisent* face aux grands mystères de la foi. Ils ne parlent que lorsqu'il y a risque d'erreur manifeste, de désagrégation, d'errance pour cette jeune Église qu'il fallait bien structurer un tant soit peu. D'où les premiers conciles qui, dans la contemplation, osent dire l'indicible en *deux* dogmes. Deux, en tout et pour tout, qui sont les deux piliers du temple chrétien : il s'agit d'une part du mystère de l'Incarnation, mystère des deux natures divine et humaine dans la Personne du Christ ; et d'autre part du mystère de la divine Trinité, celui des trois Personnes divines en un seul Dieu, trois Personnes dont chacune d'elles contient la divinité tout entière. Deux affirmations d'un paradoxe fou, tellement inaccessibles à notre logique qu'ils ne peuvent en aucun cas enfermer l'Homme. Au contraire, ils sont un « impossible » qui se fait possible et deviennent par là même, lorsqu'on tente de les pénétrer, libérateurs.

*Deux dogmes fondateurs, c'est effectivement peu et cela ne correspond pas à l'image que nous avons aujourd'hui du christianisme, qui apparaît plutôt comme un ensemble complexe et très contraignant de croyances.*

Le dogme au sens propre n'est pas contraignant, mais libérateur. Il n'a pas pour fonction de dire ce qu'est la vérité, il est simplement un fondement pour la contemplation divine qui, elle, est indicible. Il est à la contemplation ce qu'est l'axiome aux mathématiques : une base à partir de laquelle on construit. Dans un cas, il s'agit d'élaborer les structures du monde ; dans l'autre, de bâtir la structure de l'Église et celle, tout intérieure, de l'Homme. L'axiome comme le dogme sont indémontrables. L'un et l'autre *sont* ! Ils ne sont d'ailleurs pas étrangers l'un à l'autre. La création et l'Homme-microcosmos sont une grandiose mathématique qui s'enracine dans l'inconnaissable divin.

Pour la foi chrétienne, il y a deux dogmes, pas un de plus. Relisez l'Évangile de Jean : vous y découvrirez le mystère de l'Incarnation et celui de la divine Trinité ; c'est tout, et c'est *le* tout de la « Bonne Nouvelle » ! Encore le mystère de la Trinité n'y est-il inscrit qu'en filigrane, et ne fut-il dévoilé et précisé que plus tard par les Pères, dans les premiers siècles chrétiens. Tous les dogmes qui furent surajoutés par la suite le furent par une Église romanisée à l'extrême, contaminée par l'esprit juridique, centralisateur et dominateur de l'Empire. Une Église qui affirma sa puissance sur les peuples en empiétant sur le pouvoir temporel, et son autorité sur les esprits en déployant un appareil dogmatique pesant et humiliant.

Pour évoquer ce processus, l'évêque Jean Kovalevsky nous donnait souvent l'image suivante. Pendant tout le premier millénaire, l'inconscient collectif du monde chrétien se manifeste à travers le merveilleux équilibre de l'art roman ; la basilique romane est construite sur la base d'un carré, symbole du Créé et de l'incarnation. Au sommet, épousant cette base, est la coupole que dessine l'admirable unité de l'arc en plein-cintre ; elle est symbole de l'Incréé, celui du monde divin.

Au début du deuxième millénaire, de façon pratiquement concomitante au schisme Orient-Occident, l'arc en plein-cintre se rompt. De cette scission naît l'ogive, et l'art gothique renvoie l'Incréé dans des hauteurs qui n'épousent plus la base. Cette scission est révélatrice de la cassure entre l'Orient et l'Occident chrétiens, due à la modification qui s'introduit en Occident dans « l'axiome » trinitaire : l'Esprit Saint est, sinon oublié en tant que Personne divine, du moins relégué à un plan inférieur. Il n'est plus qu'élément de relation entre les deux autres Personnes, élément vite intellectualisé, pensé mais non vécu. Et lorsque l'axiome est faussé, les constructions qu'il génère sont forcément déséquilibrées. De même, sur le plan de l'architecture, la cathédrale gothique perd l'admirable unité de masse du roman et appelle sur ses côtés, telles des béquilles, des arcs-boutants. Ceux-ci sont analogues, disait l'évêque Jean, à la pléthore de dogmes qui viennent alors se superposer dans l'Église romaine à la sobriété théologique originelle, et pallier, à l'extérieur, ce que l'intérieur a perdu. Pléthore qui devait logiquement aboutir au dogme tristement fameux de l'infaillibilité pontificale, lequel d'ailleurs n'advint qu'en 1870, et non sans mal. Malgré son aberrance, qui nous semble aujourd'hui si manifeste, ce dogme n'était que la dernière phase, logique, d'un processus de rigidification à outrance, de consolidation d'une autorité ecclésiastique qui ne trouvait pas son « autorité » en elle-même.

*Cette autorité, cependant, semble bien avoir été instituée par Jésus lui-même : « Tu es Pierre et sur cette pierre je bâtirai mon Église. » Personnellement, je serais tenté de penser, soit qu'il n'était pas « sage » de fonder ainsi une Église sur l'autorité d'un homme — mais que signifierait alors un Fils de l'Homme à qui manquerait la Sagesse ? — soit, plus vraisemblablement, que ce passage est un ajout aux paroles authentiques du Christ, ajout destiné à asseoir l'unité de l'Église primitive. Qu'en pensez-vous ?*

L'Église primitive n'a jamais pris Pierre comme son « chef », et l'évêque de Rome n'a eu pendant des siècles qu'une primauté d'honneur. Pour en arriver aujourd'hui à cette sorte d'institution monarchique qui intervient dans la foi et dans les mœurs en termes de « Tu dois », il a fallu une lente dérive qui correspond au processus dont nous venons de parler.

Mais ce qui est plus intéressant, c'est cette citation de l'Évangile de Matthieu que vous venez de faire et sur laquelle règne la plus grande confusion, tant elle a été récupérée par l'Église romaine. Ici encore, il n'y a pas lieu de remettre en cause l'authenticité du texte qui nous a été transmis, pour peu que l'on entre dans son sens profond.

Rappelons les circonstances dans lesquelles Jésus parle ; j'ouvre pour cela l'Évangile de Matthieu (16, 13-18) : « Jésus questionnait ses disciples : Au dire des gens, dit-Il, qui est le Fils de l'Homme ? Ils répondirent : Pour les uns tu es Jean-Baptiste, pour les autres Élie, pour d'autres, Jérémie ou l'un des prophètes... Et pour vous, leur dit-Il, qui suis-je ? Simon-Pierre prit la parole : Tu es le Christ, dit-il, le Fils du Dieu vivant. Alors Jésus prit la parole à son tour et lui dit : Tu es heureux Simon, fils de Jonas, car ce n'est pas la chair et le sang qui t'ont révélé cela, mais mon Père qui est dans les cieux. Et moi je te le déclare, tu es Pierre, et sur ce Rocher je bâtirai mon Église. »

Le Rocher est alors la confession de foi que vient de proclamer Pierre. Le Rocher est le Christ, Fils de Dieu, et c'est sur Lui qu'est bâtie l'Église, non sur un homme ! Par cette confession de foi, on peut dire que Pierre est participant de ce Rocher, et de l'Église dont le Rocher est la Pierre d'angle mais il n'en est pas lui, Pierre, la Pierre d'angle !

Ce que le Christ dit à Pierre pourrait encore être traduit par : « Tu es foi », en hébreu, *Amen.* Et c'est en effet dans cet Amen que nous participons de l'Église et que nous contribuons à la bâtir. Nous en sommes, chacun, une « pierre », *Eben* en hébreu. Et il y a un autre jeu de mots très séduisant entre *Amen* et *Eben.*

*Le « roc » grec, effectivement,* Kephas, *comme la « pierre » en français ne correspondent à aucune consonance par rapport à ce que vient de dire Simon. Si donc il y a jeu de mots, il serait en hébreu...*

Vous savez, les jeux de mots qu'affectionne l'hébreu portent bien plus que des consonances : entre *Amen* et *Eben* existe une similitude riche de sens. L'un s'écrit *Aleph-Mem-Nun*, l'autre *Aleph-Beth-Nun.* C'est-à-dire que l'un commence par le mot *Em*, qui signifie « la mère », et l'autre par le mot *Ab*, qui veut dire « le père » ! Il y a entre *Amen* et *Eben* un éblouissant rapport aux archétypes.

*Savez-vous que le retour à l'hébreu dans la lecture des Évangiles, que vous évoquez là, se retrouve dans le livre récent d'un auteur juif, Gérard Haddad, qui rappelle que la prière quotidienne des juifs citant le Talmud connaît depuis les origines le jeu de mots entre* Banim, *les fils, et* Bonaïm, *les bâtisseurs, c'est-à-dire entre* Ben, *le fils, et* Eben, *la pierre? Gérard Haddad rappelle aussi que Jean-Baptiste lui-même use de cette consonance connue de tous ses contemporains, lorsqu'il s'écrie : « Dieu peut, de ces pierres (*Abanim*) que voici, faire surgir des enfants (*Banim*) à Abraham. »*

*Ce livre n'est qu'un exemple d'un certain courant qui tendrait aujourd'hui à appuyer la thèse de Claude Tresmontant et d'autres auteurs, thèse selon laquelle les paroles du Christ furent d'abord* transcrites en hébreu *avant d'être traduites, et d'ailleurs mal traduites en grec.*

Personnellement, je n'ai pas les compétences me permettant d'entrer dans les polémiques sur la langue et la datation des Évangiles, dont nous disposons aujourd'hui. Comprenez-moi : non seulement je n'ai pas l'érudition pour en discuter, mais là n'est pas non plus mon propos, car je ne crois pas qu'un renouveau du christianisme puisse advenir par la voie de l'histoire ou de la philologie, mais par un retournement de l'Homme sur lui-même, sur sa nature profonde en laquelle sont enfouis ces messages et qui, travaillée, retournée, libérera le trésor que les textes sacrés viendront enrichir et confirmer. Nous avons déjà parlé ensemble de ces deux pôles, extérieur et intérieur, qui ressortissent d'une même réalité. C'est pourquoi, dans mes cours et séminaires, j'annonce toujours à mes auditeurs que je ne vais rien leur apprendre, mais les faire se souvenir...

Ce qui semble évident, cependant, c'est que le sens profond des Évangiles devient manifeste si on les aborde à la lumière de l'hébreu. Que cette marque originelle soit due à une première rédaction en hébreu, dont nos Évangiles grecs auraient conservé la trace dans leur syntaxe et dans une foule de sémitismes, ou bien qu'elle soit due à une tradition orale en hébreu restée très fidèle durant plusieurs décennies — ce qui n'est pas du tout impossible, lorsqu'on connaît la force et l'exactitude des traditions sacrées véhiculées par l'oralité —, cela est un problème très intéressant. Mais plus intéressant encore est de *faire revivre* cette langue, et d'amener le christianisme à faire lui aussi son « retournement » vers ses sources.

Pour en revenir au changement de nom de Simon en « Pierre », ce que je vous en ai dit, comme ce qu'en dit votre auteur, tend à montrer une chose certaine : le Christ ne fonde pas son assemblée sur un homme mais sur la foi, c'est-à-dire sur le Christ lui-même, dans la puissance de l'Esprit.

*Ladite assemblée nous a pourtant, depuis vingt siècles, montré un tout autre visage. Cela me fait songer aux paroles du prêtre Jean Sulivan sur le double visage du christianisme : il existe, disait-il, une tradition vivante qui s'exprime dans une « pensée-parole intérieure », à travers « une exigence qui agit dans l'instant au plus profond de nous ». Et puis, au fil des siècles, un autre christianisme a usurpé la place de ce souffle premier, un christianisme qui, lui, « se dit dans une pensée abstraite... dans un écrit-parole de type juridique ».*

Très juste ! Il faudrait parfois que les chrétiens se souviennent de la grande subversion qu'a apportée le Christ dans le contexte du judaïsme de son époque, crispé sur la Loi. Il n'est pas venu abolir cette Loi mosaïque écrite, mais l'accomplir, comme il le dit lui-même. C'est-à-dire libérer l'esprit de la lettre : dans la profondeur de ce qui est écrit, en effet, il y a un dire beaucoup plus vivant, qui est comme l'éclatement de la fleur à partir du bourgeon. La fleur ne peut renier le bourgeon, ce serait absurde, mais elle ne peut en rester à ce premier état : elle doit éclore, et c'est à cette éclosion que nous appelle sans cesse le Christ.

*Vous me répondez là en évoquant la controverse centrale qui, selon les Évangiles, oppose Jésus aux pharisiens : la question de la lettre et de l'esprit. Mais ce que voulait dire Jean Sulivan, je crois, c'est qu'*aujourd'hui, *cette distinction entre une religion abstraite et juridique et une religion de l'Esprit s'applique* au christianisme lui-même.

J'en suis bien convaincue, encore que je sache par expérience qu'existe toujours — Dieu soit loué ! — un christianisme vivant dans l'orthodoxie qui a gardé intact le grand Souffle du premier millénaire. En Occident, certains monastères l'ont conservé, mais il est vrai que nous avons une image très défigurée de cette assemblée spirituelle « convoquée » (telle est l'origine du mot Église) par le Christ... nous avons vraiment à nous débarrasser de ce christianisme enkysté dans la Loi !

Songeons qu'à l'origine, les paroles du Christ ont pour but de réinsuffler l'Esprit dans une religion qui s'est sclérosée à l'extrême. En cela, il ne fait d'ailleurs que renouer avec l'authentique tradition hébraïque, pour l'accomplir...

Depuis Moïse, la tradition hébraïque trouve son équilibre dans le juste rapport entre la Loi et les prophètes. La Loi qui structure, et le prophétisme qui transmet le Souffle de la Vie divine. Mais la tentation permanente des Hébreux est de se sécuriser dans la première, et d'étouffer le second. Déjà Moïse, le grand fondateur, est maintes fois contesté et même inquiété par son peuple. Et les prophètes de l'Ancien Testament sont souvent rejetés, parfois mis à mort... D'où les paroles de Jésus pleurant sur Jérusalem et disant : « Jérusalem, toi qui as tué tes prophètes... » À son époque, le souffle prophétique s'était tari depuis déjà des siècles, c'est-à-dire depuis les « petits » prophètes, qui sont d'ailleurs aussi grands que les « grands », mais que l'on nomme ainsi parce que les écrits qui les concernent sont plus courts. Le Christ vient rappeler et rétablir l'équilibre originel. « Vous avez la Loi et les prophètes », dit-il.

Dans l'épisode de la Transfiguration, on retrouve les symboles de cet équilibre : en haut, autour du Christ transfiguré, apparaissent aux disciples témoins de cette vision Moïse — le monde de la Loi — et Élie — le monde du prophétisme — en bas, les disciples forment aussi une triade, analogue à la triade céleste qui se manifeste à eux : Pierre correspond à Moïse et à la Loi ; Jean, le disciple le plus mystique, correspond à Élie et au prophétisme ; et Jacques, le troisième « spectateur » de cette Transfiguration, correspond au Christ, car il est de la même lignée que lui : il est celui que l'on appelle « le frère du Seigneur ». Il se tient entre les deux autres, symbolisant l'équilibre que réinstaure et que vivifie le Christ.

*Si l'avènement du christianisme manifeste ainsi un renouveau du souffle prophétique, n'est-il pas étonnant que deux mille ans après le Christ nous ayons encore besoin, comme nous venons de le constater, d'entendre la voix des prophètes ?*

Vous savez, il en est toujours ainsi ! L'islam aussi se présentera, avec Muhammad le « Sceau des Prophètes », comme le spectre du prophétisme qui revient se manifester aux héritiers de Moïse. Et aujourd'hui, Dieu sait s'il s'est lui-même juridisé à l'extrême !

Mais au-delà de la tendance des hommes à rigidifier leurs religions, le fait que nous ayons encore et toujours besoin des prophètes procède d'une autre cause, beaucoup plus profonde. La Tradition, par nature, demeure cette grande Dame voilée dont nous devons enlever les voiles un à un, au fur et à mesure de notre propre transformation intérieure. La Tradition est transmission, mais contrairement à l'image que l'on en a souvent, elle ne véhicule pas un message qui appartient au passé, mais une Présence qui se révèle peu à peu et transfigure notre présent. C'est pourquoi ceux qui veulent « conserver » la Tradition n'ont rien compris, car elle est un perpétuel devenir ! Elle participe, comme le dit si bien Jean-Yves Leloup, du domaine de l'Ouvert.

Les chrétiens croient souvent, parce qu'ils se réfèrent au Christ qui est venu « accomplir » la tradition mosaïque, qu'ainsi Il l'a close et que tout a été dit pour toujours. Tout est dit, certes, en Lui qui est Verbe, mais en même temps tout reste à dire, car la nature humaine est ainsi faite qu'elle a besoin sans cesse d'hommes qui se lèvent pour casser la gangue de leur cœur et de leur intelligence, et soulever les voiles. De tels êtres inspirés doivent évidemment être « vérifiés », sous peine de tomber dans les fantasmes les plus aberrants. C'est là précisément le rôle de la Loi, non pas contraignante mais libérante, qui structure en demeurant ouverte sur l'Esprit.

L'essentiel est toujours l'Esprit, celui que lègue le Christ aux apôtres dans l'Évangile de Jean, celui qui seul peut nous conduire dans la violence du Royaume. Violence, dis-je, car le Royaume est à l'intérieur de l'Homme ; il est ce potentiel d'énergies dont je me suis longuement entretenue avec vous, énergies qui feront soit la tragédie du monde dans leur déferlement à l'extérieur, soit l'accomplissement, la déification de l'Homme s'il ose les saisir et les travailler à l'intérieur de lui ; elles deviendront alors information, intelligence et lumière. Dans ce sens, si le Christ renoue avec l'authentique tradition hébraïque, Il rompt aussi avec elle, ou plus exactement avec les habitudes qu'on avait prises d'elle, pour l'accomplir : « Jusqu'à Jean, vous avez eu la Loi et les prophètes ; depuis Jean, le Royaume est annoncé et chacun, pour y entrer, doit pénétrer sa violence... »

*Mais ne croyez-vous pas que les Églises, quelles qu'elles soient, et contrairement à leurs propres prétentions, sont en fait incapables de générer des prophètes ? Nul n'a jamais été prophète en son Église !*

Le prophète est effectivement souvent rejeté, car il est un empêcheur de tourner en rond, il désécurise, il déstabilise. Il apporte le souffle d'une autre dimension de conscience qui implique mort et résurrection. Et comme la « mort », c'est-à-dire la mutation, est toujours quelque chose d'effrayant pour les hommes, le prophète fait peur.

Je crois que toute tradition authentique génère des prophètes... même si, paradoxalement, les hommes de cette tradition ont tendance à fuir ces inspirés.

*Le « retour de l'Esprit » dont se réclament les mouvements charismatiques participe-t-il de cette résurrection du prophétisme que vous évoquez et espérez ?*

Ne mélangeons pas les choses ! Je vois dans ces mouvements une *réaction* à l'étouffement de l'Esprit qui fut le lot de l'Occident depuis des siècles. Ils manifestent une rébellion des profondeurs de l'Homme que l'on a voulu sevrer de toute spiritualité authentique. Mais comme toute rébellion, celle-ci prend souvent des formes chaotiques, que l'on ne doit pas confondre avec l'avènement d'une ère fertile, véritablement neuve. Le discernement est ici hautement nécessaire !

D'ailleurs, entendons-nous sur le terme de prophète : il ne prédit pas l'avenir ! Il « voit les cieux ouverts », dit la Bible, il entre dans le temps intérieur à l'Homme. Celui-ci nous semble, par rapport à notre conscience du monde, un non-temps, ce que nous appelons « l'éternité ». Mais il est en réalité un temps divin, qui inclut et dépasse à la fois notre passé-présent-futur. Le prophète biblique voit l'accompli et l'inaccompli qui sous-tendent le présent des hommes, il pressent l'humanité comme en gestation d'elle-même. Il est donc en relation directe avec « ce qui va s'accomplir » sur le plan essentiel. Or, celui-ci se manifeste aussi au niveau existentiel, et c'est ainsi qu'il peut y avoir concordance entre les faits extérieurs et les dires du prophète. Mais de telles correspondances adviennent en quelque sorte par surcroît, le but unique de la parole prophétique étant de nous mettre en relation avec la Parole qui nous habite.

*En ce sens, le poète est frère du prophète. En tête de* La Lettre, chemin de vie, *vous citez le poème* Voyelles *de Rimbaud : « Voyelles, je dirai quelque jour vos naissances latentes... »*

Le poète participe de la réalité prophétique, il fait l'expérience de cet autre champ de conscience, non par une inspiration « venue d'en haut », mais par la qualité de son regard sur le monde « d'ici-bas ». Le Souffle, il ne le reçoit pas d'une source transcendante, mais il le vit au même titre que le prophète en entrant en contact avec le subtil de toute chose. Car toute chose, nous l'avons dit en évoquant le mot hébreu *Dabar*, est essentiellement « Verbe », et il est un regard qui permet de voir immédiatement, par transparence en quelque sorte, la Parole qui habite le monde. Il est une sensibilité essentielle qui dépasse la sensation commune que nous avons de ce qui nous entoure.

*Ce « dépassement de la sensation » justifierait-il le « dérèglement de tous les sens » que prônait Rimbaud ?*

Certainement pas ! Car ces pratiques-là détruisent l'Homme, alors que la réalité dont nous parlons est là au contraire pour le construire. En ce domaine aussi, il convient de faire œuvre de beaucoup de discernement : nombreux furent les poètes et les artistes qui, sous prétexte d'accéder à d'« autres dimensions », ont employé des artifices qui n'ont réussi qu'à les détruire... et à détruire souvent leur entourage ! C'est que l'on ne peut devenir « voyant » par artifice !

Toucher à l'essence du monde et de l'Homme ne s'acquiert pas par des procédés « magiques », ce ne peut être que le résultat d'une transformation intérieure, spirituelle en son fond — même si d'ailleurs, elle ne s'avoue pas comme telle.

Le poète-prophète, lui, a immédiatement conscience de ces choses-là. Pour ne prendre qu'un exemple, j'évoquerai celui qui vous a certainement le plus marqué, un poète qui savait condenser en quelques mots ce que j'essaie moi-même de faire passer quant à la quête spirituelle, je veux parler de Daniel Pons.

*Vous savez qu'il ne se situait dans aucune Église ou groupe de nature religieuse...*

Il était dans la Tradition !

*Avec cette nuance qu'il entendait « chanter la Tradition sur le temps présent », mais il est vrai que cette nuance est précisément celle que vous venez d'apporter en parlant du souffle prophétique. Selon vous, si je comprends bien, les « prophètes », les porteurs du Souffle que vous appelez de vos vœux ne s'insèrent pas forcément dans une voie religieuse donnée ?*

Soyons précis : ils ne s'inscrivent pas forcément dans une Église en tant qu'institution mais en tant qu'espace de transcendance, oui, en tant que lieu de réunion des « convoqués » aux mystères, oui. Et pour moi, cette dimension collective de l'Homme n'est viable que soudée aux rites religieux. L'Église est alors la Voie par excellence...

*... et non pas « une voie parmi d'autres », comme pouvait le suggérer par exemple Dürckheim, lorsqu'il parlait des différents chemins qui peuvent mener l'Homme sur l'expérience initiatique de l'Être : à côté d'une pratique religieuse, il évoquait la relation de l'Homme à la nature, la relation érotique, l'expression artistique, ou encore tout simplement l'exercice d'une relation juste à l'autre, au monde et à soi-même, dans les faits et gestes de la vie quotidienne.*

Ces voies sont alors personnelles. Mais le prophète s'adresse surtout au collectif.

Dürckheim parlait de ces choses-là avec une humanité et une intelligence exceptionnelles mais, sur ce point précis, je ne m'accorde pas avec lui : on ne peut faire l'économie de la Tradition spirituelle à laquelle, qu'on le veuille ou non, on appartient, car elle seule nous met pleinement en relation avec le « Je suis » que nous sommes. Certains artistes ou poètes peuvent exprimer de grandes intuitions, mais peu, très peu élèvent leur art au niveau des grands « inspirés » que sont les prophètes, au sens où nous l'entendions. On pourrait citer Van Gogh, par exemple... Pour ceux-là, lorsqu'on entre vraiment dans l'œuvre qu'ils nous ont léguée, quelle que soit leur liberté de pensée, on y découvre un souffle spirituel.

*Vous évoquiez Daniel Pons, et effectivement lui-même n'hésitait pas à se reconnaître dans la tradition chrétienne, entendue au sens « ouvert ».*

Et c'est le seul sens possible ! Voilà l'exemple d'un poète qui entre, malgré son « a-dogmatisme », dans ce que j'appelle le phylum judéo-chrétien. Pour Daniel Pons, « chanter, danser et rire » sont autant de voies vers la Transcendance, que la Parole biblique pourrait prendre à son compte.

La danse est par excellence la manifestation de cette Parole dont nous n'avons pas cessé de dire qu'elle vit au cœur de notre corps. Par la danse, l'Homme reconnaît et éprouve que son corps même est Verbe. Nous avons perdu cette intelligence du geste en Occident ; la gestuelle de la liturgie orthodoxe garde une trace de l'association originelle de la danse à la prière. Les Psaumes exaltent la danse, et David leur auteur, le « Bien-Aimé de Dieu », danse devant l'Arche d'Alliance. Son nom hébreu est le même que celui du Bien-Aimé du Cantique des Cantiques, dont les amours avec la Sulamite ne sont qu'une longue et ardente danse, érotique *et* spirituelle — car l'éros, nous l'avons dit, l'éros présent dans toute danse est la flamme du désir de Dieu qui nous habite.

*J'ai été frappé, en lisant votre commentaire de la lutte de Jacob avec l'Ange, de voir que vous compariez la boiterie de Jacob blessé à la hanche à une danse sacrée, celle de « l'Homme avec lui même, en tant que sa vie est la danse même de sa rencontre avec Dieu ». Ces mots sont très proches de ceux que Daniel Pons adresse à son frère intérieur, le « créateur humain » : « Tu es un boiteux qui sautilles vers la lumière, mais boiter de cette façon-là, Créateur mon frère, c'est danser une danse première. »*

Effectivement, on ne lutte pas *contre* les épreuves mais *avec* elles, et cela devient une danse. Nos handicaps intérieurs sont transcendés dès lors que nous nous relions au Verbe qui vit en nous et que nous l'exprimons. Il en est ainsi de Jacob boiteux.

Il en est ainsi également de Moïse, qui transcende son bégaiement du jour où il se fait porte-parole du Verbe. Nous sommes aussi des bègues sans le savoir, et pour nous, la seule façon de trouver un langage qui soit digne du divin qui nous habite, c'est de porter la parole jusqu'au chant, puis un jour jusqu'au silence...

D'où l'importance du chant chez votre ami poète, comme dans la tradition hébraïque : rappelons que la Bible ne se *lit* pas, mais se cantile ! *Shir*, le chant, est d'ailleurs étroitement lié à *Shira*, la poésie, et à *Yashar*, ce qui est droit, la rectitude. Je fais moi-même l'expérience du chant liturgique, dont la présence dans les célébrations est celle du Verbe de l'Homme entrant en résonance avec les mystères, et faisant s'incliner le ciel vers le peuple rendu « royal ». Je peux vous dire qu'il possède une action proprement thérapeutique, tant il réharmonise toutes les énergies. On arrive aux offices avec notre vie chargée d'angoisses, de chaos et de contradictions, et le chant vient réorienter, réordonner, réorganiser en unité cosmique toutes ces pulsions dispersées qui nous écartelaient. Le chœur est le plus beau symbole de cette réunification intérieure : il est le Verbe UN né de plusieurs voix, l'un dans le multiple. Il est le rassemblement de toutes nos musiques intérieures, qui sont cacophonie et qui deviennent musique. C'est d'ailleurs pourquoi, dans la liturgie traditionnelle, il n'y a pas d'instruments de musique, car le Verbe de l'Homme est l'organe porteur de l'Image de Dieu par excellence.

*On chante aussi dans nos églises catholiques et protestantes... mais j'avoue ne pas me sentir très transporté par ces chansonnettes pieuses !*

Il est navrant, en effet, que l'Occident ait réduit le chant liturgique à une vague mélodie qui demeure cantonnée dans le domaine du sentimentalo-psychique. Ce domaine est précisément celui qui nous « psychise » et nous détruit parfois ; il n'élève aucunement l'âme.

Il y a des sons qui tuent et d'autres qui sondent les cœurs dans les profondeurs les plus archaïques de l'Homme et qui, là, émeuvent jusqu'au Saint-Nom. Le grégorien, certains vieux tons slaves, byzantins ou celtes même contribuent à nous « construire », car ils épousent les structures profondes de notre être. Ils sont en eux-mêmes une véritable nourriture spirituelle.

*Et qu'en est-il du rire, qu'exalte aussi mon ami Daniel ? A priori, on pourrait douter qu'il s'enracine lui aussi dans la Tradition...*

Plus encore que la danse et le chant ! Le rire — *Yitsḥaq* en hébreu — est le nom même d'Isaac, deuxième patriarche dans la triade des pères fondateurs d'Israël, et par là même image du Fils, car cette triade elle-même est image de la divine Trinité : Abraham signifie le Père, Jacob l'Esprit-Saint et Isaac, le Fils.

Isaac est l'enfant donné au couple Abraham-Sarah qui était stérile, aux termes de l'Alliance dite « Alliance de la circoncision » que Dieu dresse entre lui et ce couple pour lever la stérilité et, littéralement, « ouvrir le ventre de Sarah ». En ce sens, Isaac est l'objectivation même de la naissance du Fils intérieur, « Fils de l'Homme » dont nous avons déjà parlé et qui seul importe en profondeur dans l'Histoire d'Israël. Ce couple, dont la stérilité physique signifiait donc la quasi-mort du germe divin en Abraham, est aussi dans un âge qui lui interdit une éventuelle fécondité biologique : Abraham a cent ans et Sarah quatre-vingt-dix ! C'est alors un bouleversement fou chez ces êtres que cette irruption divine, lourde d'un « impossible » se faisant réalité. Alors, l'un après l'autre, ils rient...

*Rire dubitatif devant ce qui peut apparaître comme une plaisanterie divine ?*

À un premier niveau, peut-être ; mais devant toute intervention divine, l'Homme est ébranlé dans une telle profondeur qu'il ne s'agit pas d'une secousse psychique, mais de ce *tremere* latin qui signifie aussi bien la « crainte » que le « tremblement » devant le sacré, lorsque l'Homme est aux prises avec ce qui le dépasse radicalement. Le rire d'Abraham éclate parce que éclate en Sarah le sceau du Nom qui retenait jusque-là l'Image divine figée, et qui maintenant libère la puissance de Ressemblance. Son rire éclate parce que se déchire en lui « l'habit de peau » de la servitude, et qu'il prend alors le chemin de son devenir-Verbe.

C'est pourquoi cette essentielle fécondité s'enracine dans la circoncision où le prépuce (habit de peau) est coupé pour que naisse la lumière (le sexe de l'enfant, préfigurant le Verbe).

*Je ne m'imaginais pas que le rire biblique possédait une telle dimension !*

Une dimension qui se prolonge plus loin encore... car la naissance d'Isaac n'est que prémices de celle du Christ. Marie accepte elle aussi l'impossible !

Isaac était image du Fils. Jésus *est* le Fils. En lui, Dieu se fait Homme. La divinité totalement transcendante à l'humanité se fait immanente à elle et opère l'impossible union, sans aucune confusion, des deux natures inconciliables. Dans l'inadéquation radicale de ces deux réalités, dans l'échec de toute pensée pouvant les unir, dans ce « scandale » gît la genèse du rire essentiel et, secondairement, de tout rire. On s'étonne de ce que, dans les Évangiles, si Jésus pleure quelquefois, on ne le voit jamais rire. Mais *Il est* le rire, ce rire dont notre monde tragique meurt de ne pouvoir l'intégrer !

Celui — ou celle — qui dans sa vie sait rire construit son être plus qu'il ne le pense : il existe une thérapie du rire, qui était déjà bien connue de Rabelais ; il l'appelait celle de la « gorge délivrée » ; elle était liée chez lui au « gay sçavoir » et allait de pair avec le « long avalement du Livre » de la connaissance... Rabelais n'ignorait certainement pas la Qabbale, et son héros Gargantua avait quelque chose à voir avec les gargouilles des cathédrales et la « gorge délivrée » dans le rire du Verbe !

*On retrouve encore ici les mille dimensions du corps « que nous sommes », alors que nous étions partis de la poétique de Daniel Pons, et du souffle prophétique qui peut habiter le poète ou l'artiste ! Cela ne m'est pas étranger, puisque Daniel disait toujours et a écrit : « Danser, chanter et rire, c'est faire la fête pour honorer le non-finir... » Mais vraiment, vous m'étonnez quand même par ce va-et-vient continu entre le spirituel et le charnel !*

Le corps et l'esprit sont deux pôles indissociables, et votre ami le savait bien ! Quant à l'art, il est une manifestation du sacré, *ou n'est pas.* S'il y a chaos, s'il y a folie dans une œuvre d'art digne de ce nom, il s'agit alors d'un chaos qui, en soi, est appelé à tendre vers la sacralisation de l'Homme, d'une folie qui peut devenir ivresse.

Notre grand malheur aujourd'hui, c'est que ce que l'on nomme indûment « art » ou « poésie » tourne au narcissisme : le monde psychique, le chaos, la folie sont montrés *en tant que tels*, sans être saisis dans un souffle sacré. Si notre art contemporain insupporte tant de gens simples qui n'ont que faire des théories esthétiques, ce n'est pas seulement parce qu'ils ont du mal à comprendre de nouvelles formes, c'est surtout parce qu'ils ont très bien senti : on leur présente trop souvent une entreprise d'évacuation du spirituel !

*Vous touchez là à une question très mystérieuse : il ne fait pas de doute qu'aujourd'hui, dans tous les pays dits « développés », des millions de gens s'interrogent de plus en plus sur la finalité de ce développement exclusivement technique et matériel. Il ne fait pas de doute que cette « évacuation du spirituel » que vous évoquez est partout remise en cause par le public qui prend conscience qu'il est trompé. Vous citiez le domaine de l'art, mais il en est de même de l'information, d'une certaine science ou de la politique...*

*Or, si l'*intuition *du spirituel resurgit ainsi de façon irrésistible, si les profondeurs de l'Homme commencent à se rebeller — parfois par des voies anarchiques, certes, mais dans un mouvement général qui semble irrépressible —, la plupart des gens ne savent* comment *exprimer cette intuition et comment lui répondre. Les institutions ecclésiales, qui font pour eux figure de repoussoir, leur ont involontairement désappris la foi par leur incapacité à répondre à leur mission, et les ont rendus étrangers à l'authentique spiritualité. Alors,* comment faire, *lorsqu'on a la nostalgie de la foi... mais qu'on ne l'a pas ? Lorsqu'on rêve bien de cet Esprit qui soulèverait les montagnes de notre pesanteur intérieure, mais qu'on ne sait comment l'approcher ?*

Le désarroi de beaucoup d'êtres est directement issu de leur peur.

Tout homme normalement constitué, si j'ose dire, ne peut que vomir la folie destructrice de ce monde que nous avons bâti sur la violence et la compétition pour le pouvoir. Mais en même temps, nous hésitons toujours à entrer dans cette folie. structurante celle-là, qu'est la foi. Car la foi est folie ! Elle est un tel bouleversement de notre intelligence des choses qu'elle en devient scandaleuse, et provoque l'écroulement de toutes nos pauvres valeurs, de toutes nos constructions intérieures. Parce que, plus ou moins confusément, nous avons l'intuition de ce « danger », de cette subversion, de ce qui ferait voler en éclats les carapaces de notre petit moi, nous *n'osons pas.* Et, en fait, nous mourons souvent de ne pas savoir mourir ! Car si la foi est « pierre d'achoppement » — ce que signifie le mot scandale — elle est aussi pierre d'angle : elle nous fait entrer dans cette *adhérence* totale au Tout-Autre, comme dit André Chouraqui, à partir de laquelle nous pourrions nous reconstruire.

*Vous me répondez ainsi... parce que vous avez la foi ! Mais j'insiste : le temps n'est plus où la seule question qui se posait aux hommes n'était pas de croire en Dieu, mais simplement de croire Dieu, d'écouter sa Parole et de la suivre dans la vie : l'existence même de Dieu ne posait aucun problème. Aujourd'hui, notre mode de pensée est devenu exclusivement mental et beaucoup de gens voient mal comment s'échapper du matérialisme destructeur, si ce n'est par les voies qu'on leur propose, qui demeurent dans le cadre restreint des « opinions » sur Dieu, des théories métaphysiques ou « spiritualistes »... c'est-à-dire, encore et toujours, étroitement mentales !*

*Autrement dit, on peut très bien croire intellectuellement à une Transcendance inaccessible au mental — comme c'est le cas pour la plupart de nos contemporains —, on peut très bien imaginer une Présence dépassant tout ce que nous pourrions concevoir, on peut très bien ressentir clairement en soi, et parfois même douloureusement, une nostalgie de l'Esprit... et cependant demeurer incapable d'en* faire l'expérience directe.

Il n'y a pas à faire, mais à *être fait* ! Il n'y a pas à « avoir » la foi, à « posséder » la foi, mais au contraire à lâcher prise, comme dit Dürckheim, vis-à-vis des multiples formes de sécurisation qu'épouse inconsciemment notre volonté. Non pas faire, mais se laisser faire, laisser être cette Parole qui nous habite, que nous n'entendons pas encore ; mais nous n'aurons quelque chance de l'entendre que si nous mettons fin à notre cacophonie intérieure.

Le seul agir juste est de lever tout ce qui fait obstacle à

notre être profond, tout ce qui fait barrage au désir qui monte en nous.

« La foi ne se commande » pas, dit-on souvent. Bien sûr, mais on oublie d'ajouter que son désir est en nous, que nous *sommes* ce désir ; il est une montée de sève qui demande à devenir fleur et fruit. Il n'y a donc aucunement à le commander mais seulement à l'accepter, puisque nous sommes « programmés » pour le laisser advenir et éclore ! La volonté intervient ici, mais seulement dans un second temps et dans le sens d'une décision, une fois que nous avons pris conscience de notre être de désir — aux connotations, comme nous l'avons dit, aussi charnelles que spirituelles. Alors il s'agit de « rectifier le tir », de réorienter la visée de ce désir, d'opérer ce « retour » essentiel qui est le seul sens valable du mot « conversion ».

Notre grande difficulté réside dans la peur que nous avons de cette destruction intérieure, dont nous sentons bien qu'elle sera le préalable nécessaire à toute véritable construction. Voilà pourquoi de nombreux êtres n'abordent les rives de la foi que lorsque des événements terribles — mort, accident, maladie, séparation — viennent anéantir le château de cartes de leur vie sociale et affective. Pour ceux-là, la vérité de leur être profond leur apparaît soudainement — et souvent brutalement — comme évidente, et ils s'aperçoivent comme Job qu'il n'y a rien à dire sur Dieu, seulement à être le « Je suis » auquel ils participaient déjà sans le savoir.

Mais pourquoi attendre que des déchirements venus de l'extérieur nous apprennent un jour *qui* nous sommes ? Pourquoi attendre de grands malheurs pour apprendre à *quitter* celui ou celle que nous ne sommes pas, celui ou celle que nous paraissons être ?

La Bible, comme la vie, nous enseigne la nécessité intérieure de ce verbe qui revient si souvent dans les Écritures : « quitter ». Tout commence là, et nous avons à faire silence pour écouter à l'intérieur de nous, au cœur de notre chair, au tréfonds de notre être, la Parole qu'entendit Abraham : « Quitte ton pays... Va vers toi. »

# Table

## OUVRAGES D'ANNICK DE SOUZENELLE

*Le symbolisme du corps humain,* Albin Michel, Collection « Espaces libres », 1991, (première édition aux Éd. Dangles.)

*L'Égypte intérieure ou les dix plaies de l'âme,* Albin Michel, collection « Espaces libres », 1911.

*La Lettre, Chemin de Vie*, Albin Michel, 1993.

*Job sur le chemin de la Lumière*, Albin Michel, 1994.

*Alliance de feu* (2 vol.) Albin Michel, 1995.

*Le Féminin de l'Être. Pour en finir avec la côte d'Adam,* Albin Michel, 1997.

*Œdipe intérieur. La présence du Verbe dans le mythe grec,* Albin Michel, 1999.

*Résonances bibliques,* Albin Michel, 2001.

## OUVRAGES DE JEAN MOUTTAPA

*Daniel Pons, le chant d'un homme présent,* Éd. de la Table Ronde, 1990.

*Dieu et la révolution du dialogue. L'ère des échanges entre les religions,* Albin Michel, 1996.

*Dictionnaire inattendu de Dieu* (en collaboration avec Jérôme Duhamel), Albin Michel, 1998.

*Religions en dialogue,* Albin Michel, 2002.

« *Espaces libres* »
au format de poche

DERNIERS TITRES PARUS

50. *La Psychologie de la divination,* de M.-L. von FRANZ.
51. *La Synchronicité, l'âme et la science,* ouvrage collectif.
52. *Islam, l'autre visage,* d'Eva de VITRAY-MEYEROVITCH.
53. *La Chronobiologie chinoise,* de Pierre CRÉPON et Gabriel FAUBERT.
54. *Sentences et proverbes de la sagesse chinoise,* choisis et adaptés par Bernard DUCOURANT.
55. *Vivre. Paroles pour une éthique du temps présent,* d'Albert SCHWEITZER.
56. *Jésus fils de l'homme,* de Khalil GIBRAN.
57. *Les Chemins du Zen,* de D. T. SUZUKI.
58. *Le 3e Souffle ou l'agir universel,* de Jeanne GUESNÉ.
59. *Le Testament de l'Ange. Les derniers jours de Gitta Mallasz,* de Bernard MONTAUD.
60. *Confiteor,* de Bernard BESRET.
61. *Les Mythes de l'Amour,* de Denis de ROUGEMONT.
62. *La Place de l'homme dans la nature,* du père TEILHARD DE CHARDIN, présenté par Jean ONIMUS.
63. *Communiquer pour vivre,* ouvrage collectif sous la direction de Jacques SALOMÉ.
64. *Accroche ta vie à une étoile,* de Stan ROUGIER.
65. *Du bon usage des crises,* de Christiane SINGER.
66. *Parole de terre. Une initiation africaine,* de Pierre RABHI.
67. *J'attends Quelqu'un*, de Xavier EMMANUELLI.
68. *Désert, déserts*, de Jean-Yves LELOUP.
69. *Le Graal,* de Jean MARKALE.
70. *Ultimes Paroles*, de KRISHNAMURTI.
71. *Moïse raconté par les Sages*, d'Edmond FLEG.
72. *Le Doigt et la Lune*, d'Alexandro JODOROWSKY.
73. *Thé et Tao, l'art chinois du thé*, de John BLOFELD.
74. *L'Égypte intérieure ou les dix plaies de l'âme,* d'A. de SOUZENELLE.
75. *L'Au-delà au fond de nous-mêmes. Initiation à la méditation,* d'A. et R. GOETTMANN.
76. *Le Soleil d'Allah brille sur l'Occident,* de S. HUNKE.
77. *Le Livre des prénoms bibliques et hébraïques*, de M.-A. OUAKNIN.
78. *Le Chant de l'Être,* de S. WILFART.
79. *La Parole au cœur du corps,* entretiens avec J. Mouttapa, d'A. de SOUZENELLE.

« *Espaces libres* »
au format de Poche

DERNIERS TITRES PARUS

65. *Du bon usage des crises,* de Christiane SINGER.
66. *Parole de terre. Une initiation africaine,* de Pierre RABHI.
67. *J'attends Quelqu'un,* de Xavier EMMANUELLI.
68. *Désert, déserts,* de Jean-Yves LELOUP.
69. *Le Graal,* de Jean MARKALE.
70. *Ultimes paroles,* de KRISHNAMURTI.
71. *Moïse raconté par les Sages,* d'Edmond FLEG.
72. *Le Doigt et la Lune,* d'Alexandro JODOROWSKY.
73. *Thé et Tao, l'art chinois du thé,* de John BLOFELD.
74. *L'Égypte intérieure ou les dix plaies de l'âme,* d'A. de SOUZENELLE.
75. *L'Au-delà au fond de nous-mêmes. Initiation à la méditation,* d'A. et R. GOETTMANN.
76. *Le Soleil d'Allah brille sur l'Occident,* de S. HUNKE.
77. *Le Livre des prénoms bibliques et hébraïques,* de M.-A. OUAKNIN.
78. *Le Chant de l'Être,* de S. WILFART.
79. *La Parole au cœur du corps,* entretiens avec J. Mouttapa, d'A. de SOUZENELLE.
80. *Henri le Saux, le passeur entre deux rives,* de M.-M. DAVY.
81. *La petite Sainte Thérèse,* de M. VAN DER MEERSCH.
82. *Sectes, Églises et religions, éléments pour un discernement spirituel,* de J.-Y. LELOUP.
83. *À l'écoute du cœur,* de Mgr MARTINI.
84. *L'Oiseau et sa symbolique,* de M.-M. DAVY.
85. *Marcher, méditer,* de M. JOURDAN et J. VIGNE.
86. *Le Livre du sourire,* de C. de BARTILLAT.
87. *Le Couple intérieur,* ouvrage collectif sous la dir. de P. SALOMON.
88. *Nous avons tant de choses à nous dire,* de R. BENZINE et C. DELORME.
89. *Tous les matins de l'amour,* de J. SALOMÉ.
90. *L'Orient intérieur,* collectif dir. par M. DE SMEDT.
91. *L'Évangile des quenouilles,* prés. par JACQUES LACARRIÈRE.
92. *Les Mémoires de l'oubli,* de J. SALOMÉ et Sylvie GALLAND.
93. *Qu'est-ce qu'une religion ?,* d'O. VALLET.
94. *Science et croyances,* de A. JACQUARD et J. LACARRIÈRE.
95. *Nicolas Berdiaev, ou la révolution de l'Esprit,* de M.-M. DAVY.
96. *Dernier avis avant la fin du monde,* de X. EMMANUELLI.

97. *Jésus et Bouddha,* d'O. VALLET.
98. *D'un millénaire à l'autre. La grande mutation,* collectif dir. par F. L'YVONNET.
99. *Un Juif nommé Jésus,* de M. VIDAL.
100. *Le Cercle sacré. Mémoires d'un homme-médecine sioux,* d'ARCHIE FIRE LAURE DEER.
101. *Être à deux ou les traversées du couple,* collectif dir. par N. CALMÉ.
102. *La Source du bonheur,* de C. BOIRON.
103. *Une passion,* de C. SINGER.
104. *Cent prières possibles,* d'A. DUMAS.
105. *L'Art de vivre au présent,* collectif dir. par É. LE NOUVEL.
106. *Manque et Plénitude,* de J.-Y. LELOUP.
107. *Le Cercle de Vie. Initiation chamanique d'une psychothérapeute,* de M. SÉJOURNANT.
108. *Le Théâtre de la guérison,* d'A. JODOROWSKY.
109. *Histoire d'âme,* de C. SINGER.
110. *L'Âme de la nature,* de R. SHELDRAKE.
111. *Au nom de la vérité, Algérie 1954-1962,* de Mgr DUVAL.
112. *L'art du kôan zen,* de T. JYOJI.
113. *L'Absurde et la Grâce,* de J. Y. LELOUP.
114. *Le Palais des arcs-en-ciel,* de T. TCHEUDRAK.
115. *Éloge du bon sens,* de M. de SMEDT.
116. *En chemin vers le Bouddha,* d'O. GERMAIN-THOMAS.
117. *Pour comprendre l'intégrisme islamiste,* de M. GOZLAN.
118. *Le Rêve de Confucius,* de J. LÉVI.
119. *Un art de l'attention,* de J. Y. LELOUP.
120. *Religions en dialogue,* de J. MOUTTAPA.
121. *Le Courage de se libérer,* de P. et P. FENNER.
122. *Histoire des Dalaï-Lamas,* de R. BARRAUX.
123. *Du Sahara aux Cévennes,* de P. RABHI.
124. *Aux sources du zen,* d'A. LOW.
125. *Le Curé de Nazareth,* d'H. PROLONGEAU.
126. *L'Évangile d'un libre penseur,* de G. RINGLET.
127. *Le Courage de vivre pour mourir,* de N. MASSON-SÉKINÉ.
128. *Quand la conscience s'éveille,* de Anthony de MELLO.
129. *Les Fables d'Ésope,* prés. par J. LACARRIÈRE.
130. *Sans les animaux, le monde ne serait pas humain,* de K. L. Matignon.
131. *L'Esprit des arts martiaux,* d' A. COGNARD.
132. *L'Art et la Flèche,* d'Annick de Souzenelle.
133. *Adieu, Babylone,* de N. KATTAN.
134. *Le Gardien du feu,* de P. RABHI.

*La reproduction photomécanique de cet ouvrage*
*a été réalisée par l'Imprimerie Bussière,*
*l'impression et le brochage ont été effectués*
*sur presse Cameron*
*par* ***Bussière Camedan Imprimeries***
*à Saint-Amand-Montrond (Cher),*
*pour le compte des Éditions Albin Michel.*

*Achevé d'imprimer en septembre 2003.*
*N° d'édition : 22056. N° d'impression : 034111/1.*
*Dépôt légal : octobre 1997.*
*Imprimé en France*